总 序

李雪涛

一

跟以往分裂来研究世界各个部分以及不同领域的世界史相比，全球史研究打破了民族国家的界限，以跨国家、跨地区、跨民族、跨文化的历史现象为研究对象。全球史学科的观念，同时也打破了在中国史和世界史之间的学科界限，从而将中国史纳入全球史之中进行整体研究。

大航海时代以来，欧洲习惯于将自身的利益通过国家或宗教的意识形态扩展到世界的各个角落，这是现代性的一个特点，同时也形成了一个真正意义上的世界贸易。世界贸易体系的形成，使得世界资源得以重新分配，欧洲的技术得以在全世界范围内传播。民族国家的形成，使得西方国家通过签订各种合约确定主权国家间的外交关系。对于以欧洲为中心的殖民扩张来讲，世界仅仅是一个海外的存在而已。全球史学科的建立，在于以跨文化互动的发展，来破除欧洲中心主义的论点。以往以欧洲的历史经验作为其他社会发展程度标准的尺度的做法，已经被当今学界所摈弃。作为全球史之父的威廉·麦克尼尔（William McNeill，1917—　）认为，“与外来者的交往是社会变革的主要推动力”①，因为特别

① 麦克尼尔：《变动中的世界历史形态》，载夏继果、本特利主编《全球史读本》，北京：北京大学出版社，2010年，第3—21页，此处见第45页。

是与异质文化的接触与交往,往往会引起对很多约定俗成惯例的调整和改变。历史变革在很大程度上是由于与外来者的交往而引发的,也正是这一动力,推动着欧亚共生圈(ecumene)的形成和发展。马歇尔·霍奇森(Marshall Hodgson, 1922—1968)甚至认为,“西欧的演变取决于欧亚非作为一个整体的发展过程”①。

全球史的理念超越了以往人们看待世界和空间的方式。尽管现代性产生于西方,但却是在西方与其他异质文明的接触中产生的。芝加哥大学的德裔欧洲史教授米夏埃尔·盖耶(Michael Geyer, 1947—)和芝加哥的另一位历史学家查理·布赖特(Charles Bright)甚至认为,作为一种反作用力,包括中国在内的这些非西方国家,才是产生全球一体化的力量源泉,正是它们在一体化进程中让世界逐渐融合,而世界各地区的历史也因此同世界历史产生了关系。②

作为方法论和研究领域的全球史实际上是一个上位的概念,也是一个有待开发的广阔学术空间,任何人都没有办法穷尽这之中的所有学问。目前我们仅仅是从学术史的角度对以上全球史与中国的各个研究领域的成果进行整合,以期中文世界的读者能够看到一些全球史与中国的研究成就。全球史与中国这一题目,并非某一学科的某一人可以从事的专业,它必然是不同专业、不同学科的学者积极参与及密切互动的结果,同时它也必然需要经过几代人的共同努力,才能初见成效。

法国年鉴学派著名的历史学家吕西安·费夫尔(Lucian Febvre, 1878—1956)意识到,一种封闭的学科在当代是毫无价值、毫无生命力的,他指出:“所有的发现都不是发生于每个学科的内部及核心,而是发生于学科的边界、前沿、交叉处,正在这些地方,各个学科互相渗透。”③费正清(John King Fairbank, 1907—1991)在他的自传中描述自己答辩的表现时写道:“我已经学会了如何成

---

① 霍奇森:《历史上各社会之间的相互联系》,载夏继果、本特利主编《全球史读本》,第 22—43 页,此处见第 43 页。

② 盖耶、布赖特:《全球化时代的世界历史》,载夏继果、本特利主编《全球史读本》,第 172—202 页,此处见第 186—197 页。

③ Lucian Febvre, *Combats pour l' histoire*. Paris: Armand Collin, 1953, p.30.

全球史与中国丛书

海上丝绸之路

与亚洲海域交流

（15世纪末—20世纪初）

[日]松浦章……著
孔　颖……编译

中原出版传媒集团
中原传媒股份公司
大象出版社
·郑州·

图书在版编目(CIP)数据

海上丝绸之路与亚洲海域交流 : 15 世纪末—20 世纪初 / (日) 松浦章著; 孔颖编译.— 郑州 : 大象出版社, 2018. 4

(全球史与中国丛书)

ISBN 978-7-5347-9569-5

Ⅰ. ①海… Ⅱ. ①松… ②孔… Ⅲ. ①海上运输—丝绸之路—研究—中国 Ⅳ. ①K203

中国版本图书馆 CIP 数据核字(2017)第 285014 号

海上丝绸之路与亚洲海域交流(15 世纪末—20 世纪初)

HAISHANG SICHOU ZHI LU YU YAZHOU HAIYU JIAOLIU (15 SHIJI MO — 20 SHIJI CHU)

[日]松浦章 著

孔 颖 编译

出 版 人 王刘纯
责任编辑 徐清琪
责任校对 钟 骄
封面设计 杜晓燕

出版发行 大象出版社(郑州市开元路 16 号 邮政编码 450044)
发行科 0371-63863551 总编室 0371-65597936
网 址 www.daxiang.cn
印 刷 北京汇林印务有限公司
经 销 各地新华书店经销
开 本 787mm×1092mm 1/16
印 张 24.5
字 数 372 千字
版 次 2018 年 4 月第 1 版 2018 年 4 月第 1 次印刷
定 价 78.00 元

为历史学家中的汉学家,以及稍加变化,又成为汉学家中的历史学家。很像一个不易被抓住的中国土匪,处在两省辖地的边缘,一边来抓便逃到另一端。"[①]在历史学和汉学的交界处、边缘进行研究,力求运用跨学科的研究方法,这其实也是费正清之所以能另辟蹊径,成就美国中国学的原因所在。而我们编辑的"全球史与中国"系列,特别需要这种在知识和方法论方面交叉拓展的刺激。

费尔南·布罗代尔(Fernand Braudel,1902—1985)提出"总体史"(l' histoire totale),一再强调历史的总体性,认为一切的人、事件只有放到历史的总体背景中去考察才有意义,才能得出相对科学的结论。中国从来不是一个独立的存在,一旦将中国放在全球史的大背景下来看待的话,中国研究所蕴藏的无限可能性就会显现。拿中国近代留学史来讲,只有将中国的留学研究放在近代社会发展以及全世界的留学运动中,才能够突显出其价值和意义。章清曾撰文探寻以容闳(Yung Wing,1828—1912)、严复(1854—1921)和胡适(1891—1962)为代表的三代留学生的思想轨迹,认为他们以集体的方式去美国和英国留学,从而融入世界潮流之中,其后又纷纷踏上了一条异常艰难的回归之路。[②] 此外,留学并不仅仅是一个中国特有的现象,留学对于现代国家的形成,以及现代学术的兴起,都曾起到过重要的意义。19 世纪,美国就曾有过派出超过一万名留学生到德国洪堡大学留学的先例。[③] 美国不仅借鉴了德国大学的模式,而且对之进行本土化改造,融合英式学院于一体,形成了美国独特的办学模式。日本和俄国也都曾大规模派遣留学生到欧洲大陆,特别是到德国的著名大学留学,回国之后的这批留学生的成就,也大大推动了这两个国家的大学体制乃至社会的发展。

---

① 费正清(J. K. Fairbank)著,黎鸣等译:《费正清自传》,天津:天津人民出版社,1993 年,第 170 页。

② 章清:《1920 年代:思想界的分裂与中国社会的重组——对〈新青年〉同人"后五四时期"思想分化的追踪》,载《近代史研究》2004 年第 6 期,第 122—160 页。

③ Cf.John S.Brubacher and Willis Rudy,*Higher Education in Transition.A History of American College and Universities,1636—1976*.Piscataway:Transaction Publishers,1997,p.175.

二

早在 1919 年,胡适在《新思潮的意义》一文中,就明确地提出了新思潮和新文化的纲领,亦即“研究问题”“输入学理”“整理国故”“再造文明”。[①] 在四大步骤中,“输入学理”便是要引进异域(当时主要指西方)的文化和哲学理论,目的是在与其他文化的交融中创造出经过改造的中国文明,亦即在传统的基础上走向未来。按照胡适当时的理解,输入学理的重要性,在于在认识和接受一些普世理论的同时,反省、更新自己的文化,为的是重新确定中国文化作为主体身份的价值和位置。今天来看,“输入学理”的深层含义还在于认同和接受普世性的价值观念,胡适并不认为这种认同意味着为西方所同化,而是本土文化的“再生”——在自我与他者的对话中,逐渐恢复自身传统的价值体系,使之适应于世界当今和未来的发展。实际上,胡适的纲领除起到构建起中国文化的新体系作用外,也为解决文化出路问题提供了中国的基本经验。

从根本上来讲,全球史所强调的是全球范围内的互动。“全球史与中国”丛书所涉及的内容,实际上是对大航海时代以来中国人与不同地域、民族、文化的人群在政治、经济、文化等领域所形成的互动情况的考察。除了通史性、区域性全球史与中国的著作,这套丛书也包括世界与中国的专题性研究,其中包括:贸易史、移民史、传教史、语言交流史、知识迁移史、科技史、疾病史、概念史、翻译史、留学史等内容。之所以有这些专题,是与法国年鉴学派所倡导的“问题史学”相关的,年鉴学派强调“分析”“提问”对史学研究的重要性。刘新成列出了西方全球史学者所表达的互动模式的八种形式:1.阐述不同人群“相遇”后,文化影响的相互性和双向性;2.描述人类历史上曾经存在的各种类型的“交往网络”或“共生圈”;3.论述产生于某个地区的发明创造如何在世界范围内引起连锁反应;4.探讨“小地方”与“大世界”的关系;5.“地方史全球化”;6.全球范围的专题

① 胡适:《新思潮的意义》,见胡适著《学问与人生》,北京:外语教学与研究出版社,2011 年,第 86—93 页。

比较研究;7.生态史、环境史研究;8.探讨互动规律与归宿。[①] 上述全球史与中国的专题都可以归纳到刘新成所列的互动模式之中。美国历史学家杰里·本特利(Jerry Bentley,1949—2012)就认为世界史(全球史)所考察的是"超越了民族、政治、地理或者文化等界限的历史进程。这些历史进程已对跨地区、大洲、半球甚至全球范围内的各种事物都产生了影响,其中包括气候变迁、物种迁移、传染病蔓延、大规模移民、技术传播、帝国扩张的军事活动、跨文化贸易、各种思想观念的传播以及各种宗教信仰和文化传统的延展"[②]。正是通过全球史与中国的研究,才能看到今天的中华文明是与不同文化交流的结果,并揭示出中国文化的世界性意义。

我们坚持翻译著作和用汉语写作的论著并重的原则。梁启超(1873—1929)曾认为:"今日之中国欲自强,第一策,当以译书为第一事。"[③]当时依然流行的病灶心理,认为可以用译书来拯救中国。比梁任公早近 3 个世纪的徐光启(1562—1633)早就提出了"欲求超胜,必须会通,会通之前,先须翻译"[④]的主张。徐光启的目的也是为了"超胜"。我们认为,全球化的今天,中国早成为世界的一分子,而从世界学术界汲取营养,与各国学术界进行交流的活动,永远也不会终结。在强调去中心化和互动的今天,冷战时期诸如"谁取代谁,谁消灭谁"的用语,今天已经不复存在。翻译也成为我们的常规工作之一。

以往的历史研究往往注重宏大叙事(宏观),将范围限定在政治和军事方面,而缺乏对实际发生事件的理论解释,进而将历史简单化、贫乏化。实际上,社会学、人类学、经济学、政治学、地理学、生态学等学科的介入可以很好地解决中观和微观层面的问题。新的学术方法的引入也会重视"过程—事件"的动态研究,从而更好地在具体研究和全球视野的结合中来考察历史。我们收录在"全球史与中国"丛书中的研究专著,往往是运用上述方法论在不同专题性研究领

---

① 刘新成:《在互动中构建世界历史》,见《光明日报》2009 年 2 月 17 日。

② 夏继果、本特利主编《全球史读本》,北京:北京大学出版社,2010 年,第 45 页。

③ 〔清〕梁启超:《读日本书目志书后》,《饮冰室合集》第 1 册,北京:中华书局,1898 年,第 52 页。

④ 〔明〕徐光启:《历书总目表》(1631),见徐光启撰,王重民辑校《徐光启集》,北京:中华书局,1963 年,第 374 页。

域的个案,力求给读者呈现出活生生的动态过程。此外,并不存在所谓单纯的事件史,历史学家必须在不同的时段中对错综复杂的事件作深层次的、结构性的分析。文化和科技方面的交流,往往是经济交流的附属品。因此,欧洲近代以来的贸易史,是裹挟着传教史、语言交流史、知识迁移史、科技史、疾病史等内容一并到了中国的。实际上,对全球史与中国各个研究方面的探讨,只有在对不同时空动态过程的具体考察中才能得到具体实现。同时基于全球史构建的中国与世界的关联也是双向的。尽管我们可能从广阔的视野和互动的视角来考察全球史与中国的各个方面,并将研究对象置于广阔的相互关系情境中来予以理解,但还没有到进行全程性、整体性研究的程度。全景式的宏大叙事只有有待于后来学者的努力了。

三

尽管这套丛书名为“全球史与中国”,但并不意味着所有的研究都只是对中国历史、文化进行的说明和阐发,很多著作是将中国的事件、学说等作为出发点,来讨论历史、思想等方面的普遍问题。例如美国历史学家、汉学家柯文(Paul Cohen,1934—2007)的名著《历史三调:作为事件、经历和神话的义和团》(*History in Three Keys:The Boxers as Event,Experience,and Myth*.1997)[①],实际上,想要处理的是有关在历史研究中个人记忆、集体记忆之间的复杂关系问题。

这套丛书我们既强调翔实的史料,研究内容的拓展,也重视新的方法和学理的引进。在以往研究中鲜为人知的一手档案资料的运用和整理出版,特别是对藏在海外的史料、文献的系统发掘整理,是非常重要的。而理论方面,在方法论和视角上的创新和突破也是需要的。总之,突破以往的思维定式,运用多元的研究方法,强调去中心化和互动的观念,并努力挖掘出新的史料,是这套丛书的特点。正因为此,这套丛书才可能会在读者那里产生令人称奇或引发质疑的思考。

---

① 柯文著,杜继东译:《历史三调:作为事件、经历和神话的义和团》(中译修订版),北京:社会科学文献出版社,2014年。

2014年12月北京外国语大学成立全球史研究院,我们当时就提出了要将研究院建成国际学者进行全球史研究的重要平台。在2011年新版学科目录中,首次将“历史学”下的“考古学”“中国史”,以及“世界史”并列为三个一级学科。也就是说在国内学科意义上的“世界史”实际上是“外国史”,因此,只有“全球史”才是欧美学科意义上的“世界史”,因为它不仅超越了国别史的视野,更重要的是从互动来理解世界变迁的全球历史。我们清楚地知道,编辑出版这样的一套丛书,是一项长期的系统工程,不可能一蹴而就,同时要求各个学科之间的合作,从而真正打破学科的单一界限和分类。

我们常常说,“学术者,天下之公器”,意思是说学术是天下人所共享的财富,不应当以个人的好恶为转移,更不应当据为己有。这套丛书既有翻译的著作,也有中国学者在相关领域的研究成果。全球史本来就是一个开放的研究领域,我们希望国内外在“全球史与中国”方面做出成就的学者,多多为我们提供优秀的研究成就,并不吝赐教。因为除了神,没有谁能够具有全能的视角。

麦克尼尔认为:“人类变通性的最终活力在于我们是否有能力去创造新的思想、新的经验和新的制度。但是当与外来者接触,不同的思想和行为方式由于受到关注而被迫彼此竞争时,同样也是这些创造最为兴盛的时期。”①在接触和交流不再成为障碍的今天,我们希望这套丛书真正能够促成中外学术在全球史研究领域的互动。

---

① 麦克尼尔:《变动中的世界历史形态》,载夏继果、本特利主编《全球史读本》,北京:北京大学出版社,2010年,第3—21页,此处见第10页,引文略有变动。

序

中国的对外海上交流自古频繁,而这一领域的学术研究到近年才日渐受到关注。2014 年 9 月,在广东省中山市召开的“海上丝绸之路与明清广东经济”国际学术研讨会上,厦门大学杨国桢教授作了题为“海上丝绸之路与海洋文化研究”的主旨讲演,强调在海洋文化形成过程中的“海上丝绸之路”的重要性;会上共提交 50 余篇论文,鲜明展示了“海上丝绸之路”的多样性。

虽然早已有人提出“海上丝绸之路”对中国文化形成的重要作用,但相关研究到 20 世纪中叶至后半叶才起步,完全无法与传统的中国史研究相提并论。“海上丝绸之路”及海洋文化研究存在种种困难,首先是因为各种相关资料及文物不仅存在于中国,还散布在海外多国。哪怕仅限定于东亚海域,从语言而言,原先就有汉语、朝鲜语、日语等多种语言文献;当西方诸国来航东亚海域之后,各种西语文献激增,史料便更加汗牛充栋了。

但是如果将研究年代仅限定在亚洲海域的明清时期以及近代,则当时该海域各国均以“汉语”为通用之交流语言。例如,对漂流至中国的各国海难人员的最初接触,大多情况下是以汉语进行的,通过“笔与纸”的笔谈交流以确定其国籍和身份。由此可见,“汉语”作为语言接触、文化交流的最初手段,发挥了重要功能;而在华各国人士之间的对话,有时也通过汉语笔谈进行。可以说汉语促进了多国间的交流。

本书即聚焦明清时期以及近代亚洲海域的交流,以展示多样化的“海上丝绸之路”。

本书得到“蒋振华先生中日研究奖学金”的资助。在此出版之际,谨向蒋振华先生致以诚挚的谢意。

本书原为日文撰写,由浙江工商大学东方语言文化学院孔颖副教授及其指导的硕士研究生译成中文。本书的出版,也可作为对这些硕士研究生翻译工作的肯定。

目　录

绪言——清代中国与东亚、东南亚海域的交流

明朝的“海禁”政策虽然在明末清初动荡年代有所松动,但至台湾郑氏归顺清朝(康熙二十二年,1683 年)为止,以清朝发布“迁界令”的形式得以延续。郑氏降清后,随着“展海令”的发布,中国沿海民众积极开展对外航海活动。当时中国帆船航行在日本、东南亚海域,十分活跃,为各国之间的文化交流做出了巨大贡献。其中尤为活跃的是被称作清代四大帆船的沙船、鸟船、福船、广船。[①]

航行于长江口崇明岛至北洋浅水海域以及运河水域的是沙船。这种推力强劲的帆船,把江南土布、茶叶等运送至北洋海域的山东半岛沿海、华北、东北沿海各港口,又将东北产的大豆、大豆油、豆粕等运至长江三角洲地区,由此对江南的农业经济做出了重要贡献。[②]

鸟船主要在福建沿海制造。鸟船擅长远洋航行,航线延伸至日本及东南亚,尤其在 18 世纪中叶至 19 世纪后期是连接中国与日本长崎的重要帆船。日本史料记载中留有不少关于鸟船的绘图。日本江户时代称中国帆船为“唐船”,其中大多是鸟船。[③]

至于福船和广船,船如其名,乃福建或广东制造的大型远洋船只,但遗留的相关历史记载并不多。

本文主要阐述清朝中国帆船对东亚和东南亚海域做出的贡献。

一、清代帆船与台湾海域的人口流动

台湾与大陆间航运关系的史料记载,见雍正十三年(1735 年)十月二十日闽浙总督郝玉麟的揭帖:“鹿耳门系全台(湾)出入咽喉重地,向来文官止巡检一员。”从中可知清朝初期虽然鹿耳门港是出入台湾的咽喉重地,也仅设巡检一员文官。

乾隆《重修台湾府志》卷二“规制·海防”中记述曰:

---

① Matsuura Akira, Wang Zhenping translated, “The Activities of Chinese Junks on East Asian Seas from the Seventeenth to the Nineteenth Centuries: Mainly Based on Sand Junks and Bird Junks,” *The Mariner's Mirror*, vol.94 no.2, May 2008, p.150.

② 松浦章『清代上海沙船航運業史の研究』関西大学出版部、2004 年。

③ 松浦章『清代海外貿易史の研究』朋友書店、2002 年。

台湾县：鹿耳门港（自厦至台大商船及台属小商船往诸、彰、淡水贸易，俱由此出入）、大港（台属小商船往凤山贸易由此出入）。

凤山县：打鼓港、东港、茄藤港（以上俱无大商船停泊。惟台属小商船往来贸易）。

诸罗县：笨港、蚊港、盐水港、猴树港（以上惟台属小商船往来贸易）。

彰化县：鹿子港（惟台属小商船往来贸易）。

淡水厅：海丰港、三林港（以上二港，地属彰邑。至小商船往来贸易，归淡防厅查验）、劳施港、蓬山港、后垄港、中港、竹堑港、南嵌港（以上俱无大商船停泊，惟台属小商船往来贸易）、淡水港（自厦至港大商船十只，名为社船，于此出入。台属小商船自三月东南风发，往来贸易至八月止）。①

可见位于台南的鹿耳门港作为连接大陆福建省厦门的港口得以发展。随后台湾各地连接大陆的港口陆续开放，如乾隆四十九年（1784 年）彰化县鹿港，乾隆五十三年（1788 年）台北附近的淡水，道光六年（1826 年）彰化县海丰港、宜兰乌石港。其间大陆与台湾的民间走私航运频繁，最具代表的为被称作“偷渡过台”的从大陆私渡到台湾的移民。有关记载见于广东碣石总兵苏明良雍正八年（1730 年）九月初十日的奏折：

本年八月十五日五更时候有澎仔船一只，遭风失去桅舵，飘至臣属青山仔后江湾地方，撞岸被风浪激碎。并无货物，止有男妇一百二十九名口……讯问口供，据偷渡民人叶豁、陈爱等供称，豁等系福建同安、诏安、龙溪各县人氏，因客头王彩即船户陈荣并算命的黄千、卜卦的黄喜招引豁等偷渡过台，其水脚银二两、三两不等。约于八月十二日，在福建厦门裂屿开船，众人陆续乘坐小船，在大担帽仔口白石头湖下等处出口上船，除船户陈荣、水手罗从、杨三、廖禄、何赐等五名，豁等男妇总共一百二十四名口，不幸于十三

① 〔清〕蒋毓英等：《台湾府志三种》（中册），北京：中华书局，1985 年，第 1457—1458 页。

日驶至澎湖口,遇风失去桅舵漂流至此,幸得登岸等情。[①]

由此可知,广东省碣石镇附近沿岸有男女 129 名因船遭遇风浪漂流上岸,官府讯问后了解到这些人来自福建省南部同安、诏安、龙溪各县。一行在客头王彩即船户陈荣等的引导下私闯台湾。船从福建厦门裂屿出港,在大担帽仔口附近搭载乘坐小船的众人,驶至澎湖口不幸遭遇海难。查阅乾隆二十六年(1761 年)五月从厦门出发的船只,发现一则史料:“各厅县给照搬眷到厦,配船过台民人共四十八户、计男妇大小共二百七十七名口。”[②]可见家族私闯前往台湾屡见不鲜。乾隆二十五年(1760 年)二月十日吏部移会中也留有记录:“乾隆二十三年十二月起至二十四年十月止,一载之中,共盘获偷渡民人二十五案,老幼男妇九百九十九名口,内溺毙男妇三十四名口”[③],可见乾隆二十三年十二月至二十四年十月近一年间,被官府查获的私闯民近 1000 名。有史料佐证,台湾适合私闯。据乾隆五十二年(1787 年)十二月初七日福康安的奏折,“台湾濒海地方,除鹿耳门、盐水港、鹿仔港、淡水港等处海口,其余支河汊港甚多,小船皆可偷渡”[④],可见台湾的濒海地理条件即便是小船也可私闯。

二、清代帆船与东亚、东南亚海域的人口流动

(一)清代帆船与日本

康熙二十二年,台湾郑氏降清,翌年即康熙二十三年(1684 年)清朝发布“展海令”,允许民众开展海外贸易。康熙二十三年九月甲子朔上谕中称:

(上)谕大学士等,向令开海贸易,谓于闽粤边海民生有益,若此二省,民用充阜,财货流通,各省俱有禅益。且出海贸易,非贫民所能,富商大贾,懋迁有无,薄征其税,不致累民,可充闽粤兵饷,以免腹里省分转输协济之

① 台北“故宫博物院”:《宫中档雍正朝奏折》第十六辑,台北:“故宫博物院”,1979 年,第 903 页。
② 台湾“中央研究院历史语言研究所”:《明清史料》戊编第二本,台北:精华印书馆,1953 年 3 月。
③ 同上。
④ 台北“故宫博物院”:《宫中档乾隆朝奏折》第六十六辑,台北:“故宫博物院”,1987 年,第 592 页。

劳。腹里省分钱粮有余,小民又获安养,故令开海贸易。[①]

福建广东民众由此获得海外贸易的机会,并惠及日本长崎。抵达长崎的船只状况于是发生大变。“展海令”发布前一年,长崎入港唐船为 27 艘,发布当年为 24 艘,此后 23 年间一年超过 40 艘的仅 3 次,30 艘左右 8 次,延宝元年(康熙十二年,1673 年)之后持续保持在 20 艘左右。但在“展海令”发布的翌年(康熙二十四年,贞亨二年,1685 年),包括因手续不全原船原货返航的 12 艘船只在内,共 85 艘船只抵达长崎。[②] 这一数字是之前的 3.5 倍。

贞亨四年(康熙二十六年,1687 年)更是达到了 137 艘(其中原船原货返航 22 艘)。元禄元年(康熙二十七年,1688 年)创下年度抵达长崎唐船数目的最高纪录,即 194 艘(其中原船原货返航 77 艘)。[③] 因此,日方从翌年开始限制抵达长崎唐船数,一年控制在 70 艘。[④] 从元禄十一年(康熙三十七年,1698 年)开始又增加 10 艘至 80 艘,贸易额则为银 13000 贯。[⑤] 但是宝永六年(康熙四十八年,1709 年)开始又将入港船限定为 59 艘。[⑥] 可见当时的政策主要是限制贸易船数及贸易额,还有管治抵达商人。体现这一施政方针的是正德五年(康熙五十四年,1715 年)开始施行的海舶互市新例,即《正德新例》。这一新例一直执行至幕府统治末期,没有根本性的变化。该法例主要限制长崎贸易中金、银及铜的出口等,尤其针对唐船,限定贸易船数为 30 艘,贸易额为银 9000 贯。另外,还出现了之前没有的给抵达唐船签发信牌(长崎通商照票)的制度,无信牌者再度抵达时

① 《清实录·圣祖仁皇帝实录》卷一一六,北京:中华书局,2008 年。

② 田辺茂啓『長崎実録大成正編』巻 11、「唐船入津並難事之部」、長崎文庫刊行会、1928 年。『長崎文献叢書第一集第二巻』長崎文献出版社、1973 年、256—257 頁。

③ 田辺茂啓『長崎実録大成正編』巻 11、「唐船入津並難事之部」、長崎文庫刊行会、1928 年。『長崎文献叢書第一集第二巻』長崎文献出版社、1973 年、256—257 頁。

④ 東京大学史料編纂所『大日本近世史料·唐通事会所日録一』東京大学出版会、1955 年、元禄元年九月二十二日の条、197 頁。

⑤ 山脇悌二郎『長崎の唐人貿易』吉川弘文館、1964 年、316 頁。

⑥ 同書、317 頁。

不得通商,责令运载货物原船返回。[①] 因此,正德之后的享保期间,即中国的康熙末年至雍正年间,抵达长崎的中国商人为争夺信牌激烈竞争。[②] 伴随信牌争斗的日益激化,中国商人开始偷运违禁文物出境,导致清朝官府开始强化管制。[③] 正德之后,由于日本产铜数量减少等原因,入港唐船数的限额如下:

享保二年(康熙五十六年,1717 年)40 艘　享保五年(康熙五十九年,1720 年)30 艘

享保十八年(雍正十一年,1733 年)29 艘　元文五年(乾隆五年,1740 年)20 艘

宽保二年(乾隆七年,1742 年)10 艘　宽延二年(乾隆十四年,1749 年)15 艘

明和二年(乾隆三十年,1765 年)13 艘　宽政三年(乾隆五十六年,1791 年)10 艘[④]

每年实际来船数量并不固定,时常由于气候原因有所浮动,不过限额规定基本得到遵守。

每艘唐船有数十至百余名常年从事中日航运的中国人。18 世纪中叶之后,每年约有 1000 名中国人抵达长崎从事贸易。

(二)清代帆船与东南亚

据雍正八年十一月十五日管理福建海关事务郎中准泰的奏折:

本月十一日有暹罗船一只,乘风飘至兴化府属之湄州地方挽泊。查据该船彝商柯汉,称祖籍原系福建漳浦县人,并计副、舵水人等,俱系内地闽粤江浙等处人民,住暹年久,共带有番人六名,从暹罗载苏木、象牙等货,欲往

① 石井良助「海舶互市定例」『徳川禁令考』第 6、創文社、1959 年。

② 大庭脩「徳川吉宗と大清会典—享保時代における日清交渉の一斑—」『法制史研究』21、1971 年。

③ 佐伯富「康熙雍正時代における日清貿易」『中国史研究第二』東洋史研究会、1971 年。

④ 山脇悌二郎『長崎の唐人貿易』吉川弘文館、1964 年、318—320 頁。

宁波贸易,因遭风至闽,今船只搁漏,就厦贸易,修葺船只,置货回国等情。①

该船从暹罗出发前往宁波贸易途中遇风,漂流至福建省兴化府湄洲岛。虽然是暹罗船,然而船员中仅 6 人是外国人,很可能是暹罗人,其余均是华人,大多祖籍福建、广东、江苏、浙江。其中船商柯汉自称祖籍是福建漳浦县。

准泰的奏折中还提及:

八月十一日,又有暹罗商船户陈景常,载苏木等货,遭风,救入厦门贸易。十五日,又有安南商船户蔡伍盛,载白糖等货,亦遭风,救入厦门贸易,查此二船户,并舵水人等,均系内地人民,住在外彝,并无番人在船,其船梁头尺寸,与内地商船相同各等情。②

八月十一日、十五日,有暹罗商船、安南商船遭遇海难入港厦门请求通商贸易,船上无外国人,均为华人,且船体尺寸与内地商船相同。

据雍正九年(1731 年)三月十五日福建厦门水师提督许良彬的奏折:

查石祥瑞一船,系牙行陈柔远保载,于本年二月二十二日,经在厦文武挂验,无弊出口,欲往吕宋贸易,借候风停寄烈屿洋面,候载此铁,明视出口之后,可免盘验,希图夹带。……查其船中,除原验舵梢货客之外,尚揽载无照客人一百二十七名,俱交兴泉道,讯供通报……③

于二月十二日从厦门出发前往吕宋贸易的石祥瑞船遭遇风浪,在烈屿接受官府盘查,发现除船员之外搭载无照偷渡乘客 127 名。

福建观风整俗使刘师恕在雍正九年六月十二日奏折中汇报称:

① 台北"故宫博物院":《宫中档雍正朝奏折》第十七辑,台北:"故宫博物院",1979 年,第 193 页。
② 台北"故宫博物院":《宫中档雍正朝奏折》第十七辑,台北:"故宫博物院",1979 年,第 194 页。
③ 台北"故宫博物院":《宫中档雍正朝奏折》第十七辑,台北:"故宫博物院",1979 年,第 789 页。

于石祥瑞船内,搜获无照客民一百二十余名,亦交地方官收审未结。臣访闻外洋暹罗、吕宋、噶喇吧等处,闽广人民,在彼居住者甚多。有于彼处婚娶成家者,有领彼资本为之贸易,往来彼国者,且有受彼地方官职者。今石祥瑞一船,已搜出一百余人,则平时之偷渡者,尝复不少。又闻暹罗贡船到广,每借募补水手为名,多带闽广人民回国。……嗣后,洋船必俟客民水手、货物名项齐备之后,方准呈请点验,提标中军参将厦门同知,务必亲身会同,逐一详查。①

通过对搭载 120 余名偷渡者的石祥瑞船事件的调查,可以了解当时的移民状况。福建、广东等地很多人前往暹罗、吕宋,甚至噶喇吧,有在海外结婚成家育子者,有借海外资本从事贸易者,有在海外领授官职者,可见移居海外华人生态多样化。而石祥瑞船上的乘客人群很有可能演变为海外华侨。此外,与上述乘船偷渡情形不同,也有人应募作为外国船只船员出洋。比如,暹罗国来访清朝中国的朝贡船,每次入港广州,因人手不足必招募水手。一般应招的皆为福建人、广东人,于是成为暹罗国船员公然出国。

另有与石祥瑞船类似的事例。雍正十一年四月初五日,福建总督郝玉麟奏称:

上年十二月十四日,据南澳镇呈报,有商船户姚锦春一船,前往吕宋贸易,配舵水二十四名,又配货客二十名,另有无照偷渡客民一百五十七名,经云澳汛外委把总杨光标等盘获等语。……臣密访得吕宋地方,系西洋干丝腊②泊船之所,自厦门至彼水程七十二更。漳泉二府人民向在该处贸易者甚多,现在住居者约有一二万人,地极繁盛,人多殷富,内地载往货物,俱系干丝腊番舶运载番银至此交易,彼地番人住居吕宋者不过二三千人,内地百姓人势众多……③

① 台北"故宫博物院":《宫中档雍正朝奏折》第十八辑,台北:"故宫博物院",1979 年,第 360—361 页。
② 即西班牙。——译者注
③ 台北"故宫博物院":《宫中档雍正朝奏折》第二十一辑,台北:"故宫博物院",1979 年,第 353 页。

由此可知清朝官府在闽广管辖区内的南澳岛拿获商船的情形。该商船欲前往吕宋贸易,船上除24名船员、20名货客之外,居然搭载无照偷渡者157名。他们的偷渡目的地吕宋,当时处于西班牙统治下,距厦门水程72更,漳州、泉州人前往贸易者不少,留居当地人数有一二万。当地富饶繁盛,从中国运去的货物可与西班牙人从新大陆带来的番银进行交易。当地西班牙居民人数不多,仅两三千人。

当时偷渡吕宋的华人有不少,有史料为证:

船户揽载商货上船,遂暗招无照偷渡客民,每人索银五六两不等。漳泉人民多谙驾驶之技,船户又利其相帮,即以混入水手之内,经由汛口稽查,或通同贿放,或在外洋上船,因而偷渡者多。[①]

即商船收取偷渡者每人船费银五六两不等。若5两,157名便是785两;6两则总额近1000两。船户利用偷渡者熟谙驾船技艺,将其混入水手中以逃避官府稽查,或贿赂官员,或在外洋上船驶往目的地,总之蒙混过关的花样繁多。

三、清代帆船与东亚、东南亚的物流

清朝时,中国每年定期有帆船驶往锁国制度下的江户时代的日本。这些来往于中国与日本长崎间的中国帆船支撑了当时中日之间的文化交流。以下将从清代帆船携至日本和新加坡的货物、琉球帆船携至琉球国的货物,来进一步探讨东亚海域的物流问题。

清代帆船携至日本的货物有高级织品、砂糖、汉方药剂。文政六年(道光三年,1823年)入港长崎的一艘中国船只载有冰糖、砂糖、上等砂糖、普通砂糖4种[②],共计177400斤。可见从中国运至日本长崎的最大宗货物是砂糖类。相关史料见于道光二十三年(1843年)补刻《乍浦备志》卷十四"前明倭变"条中,其

① 台北"故宫博物院":《宫中档雍正朝奏折》第二十一辑,台北:台北"故宫博物院",1979年,第354页。

② 本书中砂糖有时作为一个种类出现,是因所参考原始资料如此。——译者注

中提及从乍浦前往长崎的贸易商船“装载闽、广糖货,及倭人所需中土杂物,东抵彼国”。[①] 可见运往日本的中国货物多为福建、广东生产的砂糖及日本人所需的中土杂物。中国帆船不仅发挥物流作用,还成了短期人员往来运载的工具,可谓起到了中日物流的基石作用。[②]

同一时期,处于朝贡体制之中的岛国琉球派往福州的朝贡船,也为琉球与福州物流做出了重要贡献。[③] 那么这些朝贡船在从福州返航那霸的时候,究竟搭载了什么货物呢?据道光五年(1825 年)五月二十八日琉球国两艘返航那霸的朝贡船的购载货物清单[④]可知,全部货物的免税银是 2099 两 5 钱 4 分 2 厘。由于清朝时琉球国是中国的朝贡国,因此琉球国的朝贡船进出港之际运载货物均获免税待遇。具体免税额记录在案,其中从福州出港之际免税最高的货物是洋参,即外国产人参,估计是作为汉方药剂购入的。另外,有作为药剂的粗药材逾 12 万斤。苏木、细茶叶、纸类等数量也很多。琉球国虽出产砂糖,却仍购买中国产的砂糖,数量达 1.7 万斤,是同期运至长崎的砂糖数量的十分之一。[⑤] 数量最多的是细茶叶、粗瓷器、苏木、粗药材、甲纸,其余尚有笋箕、土油纸粗扇、毛边纸、胭脂等。按照免税银多少排列如下:细茶 21.8%、丁香 9.4%、沉香 8.1%、粗药材 7.3%、玳瑁 6.0%、粗瓷器 3.1%,以上合计逾 55%。[⑥] 仅从琉球船只货物清单,即可知与运至长崎的货物大不相同。

茶叶是从福州运往琉球的最大宗货物,却没有出现在中国运至日本的货物清单上。日本已从中国引入茶树,茶叶加工技术也得到发展,所以不必进口。但是,琉球持续进口中国茶叶,这一史实从琉球贡船的货物明细可以得到印证。乾隆三十二年(1767 年)九月从福州返航的琉球贡船的清单中记录有:“中茶叶二

① 中国地方志集成编辑工作委员会:《中国地方志集成》(乡镇志专辑 20),上海:上海书店出版社,1992 年,第 229—230 页。

② 松浦章『江戸時代唐船による日中文化交流』思文閣出版、2007 年。

③ 松浦章『清代中国琉球貿易史の研究』榕樹書林、2003 年。

④ 中国第一历史档案馆:《清代中琉关系档案选编》,北京:中华书局,1993 年,第 622—625 页。

⑤ 同上,第 632—633 页。

⑥ 松浦章『清代中国琉球貿易史の研究』榕樹書林、2003 年、144—151 頁。

万一千七百四十四斤,税银六十五两二钱三分二厘。"[1]乾隆三十八年(1773 年)十一月从福州返航的琉球国一号贡船的货物清单中写有:"中茶叶一万十斤税银三十两三分"[2],二号贡船的清单也录有:"中茶叶一万十斤税银三十两三分。"[3]两艘贡船共载有中茶叶二万二十斤,约 12 吨。另乾隆四十年(1775 年)正月从福州返航的贡船的清单中也赫然可见:"中茶叶一万三百二十斤税银三十两九钱六分"[4],可知该船运载约 6 吨茶叶返回琉球国。乾隆四十年十二月从福州返航的贡船货物清单也列有:"细茶叶六万五千三百七十斤税银三百九十二两二钱二分。"[5]细茶叶数量居然达到 38 吨以上。综上所述,琉球国曾从中国进口大量中国产的茶叶。[6] 此中原因与琉球国的茶叶栽培极其困难且长期喜好福建产的茶叶有关。[7]

虽然随着年代推移,琉球船只从福州运回国的货物有所变化,但居于金额榜单前列的一直是高级织物,尤其是羽毛缎、哔叽缎。关于羽毛缎的解释,据光绪辛巳年(光绪七年,1881 年)刊行的《英话注解》"进口货门"条,"羽毛(Camlet)",应该是使用骆驼毛或安哥拉山羊毛制成的毛织物。"哔叽缎"的解释,据《英话注解》"进口货门"条,"哔叽(Longells)",是毛织物的一种。这些织物应该不是福州生产的,而是来自欧洲,很有可能是英国东印度公司贸易船运载至广州的英国产毛织物。流入琉球国的毛织物的贸易途径,应该是从欧洲进口至广州,再运至福州,然后由福州出口至琉球。清代帆船运至长崎的织物中也有"哔叽　波配图阿　三箱",其中"波配图阿"(perpetuan,西班牙语)是欧洲产羊毛织品。[8] "波配图阿"的贸易途径和流入琉球国的毛织物相同,运至广州的货物一般通过沿海商船再运至乍浦,其中部分商品经由乍浦流入长崎。

---

① 中国第一历史档案馆:《清代中琉关系档案选编》,北京:中华书局,1993 年,第 111 页。
② 同上,第 155 页。
③ 同上,第 157 页。
④ 同上,第 166 页。
⑤ 同上,第 173 页。
⑥ 松浦章『清代中国琉球貿易史の研究』榕樹書林、2003 年、225—228 頁。
⑦ 同書、229—236 頁。
⑧ 日本大辞典刊行会『日本国語大辞典』1975 年、674 頁。

道光二十九年(1849年)九月从福州返航那霸的琉球国进贡船的搭载货物,从金额方面讲,主要是羽毛缎、哔叽缎等毛织物和人参,均为从中国进口的外国产品。此外,无论从重量上还是金额上讲,占有相当份额的是中国产的汉方药剂。另有金额低、分量重的甲纸、毛边纸等纸类,白砂糖、粗制瓷器、茶叶等。该船运载的粗药材、细茶叶、粗瓷器、白糖、甲纸的总重量合计达338139斤,约192吨。[①]

为了与中国帆船从乍浦运至长崎的货物、琉球帆船从福州运至那霸的货物作比较,以下列举同时期中国帆船从厦门运至新加坡的货物记录。1830年3月29日约翰·克劳福(John Crawfurd,1783—1868)[②]在英国议会下院发言,内容如下:"我得到一份从福建厦门出发的中国帆船的载货明细一览表。该船航行15日,于1824年1月25日抵达新加坡。载货约200吨至250吨。"[③]1824年(道光二十四年,日本文政七年),据《1824年1月25日抵达新加坡厦门船只的载货目录》,明确可知船上载有"陶瓷器32种、各式器物660250个、地砖10000个、墙帽200个、黑漆纸伞12000个、花伞3000个、练果子50箱、砂糖糖果166箱……茶叶110箱",货物总金额估价达6万西班牙银元,近13000英镑。在光绪六年(1880年)十月《与上海通商有约各国简况》中记录了厦门帆船载货抵达新加坡当时的状况:"查新加坡现为英国所管,距上海六千六百二十一里……该处乾隆、道光年间闽人最多,广人次之。自道光十八年后,吾通商广人渐众,闽人稍次。迫今三五年来,广人去者每年万有余人。以大势概之,闽省不过万人,广省总有三四万人。其头目是广东番禺人胡玉基。"[④]其中简述了18世纪后新加坡华人的状况。新加坡隶属英国,距上海6621里,距西印度孟买7189里,距东印度的加尔各答4706里,清朝乾隆年间(1736—1795年)福建人最多,广东人次

① 松浦章『清代中国琉球貿易史の研究』榕樹書林、2003年、145頁。

② 约翰·克劳福于1823—1826年间任英国特派新加坡代表,其间曾任《新加坡纪事报》(*Singapore Chronicle*)主笔。——译者注

③ *First Report from the Select Committee on the Affairs of the East India Company*: *China Trade*, London: the House of Commons, 8 July 1830, p.322.

④ 中国第一历史档案馆:《清代中国与东南亚各国关系档案史料汇编》第二册,北京:国际文化出版公司,1998年,第217页。

之。道光十八年(1838 年)之后,广东人最多,福建人居其次。19 世纪 70 年代以来,广东人每年移居新加坡逾万人。总体上居留新加坡的福建人不足 1 万人,广东人达三四万人。新加坡的华人首领是广东省番禺县人胡玉基。

从上述 1824 年厦门船只运抵新加坡的货物来看,很明显带有为当地华人提供日用品的倾向。尤其在货物清单榜首所见大量的陶瓷器制品,不仅为新加坡华人所用,也满足当地人日常餐具的使用需求。再如稍后出现的地砖、墙帽为建筑材料;大量雨伞也绝非艺术品,在年降雨量超过 2000 毫米的多雨地域,不难想象其作为日常实用性雨伞的作用。可见大多数货物为百姓实用的日常物品,此言确实不虚。

同样位于东亚海域的清朝统治之下的台湾,其经济发展不得不依赖与中国大陆的合作交流。因此航行台湾海峡的帆船同样发挥了重要作用。①

四、小结

长崎的清代帆船贸易很有规律,船只入港之后一般停留 4 个月左右。这些清代帆船运载大量的砂糖、汉方药剂至长崎。而同时期的琉球则是中国的朝贡国,每年琉球王朝派遣的朝贡船携带中国产品返航。日本和琉球共同求购的中国商品是汉方药剂,但除此之外购买的商品大不相同。清代帆船的海上航行必需有压舱物,从中国出发时是砂糖,而从日本返航中国时则为铜和海产干货。

琉球朝贡船携往中国的朝贡品中,除铜、硫黄之外,也有海产干货。这一点与清代帆船自日本返航中国的搭载货物有类似之处。但是,琉球朝贡国运载大量纸类、茶叶回国,这与前往日本时的情形很不同。日本由于国内栽培有茶叶且能加工茶叶,所以无须进口中国茶叶。而且日本国内生产加工和纸,因此也无向中国购买纸类的特别需求。相反,史料表明有日本出版的书籍由清代帆船运回中国的情况。

中国帆船运往东南亚各国的货物,大多为提供给居住在当地的华人的日用品,而从东南亚各国返航时中国帆船大量运载的则是米谷粮食类。

---

① 松浦章著,卞凤奎译:《清代台湾海运发展史》,台北:博扬文化事业有限公司,2002 年,第 199 页。

上述岛屿国家同样地处东亚与东南亚海域,但因为各自国家的产业结构等的差异,虽然是同属同时期的贸易,但货物需求各不相同。

第一章 海上丝绸之路与明清时期东亚海域的交流

第一节　清代帆船载中国砂糖运销日本及其影响

一、绪言

砂糖作为甜味剂的代表,现已在世界范围内普遍使用,广泛应用于日常的调味品和饮料中。而砂糖成为世界性的大众消费品是在第一次世界大战之后,起因为世界范围内的生产过剩。[①] 日本生产砂糖则是在江户时代的享保(1716—1735 年)之后。[②] 据说是德川八代将军吉宗大力将砂糖原料甘蔗的栽培技术普及全国。记载吉宗事迹的《有德院御实记附录》第十七卷写道:吉宗为了改变国内消费的砂糖大部分依靠从中国进口的状况,采取了各种方法。[③] 德川吉宗为了实现砂糖的国产化一直探求甘蔗的栽培技术。享保十二年(雍正五年,1727 年),他通过鹿儿岛的岛津藩主松平继丰学习萨摩的甘蔗栽培技术,继而将甘蔗种植推广到骏河,即现在的静冈县和长崎。之后他又命令书物奉行[④]深见有邻等从中国的文献中调查学习甘蔗的栽培技术。此外,还向来长崎的中国商人请

① 関野唯一『世界糖業文化史』邦光書房、1955 年 2 月、自序 3 頁。

② 小葉田淳「砂糖の史的研究に就いて」『史説日本と南支那』野田書房、1942 年 10 月、217(213—244)頁。该文最初连载于《台湾时报》第 186、187 号(1935 年 5 月、6 月)。这是关于砂糖传入日本及其普及状况的最重要的研究成果。

③ 『徳川実紀』第九编、吉川弘文館、1982 年 2 月、316 頁。

④ 书物奉行:日本江户时代设置的官职名称,主要负责江户城红叶山文库的管理、图书收集以及分类整理保存等事务。——译者注

教砂糖制造技术。总之,文献记载了德川吉宗当时学习甘蔗栽培技术的三大方法:一是向萨摩藩学习琉球的甘蔗栽培技术,二是参考学习中国的文献,三是向中国商人请教。

本文通过论述江户时代日本进口中国砂糖的史实,进而探讨日本吸纳中国文化的形态特质。

二、从长崎荷兰商馆的记录来看长崎进口的中国砂糖

江户时代长崎到底进口了多少中国砂糖?关于这个问题,中国方面的记录无从查考,但可以从中国商人的贸易竞争对手——荷兰的记录中来寻找答案。[①]荷兰人对中国船只驶进长崎港很敏感,每天都详细地记录每只船的载货量。本文从其载货清单中选取有关砂糖的记录进行探讨。

在《长崎荷兰商馆日记》"1641 年 7 月 5 日"条目中,有如下记载:

> 据某商人说,今年一官向长崎派遣的载有砂糖的船有十二只。其中第一只于正午时分进港,载有……白砂糖 19800 斤……[②]

一官是指郑芝龙,文献记载了他当年遣往长崎的 12 只船中载有砂糖。

"同月 10 日"条写道:"清早,一只来自福州的小帆船进港,载有……赤砂糖 16000 斤……白砂糖 400 斤。"[③]"同日"条中又写道:"深夜,一只来自广东的中国船进港,载有……白砂糖 11500 斤,赤砂糖 1000 斤。"[④]"同月 12 日"条写道:"下午,一官派遣的第二只砂糖船装载白砂糖 270000 斤进港。"[⑤]"同月 13 日"条

---

① 岩生成一「江戸時代の砂糖貿易について」『日本学士院紀要』第 31 巻第 1 号、1973 年、1—33 頁。岩生成一在该书中充分运用荷兰方面的记录详细考察了江户时代荷兰船及中国船运销到长崎的砂糖的情况。而本文主要是考察日本吸纳中国砂糖技术的史实。

② 村上直次郎訳『長崎オランダ商館の日記』第一輯、岩波書店、1956 年,56 頁。

③ 同書、57 頁。

④ 同書、58 頁。

⑤ 同書、58 頁。

写道:“清早,一只来自福州的小帆船装载白砂糖70000斤进港。”[①]“同月14日”条写道:“从上述地点驶来的一官派遣的二只帆船进港,载有……白砂糖139200斤,赤砂糖10300斤,冰糖30000斤。”[②]“同月22日”条写道:“傍晚,一只来自福州的帆船进港,载有……白砂糖4200斤。”[③]“23日”条写道:“正午刚过,有三只帆船进港,一只来自广南,载有……赤砂糖40400斤。”[④]关于另外两艘又写道:“来自福建的二只,载有……白砂糖77050斤,赤砂糖8300斤。”[⑤]“24日”条写道:“又一只一官派遣的来自漳州的帆船进港,载有……赤砂糖1660斤。”[⑥]“25日”条写道:“正午,有四只小帆船进港,载有以下商品……白砂糖275700斤,赤砂糖4800斤,冰糖62300斤。”[⑦]“26日”条写道:“上午和下午,共有五只帆船进港,来自广东的三只载有以下商品……白砂糖55000斤,冰糖1200斤。”[⑧]关于剩下的两艘又写道:“来自河内的二只船载有以下商品进港。”但未见有关砂糖类商品的记载[⑨]。“27日”条写道:“本日有二只帆船进港,其中一只来自广东,载有……白砂糖2500斤。”[⑩]接着又写道:“另一只来自泉州,载有以下商品……白砂糖18500斤。”[⑪]“29日”条写道:“一只来自泉州的大帆船进港,载有……白砂糖10000斤,赤砂糖18000斤。”[⑫]

把砂糖运销到日本的不仅有中国船只,还有荷兰船只。“同月30日”条写道:“早上九点,荷兰东印度公司奥朗简波姆号船开始卸货,到了傍晚船上的大

① 村上直次郎訳『長崎オランダ商館の日記』第一輯、岩波書店、1956年、57頁。
② 同書、58頁。
③ 同書、62頁。
④ 同書、63頁。
⑤ 同書、64頁。
⑥ 同書、58頁。
⑦ 同書、66—67頁。
⑧ 同書、67頁。
⑨ 同書、67頁。
⑩ 同書、68—69頁。
⑪ 同書、69頁。
⑫ 同書、71頁。

部分织品都已卸载完毕,只剩下四十个装有砂糖的大木桶。”[①]

《长崎荷兰商馆日记》“1641 年 10 月 11 日”条中记载了中国船只运销到长崎的商品名称及其数量。

> 来自中国的八十九只帆船进港,载有砂糖 5427500 斤,赤砂糖 251700 斤,冰糖 47300 斤。[②]

之后又写道:“来自广南的三只帆船……载有赤砂糖 4000 斤,白砂糖 20000 斤。”[③]其中,在“一官派遣的六只大帆船的进口商品记录”中写道:“砂糖 4000 斤,赤砂糖 35000 斤。”[④]

据《长崎荷兰商馆日记》“1642 年 10 月 16 日”条记载:“来自中国的三十四只商船,装载冰糖 32800 斤、砂糖 24000 斤、赤砂糖 160100 斤到了长崎。”[⑤]“1644 年 11 月 15 日”条记载:“来自中国的五十四只商船,装载白砂糖 489800 斤、赤砂糖 849600 斤、冰糖 78150 斤到了长崎。”[⑥]“1645 年 11 月 25 日”条记载:“来自中国的七十六只商船,装载冰糖 54800 斤、白砂糖 1770000 斤、赤砂糖 1553000 斤到了长崎。”[⑦]“1646 年 10 月 27 日”条记载:“1646 年来自中国的五十四只商船,装载白砂糖 779500 斤、冰糖 145500 斤、赤砂糖 258100 斤到了长崎。”[⑧]“1648 年 12 月 8 日”条记载:“自 7 月末到 9 月 20 日,来自中国的十七只商船为长崎市场运载来了白砂糖 12000 斤、赤砂糖 91000 斤、冰砂糖 83 斤。”[⑨]“1649 年 11 月 5 日”条记载:“来自中国的五十只商船,装载赤砂糖 685800 斤、绵砂糖 51450 斤到

---

① 村上直次郎訳『長崎オランダ商館の日記』第一輯、岩波書店、1956 年、108 頁。

② 同書、108 頁。

③ 同書、110 頁。

④ 同書、111 頁。

⑤ 同書、194、197 頁。

⑥ 同書、372、374—375 頁。

⑦ 同書、62—63 頁。

⑧ 同書、103、106 頁。

⑨ 同書、224、226—227 頁。

了长崎。”①“1650年10月25日”条记载:“1650年来自中国的七十只商船,装载白砂糖、赤砂糖共790960斤,冰砂糖6150斤到了长崎。”②“1653年11月12日”条记载:“自1652年11月10日到1653年11月10日,来自中国的五十四只商船,装载中国产砂糖152100斤、赤砂糖584870斤、冰砂糖37250斤到了长崎。”③

如上所述,每年来自中国的商船运载了大量的砂糖到长崎。在此试对上述中国船只的平均砂糖载重量作一探讨。

表1-1 1642—1653年中国商船运销到长崎的砂糖载重量

公历(年)	只数(艘)	砂糖(斤)	白砂糖(斤)	赤砂糖(斤)	冰砂糖(斤)	合计(斤)	平均载重量(斤)
1642	34	24000		160100	32800	216900	6379.4
1644	54		489800	849600	78150	1417550	26250.9
1645	76		1770000	1553000	54800	3377800	44444.7
1646	54		779500	258100	145500	1183100	21909.3
1648	17		12000	91000	83	103083	6063.7
1649	50		51450	685800		737250	14745.0
1650	70	790960			6150	797110	11387.3
1653	54	152100		584870	37250	774220	14337.4
合计	409	967060	3102750	4182470	354733	8607013	
平均	51.1	6120.6	12362.6	12338.7	988.1		21044.0

从表1-1来看,自1642年到1653年,来自中国的商船运销到长崎的砂糖最多的年份可达337万余斤,除去最少年份1648年的10万余斤和1642年的20万余斤,较少的年份也有70万斤以上。这些砂糖全部都在日本本土销售。

从来航日本的中国商船的视角来看,即便是运销数量最少的年份,平均每艘船也装载有6000斤左右的砂糖到长崎。八年间,平均每艘船约运载白砂糖12000斤、赤砂糖12000斤、冰砂糖1000斤,共计25000斤。那时1斤约合600克,那么25000斤约相当于15吨。对当时的中国帆船来说,砂糖的确是最合适

① 村上直次郎訳『長崎オランダ商館の日記』第一輯、岩波書店、1956年、108頁。

② 同書、321—322頁。

③ 同書、248、250頁。

的压舱物。

同时也表明江户时期日本社会对砂糖的需求量。

三、从日方记录来看长崎进口的砂糖

宋代陆游在《老学庵笔记》卷六中写道：

> 闻人茂德言：沙糖中国本无之。唐太宗时外国贡至，问其使人：此何物？云：以甘蔗汁煎。用其法煎成，与外国者等。自此中国方有沙糖。[①]

正如陆游所言，砂糖在唐太宗（626—649 年）时期由外国使节传入中国，之后在中国逐渐普及。

到了江户时代，中国砂糖成为驶往长崎的贸易船所运载的常规货物。

（一）从日方记录来看中国砂糖的进口

上文主要依据为荷兰方面的文献记载，下文将根据日方的记载来探讨中国船只的砂糖载重量。

贞享三年（康熙二十五年，1686 年）七月一艘厦门贸易船漂流到对马，关于该船运载的货物，文献记载道："白糖四千担，冰糖二千担。"[②]即载来白砂糖 4000 担、冰砂糖 2000 担。

《月堂见闻集》收录了自元录时期到享保末年的江户、京都、大阪等各地的街谈巷议，从中抽出享保十四年（雍正七年，1729 年）长崎进口的货物中关于砂糖的记载如下：

> 十月，唐船运载到长崎的货物记录

---

① 〔唐〕陆游：《老学庵笔记》"唐宋史料笔记丛刊"，北京：中华书局，1979 年，第 80 页。

② 林春勝、林信篤編，浦廉一解説『華夷変態』上册、東洋文庫、1958 年、643 頁。林復斎『通航一覧』第五、国書刊行会、1913 年、325 頁。

八号南京船　白砂糖　三百三十斤　赤砂糖　二百五十斤[①]

九号宁波　十月二十二日入港　白砂糖　一万五千斤[②]

十号宁波　十月二十三日入港　白砂糖　一万八千斤[③]

十一号南京　白砂糖　一万八千斤[④]

十五号宁波　白砂糖　二万二千五百斤[⑤]

十六号占城　白砂糖　二万三千二百斤[⑥]

十七号东京　白砂糖　六万七千斤[⑦]

由此可知,其中,特别是十七号东京船载来了 67000 斤,约合 40 吨的砂糖。

宝历三年(乾隆十八年,1753 年)十二月十日漂流到八丈岛的原驶往长崎的船主高山辉的贸易船所运载的货物中也有砂糖。虽因船只遭遇暴风雨而损失了一部分货物,但在剩下的货物中有砂糖,记载如下:

一　冰砂糖　五千四十贯目　　一　白砂糖　八千九百一贯目[⑧]

这艘船上的货物之后由日本船运载到了长崎,在这两艘日本船——和合丸和大杉丸的载货目录中也有关于砂糖的记载,具体如下:

---

① 『近世風俗見聞集』第二、国書刊行会、1913 年、174 頁。林復斎『通航一覧』第六、国書刊行会、1913 年、36 頁。

② 『近世風俗見聞集』第二、国書刊行会、1913 年、175 頁。林復斎『通航一覧』第六、国書刊行会、1913 年、8 頁。

③ 『近世風俗見聞集』第二、国書刊行会、1913 年、175 頁。林復斎『通航一覧』第六、国書刊行会、1913 年、9 頁。

④ 『近世風俗見聞集』第二、国書刊行会、1913 年、175 頁。林復斎『通航一覧』第六、国書刊行会、1913 年、36 頁。

⑤ 『近世風俗見聞集』第二、国書刊行会、1913 年、175 頁。林復斎『通航一覧』第六、国書刊行会、1913 年、9 頁。

⑥ 『近世風俗見聞集』第二、国書刊行会、1913 年、175 頁。

⑦ 『近世風俗見聞集』第二、国書刊行会、1913 年、176 頁。

⑧ 「護花園随筆」『通航一覧』第六、国書刊行会、1913 年、56 頁。

和合丸、大杉丸两船货册 计开

一 白糖 一百六十三件,外又随带食用白糖八包

一 冰糖 一百三十二件,外又随带食用冰糖一包①

残存货物 计开

一 白糖 三百零六件 一 冰糖 四十四件②

这表明漂流到八丈岛的船只也载有白砂糖和冰砂糖。

安永九午(乾隆四十五年,1780年)四月二十日漂流到安房国千仓浦的原驶往长崎的贸易船,其船主为沈敬瞻。关于该船装载的货物,有如下记载:

南京商船漂流至房州浦,浦贺奉行因公偕六十家药材批发商负责人对该船货物进行调查并作记录。

记

一 白砂糖 二十六万二千五百斤

一 冰砂糖 五十桶一万二千五百斤……

以上焚烧处理。③

由此可知这只船载有白砂糖262500斤、冰砂糖12500斤,共计275000斤,约合165吨,仅一艘船就运载了如此之多的砂糖。

文化四年(嘉庆十二年,1807年)正月七日漂流到下总铫子浦的原驶往长崎的贸易船,其船主为王宗鼎,在他运载的货物之中也发现了砂糖,记载如下:

金源盛船粗细货册

通船粗细货物开后

---

① 「巡海録」『通航一覧』第六、国書刊行会、1913年、69頁。

② 同書、70頁。

③ 「続談海」『通航一覧』第六、国書刊行会、1913年、94頁。

计开

一　一番三盆二百五十包　共重二万八千二百二十四斤

一　二番泉糖三百五十包　共重三万九千六百三十三斤[①]

由此可知,共计运载三盆[②]和泉糖[③] 67857 斤,约合 40 余吨。

文化六年(嘉庆十四年,1809 年)巳七番船运载有砂糖类货品,具体如下:

冰糖　二百包　　　计一万八千三百斤

三盆　二百六十五包　计三万二千斤

泉糖　三百九十八包　计四万五千五百五十斤[④]

可见该船载有冰砂糖 18300 斤、三盆 32000 斤、泉糖 45550 斤,共计 95850 斤,约合 57 余吨。

文政九年(道光六年,1826 年)一月漂流到静冈县,之后被拖航到长崎的酉八番船宁波船主刘景筠和得泰船主杨启堂,在其货物记载目录"通船货数"中写道"货物约六七十件",其中关于砂糖有如下记载:

一	白冰	冰砂糖	一百连
一	顶番糖	顶番砂糖即极品	三百包
一	三盆	上等砂糖即三盆	六百五十包
一	泉糖	中等砂糖　泉指地名	五百包[⑤]

可知船上运载有冰砂糖"白冰"、极品砂糖"顶番糖"、上等砂糖"三盆"以及

① 「文化丁卯唐船漂流記」『通航一覧』第六、国書刊行会、1913 年、6 頁。

② 三盆:也称唐三盆,砂糖的一种,从中国进口的上等砂糖。——译者注

③ 泉糖:砂糖的一种,中国泉州产的砂糖。——译者注

④ 松浦章『清代海外貿易史の研究』朋友書店、2002 年、377 頁。

⑤ 田中謙二、松浦章編著『文政九年遠州漂着得泰船資料』関西大学出版部、1986 年、28—30 頁。

泉州产砂糖“泉糖”。虽然这里没有写明斤数，但以文化六年巳七番船上的砂糖为例来换算的话，白冰200包约合18300斤，一包即为91.5斤，三盆260包约合32000斤，一包即为123斤，泉糖398包约合45550斤，一包即为114斤。

由此可推算出，得泰船上的三盆650包即为79950斤，泉糖500包即为57000斤，假设顶番糖每包100斤，那么300包约为30000斤，同此方法计算白冰100包约为10000斤，共计176950斤，约合106余吨。可见得泰船运载砂糖量高达100吨。

从荷兰方面的记录来看，江户后期天保二年至三年（1831—1832年）中国船运载到长崎的砂糖载重量，如下所示：

表1-2　天保二年至三年（1831年至1832年）唐船进口砂糖量[①]

	船只	冰砂糖（斤）	砂糖（斤）	上等砂糖（斤）	普通砂糖（斤）	合计（斤）
天保二年	一号船	36000	124700			160700
	二号船	29500	112385			141885
	三号船	27696	不明			27696
	五号船	34700	197500			232200
	六号船	20000	130000			150000
	七号船	20000	163000			183000
	八号船	15000	134000			149000
	九号船	24200	180000			204200
	十号船	25000	190000			215000

① 永積洋子編『唐船輸出入品数量一覧1637—1833年—復元　唐船貨物改帳・帰帆荷物買渡帳』創文社、1987年2月、249—252頁。

(续表)

	船只	冰砂糖(斤)	砂糖(斤)	上等砂糖(斤)	普通砂糖(斤)	合计(斤)
天保三年	五号船	16000	126000			142000
	六号船	11500		50000	35000	96500
	七号船	10000		62000	45000	117000
	八号船	40000		39100	40000	119100
	九号船	11477		67500	40000	118977
	合计	321073	1357585	218600	160000	2057258
	平均(每只)	22933.8	150842.8	54650	40000	2029562/13 156120.1

注:每只船的平均砂糖载重量的计算不包括天保二年的三号船。

由此可知,1831—1832年间,唐船运载了大量的白砂糖、冰砂糖到日本长崎,平均每艘船约载156000斤,约合93吨。也就是说平均每艘唐船运载将近100吨的砂糖到日本。

(二)中国砂糖的集散及对日出口模式

那么,这些砂糖是怎样在中国集散并运销到日本的呢?

自18世纪中期到幕末的约100年间,驶往长崎的中国商船一直以浙江省的乍浦港为对日贸易的中心地。[①] 对此,道光《乍浦备志》卷十四"前明倭变"中有关于乍浦与日本之关系的明确记载。

> 以彼国铜斤足,佐中土铸钱之用,给发帑银,俾官商设局备船,由乍浦出口,放洋采办。[②]

这一记载表明:日本的铜是中国铸造货币的必需品,为了买进这些铜,政府

① 松浦章『清代海外貿易史の研究』朋友書店、2002年、98—1117頁。

② 中国地方志集成编辑工作委员会:《中国地方志集成》(乡镇志专辑20),上海:上海书店出版社,1992年,第229页。

指定官商,命其从乍浦出发,东渡日本。该书还记载了船只运航状况,原文如下:

寻分官、民二局,局各三船,每岁夏至后小暑前,六船装载闽、广糖货,及倭人所需中土杂物,东抵彼国。①

从中可知,政府设置了官局和民局,各局分别派遣 3 只船,共计 6 只,在每年夏至后至小暑前把福建和广东所产的砂糖以及日本人所需求的各种中国商品运销到日本。对日贸易船的出航时间为每年的夏至后至小暑前,即现在的 6 月 20 日前后到 7 月上旬,在这 20 天之间,船只驶出乍浦,扬帆日本。关于具体航程,该书又有如下记载:

西风顺利,四五日即可抵彼。否则十余日至三四十日不等。②

这表明:如果是西风的话,四五日便可顺利到达日本,否则就要花费十余日,甚至三四十日。这些船只起帆回国的时间,如书中所述,"九月中,从彼国装载铜斤及海带、海参、洋菜等物回乍"。③ 即一般为九月中旬,而且满载日本的铜,以及海带、海参等海产干货而归。

之后,再次远赴日本。该书留有相关记载:

起货过塘讫,仍复装载糖货等物,至小雪后大雪前,放洋抵彼。明年四五月间,又从彼国装载铜斤及杂物回乍。通计一年两次,官办铜斤共以一百二十万斤为额,每一次各船分载十万斤。④

① 中国地方志集成编辑工作委员会:《中国地方志集成》(乡镇志专辑 20),上海:上海书店出版社,1992 年,第 229—230 页。

② 同上,第 230 页。

③ 同上,第 230 页。

④ 同上,第 230 页。

这表明了这些贸易船的运航规律,即从日本返航的船只卸完货物之后,便又重新装载好砂糖等货物,在小雪之后大雪之前,即现在的 11 月下旬到 12 月上旬的 20 天时间再次扬帆日本,在第二年的四五月份又返航回到乍浦,同样此次也从日本运载回铜等各种物品。像这样,每年往返航行两次。每年从日本运载回来的铜约有 120 万斤,平均每只船约运载 10 万斤。

关于运载到乍浦的砂糖,在《乍浦备志》卷六“关梁”中有记载:

> 糖货系杭、嘉、湖及江南南偏诸郡通行之物。乾隆朝,广东糖约居三之二比,来多泛至江南之上海县收口,其收口乍浦者较之福建糖转少,其半广东。糖商皆潮州人,终年坐庄乍浦,糖船进口之时,各照包头斤两,经过塘行家报关输税,福建则多系水客,陆续贩来,投过塘行家发卖。①

这一记载表明:乍浦的砂糖大多是从杭州、嘉兴、湖州等江南各地运载而来的。尤其是乾隆时期乍浦的砂糖约有三分之二来自广东。之后,砂糖的汇集地渐渐由乍浦转移到了上海。但在乍浦,广东砂糖一直占市场总量的一半以上,所以砂糖的营销商大多是潮州人。他们一整年都逗留在乍浦,等到运载砂糖的船只到达后,便由过塘行代办海关业务手续。

如上所述,运载到乍浦的砂糖大多产地是广东,而且营销商是潮州人,由此可以推断这些砂糖大多产自潮州。

嘉庆十九年(1814 年)十二月二十五日一艘潮州的潮澄商船漂流到了琉球八重山岛,当地琉球官员对此进行了调查。其记录收录在《历代宝案》第二集 · 一一八。原文如下:

> 据本国辖属八重山地方官报称:嘉庆十九年十二月二十五日清早,有海船一只,被风飘至本岛,搁礁损船。即拨小船数只,拯救登岸,给食活命。询

① 中国地方志集成编辑工作委员会:《中国地方志集成》(乡镇志专辑 20),上海:上海书店出版社,1992 年,第 149 页。

据船主吴利德等口称，本船系广东省潮州府澄海县牌名吴永万商船，通船人数，舵工水梢三十六名，搭客二十二名，共计五十八名，坐驾澄字一百四十九号船只，去岁六月十八日，装载赤、白糖等项，在东陇港开船。八月初七日，前到天津府，发卖其货。九月十一日，该地开船，转到西锦州，置买黄豆、木耳、牛油、甘草、防风等件。要回本籍，十月初三日放洋，至同二十六日，因风不顺，暂收入山东威海澳，……至十一月二十九日开驾，十二月初六日，驶到江南大洋，遇暴风，断舵，随风漂流。至同二十五日早晨，搁礁打破，现存船主、舵水、搭客共四十九名，其外九名淹死，所有货物，亦尽漂弃。[①]

这一史料表明：这艘澄字149号船，是以潮州府澄海县为牌名的吴永万商船。船上有36名船夫、水工及22名乘客，共计58人。于六月十八日载着红、白砂糖从东陇港出航，于八月初七日到达天津府进行砂糖销售。从此例可知，潮州船经常运载砂糖驶往北方海域。

嘉庆《澄海县志》卷六“风俗·生业”中也有相关记载，原文如下：

邑之富商巨贾当糖盛熟时，持重资往各乡买糖，或先放赈糖寮，至期收之。有自行货者。有居以待价者。候三四月好南风，租舶艚船装所货糖包，由海道上苏州、天津。至秋东北风起，贩棉花色布，回邑。下通雷、琼等府。一往一来，获息几倍。以此起家者甚多。

这一记载表明：广东潮州府澄海县在砂糖的收获期去各乡收购，在三四月份吹南风时满载砂糖，远赴苏州和天津等地销售，并由此获得巨额利润。由此可以推测，澄海县的砂糖大多也以相类似的形式被运到了乍浦。

乾隆十八年七月初四日江南提督总兵官左都督林君陞的奏折中有如下记载：

① 松浦章「十八—十九世紀における南西諸島漂着中国帆船より見た清代航運業の一側面」『関西大学東西学術研究所紀要』第16輯、1983年、17—75頁。

惟查刘河、川沙、吴淞、上海各口,有闽粤糖船,四伍月南风时候,来江贸易,九十月闲,置买棉花,回棹。[①]

这表明:广东和福建的砂糖船在每年四五月份吹南风的时节把砂糖运载到江南的刘河、川沙、吴淞、上海等地销售,在九十月份装载棉花起帆回航。由此可知,原产自中国东南沿海的砂糖是由广东及福建的海船运销到乍浦和上海附近港口。其中有一部分砂糖则由从乍浦出发远赴长崎的贸易船运销到日本。

四、日本的砂糖消费情况

日本是如何消费唐船运载来的进口砂糖的呢?本文将对此作一论述。

(一)日本的进口砂糖

寺岛良安在《和汉三才图会》卷九十“甘蔗”条中撰写了以下按语:

沙糖,有冰糖、糖霜、紫糖三品。本是一物,犹生铁、熟铁、钢铁之异。本朝虽移种之,不茂盛也。糍饼之佐必用之食品也。

关于从国外进口的砂糖大体如下所记:

自异国所来,大概记于左:白沙糖者,凡二百五十万斤(一吨百七十五斤,于长崎,分为两樻,有八十六斤半)。自诸国来,洁白而不湿者佳。其中有大块如圆扁饼者,呼曰:盏盆。碎之,甚白。凡太冤为极上,交趾次之,南京、福建、宁波又次之。咬嵧巴[②]、阿兰陀(称出岛[③])为下。[④]

---

① 台北“故宫博物院”:《宫中档乾隆朝奏折》第五辑,台北:“故宫博物院”,1982 年,第 689 页。

② 咬嵧巴:今印尼雅加达。——译者注

③ 出岛:日本江户时代长崎港内的人工岛,在 1641 年到 1859 年期间,是荷兰商馆所在地。在锁国政策实行期间,出岛是日本对西方开放的唯一窗口。——译者注

④ 島田勇雄、竹島淳夫、樋口元巳訳注『和漢三才図会』16、東洋文庫 521、平凡社、1990 年、81 頁。

据《和汉三才图会》的以上总结可知:18世纪初日本每年进口砂糖约250万斤,约合1500吨。运载这些砂糖的不仅有中国船,还有荷兰船。

18世纪初,在日本砂糖大致被分为三类,即冰砂糖、白砂糖、赤砂糖。这些砂糖的原料都是甘蔗,但由于日本国内的甘蔗产量不高,所以才从海外进口砂糖。在进口的250万斤砂糖中,最好的是台湾砂糖,其次是越南的交趾砂糖,再次是南京、福建、宁波等地产的砂糖,最后是由荷兰商船运载来的印度尼西亚产的砂糖,其因荷兰人在长崎的居留地是出岛,所以被称为出岛白,属于下等品。

《和汉三才图会》中关于砂糖制食品,提到砂糖腌制点心。原文如下:

> 按蜜柑、佛手柑、天门冬、生姜、冬瓜之类皆渍沙糖以为果子,然为越数月,不败。一夜渍石灰水,而酒净,藏沙糖。①

这表明砂糖是腌制果实等重要加工食品的必需品。

积极推进砂糖国内供给的是前文提及的德川吉宗。他一方面命令深见有邻进行文献调查,另一方面通过来航长崎的中国船主收集制造砂糖的相关信息。有文献记载享保十一年(雍正四年,1726年)九月来航的六号厦门船李大衡所提供的"煮乌糖法"和"煮白糖法"。原文如下:

> 煮乌糖法
>
> 蔗有二种,一名甘蔗,一名竹蔗,煮糖竹蔗为主,甘蔗次之。种蔗在于二月,取蔗尾插在地中,用粪水灌三四次,待至十月,长有六七尺,砍来用石车,使牛托牵夹出蔗汁,将汁放锅中,约计蔗汁二百斤,用蚝壳灰三四两,同蔗汁煮瀼,用铜清匙,去其泥渣,直至熟。锅中糖若瀼出,恐满于锅外,用麻油渣一滴即止。锅中糖已熟,取糖些少放冷水中,其糖坚凝为度,一齐取起放在竹簸中,用木刀挍数次,就如沙头,火去已冷,即为乌糖。

---

① 島田勇雄、竹島淳夫、樋口元巳译注『和漢三才図会』18、東洋文庫532、平凡社、1991年、244頁。

煮白糖法

将蔗汁放在锅中,约计二百斤,用蚝壳灰三四两,同蔗汁煮汁滚,用铜清水匙,去其泥渣,煮至数滚,将汁取起放在木桶中,俾渣煮渣沉于桶底,桶下半截,开两个眼,用木闩塞住,拔去木闩。清汁流入锅中,再将上面清汁,煮至二日,又将汁取起放在木桶中,俾渣泥沉于桶底,桶下半截,开两个眼,用木闩塞住,拔去木闩,清汁流入锅中,又将上面清汁再煮,锅中糖已滚浮满出,用麻油渣用些少一滴即止。煮至三甘,取起糖二十斤,放在糖漏中,用铁尖周围攒下数次,其余锅中糖,煮至四甘,取起三十斤,放在糖漏中,再攒下数次,又将锅中糖,煮至五甘。取些少糖滴于冷水中,其糖坚如龙眼肉为度,一齐取起滕满糖漏中,复用铁尖攒下至数次,糖如沙头,方歇迟至十余天,糖已冷坚凝。将糖漏底下塞住拔去,令其糖水滴下,略尽用烂泥十余斤,盖于漏面上,又有糖水滴下,待至泥坚,将泥取去其糖略白,又用烂泥十余斤,盖于漏面上,又有糖水滴下,待至泥坚,将泥取去其糖即白,后将漏中糖,取出晒干,是为白糖。

一、二甘似饭汤,三甘似米浆,四甘似麦芽膏,五甘糖下冷水已坚凝。

一、糖漏乃圆式磁器,高有二尺三四寸,上大有一尺五寸,顺下小至三四寸,下留一孔二寸,可以出水,放糖时,将孔塞住,方不漏出,待至糖坚,拔去塞住,自出糖水。

一、石车样式,再来之日。以木头作,就带来。

一、铁尖样式,再来之日。以木头作,就带来。

一、冰糖,三盆糖,煮法不知甚详,回唐日细细访问,来具呈。

一、十二月砍蔗尾长一尺,浸于水中五六日,取起埋在沙中,至二三月自能发芽生根,挖出插于菜园中,至芽发起有尺余,用粪水灌一次,有草灰放在蔗根边更妙,天时旱,不时灌水更佳。

享保十一年九月日　第六番厦门船主李大衡。①

① 林复斎『通航一覧』第六,卷二七二,國書刊行会、1913年、24—27頁。

上述“煮乌糖法”,首先讲述甘蔗和竹蔗的栽培,之后叙述乌糖即红糖的制造工艺。“煮白糖法”则指出在红糖汤汁里添加“蚝壳灰”,之后熬煮,再经过几道工序炼制出白砂糖。

把这个方法传授到日本的是厦门船主李大衡。李大衡于享保八年(雍正元年,1723 年)乘 23 号厦门船来到日本。现留存有当时的报告书。据此当时的船是厦门船,39 人在上海登船,于十一月二十三日扬帆起航,二十八日抵达长崎港。

> 船主李大衡,前年作为十二号船文员来航。该船初次渡海。信牌为前年十二号船客颜启揔领取。[①]

这表明,李大衡是享保六年(康熙六十年,1721 年)12 号船上的文员。信牌[②]是同船赴日的颜启揔在长崎领取到的。

享保十二年 12 号船是厦门船。[③] 有关李大衡来日的确切记载如下:

享保六年十二号厦门船	船主:周元吉	牌名:吴楚誉
	文员:李大衡	
享保八年二十三号厦门船	船主:李大衡	牌名:颜启揔
享保十一年六号厦门船	船主:李大衡	
享保十二年三十三号厦门船	船主:李大衡	
享保十五年十二号厦门船	船主:李弘中	李大衡代
享保十六年二十七号南京船	船主:李大衡	黄子欲　黄亨万代
享保十八年十一号厦门船	船主:李弘中	李大衡代[④]

① 林春勝、林信篤編,浦廉一解説『華夷変態』下册、東洋文庫、1959 年、2984 頁。

② 信牌:清朝的船只驶进长崎的许可证。——译者注

③ 大庭脩編著『唐船進港回棹録　島原本唐人風説書　割符留帳』関西大学東西学術研究所、1974 年 3 月、78 頁。

④ 同書、74、78、82、86、90、93、96 頁。

从上述记载中可推测,李大衡极有可能是厦门人。

由于德川吉宗的努力,到了江户后期日本国内的砂糖供给状况有了很大的变化。记载天保八年(道光十七年,1837 年)至嘉永六年(咸丰三年,1853 年)街谈巷议的喜多川守贞著作《守贞谩稿》,即《聚类近世风俗志》第二十八编的食类中有如下记载:

> 守贞云:日本上古无之,中古以来长崎入舶之荷兰载来一种,以兰馆之地名出岛为名,称之为“出岛白”。中国载来三种白糖。上品称三盆,次之称上白,下品称太白。[①]

当时荷兰商船运载到长崎的砂糖以荷兰商行的所在地出岛来命名,称为“出岛白”。中国船运载来的白砂糖有三种,上等品称为“三盆”,中等品称为“上白”,下等品称为“太白”。日本渐渐普及了制糖,甘蔗先在骏河、远州即现在的静冈县种植,之后在天明、宽政时期(1781—1800 年)普及至四国。到了 19 世纪中叶,日本制糖以四国赞州居全国首位,其次为阿波,此外,在骏河、远江、三河、泉州等地也有生产。红糖是从萨摩运载而来的,大多产自琉球。随后和歌山县的纪州和高知县的土州跃居第一,骏河、远江、三河、泉州等地也仍有生产。到了江户中后期,砂糖不仅应用在点心制作上,还广泛应用到一般的食物料理烹调中,甚至还应用到荞麦面、油炸食品、鱼糕的制作上。

关于骏河的甘蔗栽培以及砂糖制造,有文献记载文政六年被任命为骏河城加番的松浦静山在骏河等地开始种植甘蔗,到了收获期用牛力将其榨成汁,制造成砂糖。[②]

松浦静山指出,对砂糖的普及做出贡献的是德川吉宗,促进砂糖在日本的普及便是德川吉宗治世的一大贡献。[③] 静山自文政四年(嘉庆二十五年,1821 年)开始撰写《甲子夜话》记载世事,从中可知 19 世纪中叶日本国内的砂糖生产已

---

① 喜多川貞『類聚近世風俗志』魚住書店、1928 年、441 頁。

② 松浦静山『甲子夜話 4』東洋文庫 333、平凡社、1978 年、78 頁 。

③ 松浦静山『甲子夜話 3』東洋文庫 321、平凡社、1977 年、295 頁。

非常广泛。也就是说,德川吉宗(1684—1751 年)在位的享保年间与松浦静山(1760—1841 年)撰写《甲子夜话》的时间相差约 100 年,而正是在这 100 年中日本逐渐普及了甘蔗种植及砂糖制造。

这也可以从两位具有代表性的日本著名农学家的农业著作中找到佐证。

江户前中期的农学家宫崎安贞(1623—1697 年)在元禄十年(康熙三十六年,1697 年)所著的《农业全书》卷五“山野菜类之甘蔗”中写道:甘蔗只能在气温较高的地区种植,元禄时期萨摩引进了琉球的秧苗并开始种植。但是,这需要巨额经费,仅靠个人的力量是难以完成的,如果没有藩主等统治者的大力支持,推广是非常困难的。①

然而,江户后期农学家大藏永常(1768—? 年)于天保十三年(道光二十二年,1842 年)所著的《广益国产考》第二卷“砂糖之事”中提到,砂糖的情况发生了很大的变化。原文如下:

> 砂糖在二百多年前只有出身尊贵的人才知道,贫贱下人连见都没见过。元禄时期至安永宽政时期由唐船运来一种名为唐黑的红糖,文化时期开始贸易中断。比今日所用红糖颗粒更细,为上等品。②

宫崎安贞的《农业全书》的成书时间约比大藏永常的《广益国产考》的成书时间天保十三年早近 200 年,正是在这期间日本的砂糖状况发生了巨大的变化。正如大藏永常所记载:“砂糖在二百多年前只有出身尊贵的人才知道,贫贱下人连见都没见过”,这表明砂糖消费量最多的应该是江户城。该书中还记录了惊讶于江户城砂糖日消费量达 1000 斤从而展开调查之事。③ 此事的真实性暂且不论,不难想象江户城是其他地方无法相提并论的砂糖消费大城。

---

① 宮崎安貞『農業全書』卷一——卷五、日本農業全書第 12 卷、社団法人農山漁村文化協会、1978 年 3 月、391—392 頁。

② 大藏永常『廣益國產考』、日本農業全書第 14 卷、社団法人农山漁村文化協会、1978 年 12 月、98—101 頁。

③ 喜多村香城『五月雨草紙』、『新燕石十種』第三卷、中央公論社、1981 年 4 月、335 頁。

由大藏永常的记载可知,元禄时期只有出身高贵的人才知道的砂糖,在200年间逐渐国产化、普及化,而且日本国内也能生产出与中国贸易船唐船运载来的同样质量的高品质砂糖。

(二)日本砂糖消费的扩大

到了江户中后期,不仅是消费量,砂糖的用途也增加了很多。在《守贞谩稿》第五编"生业下之冷水卖[①]"中有实例为证:以卖冷饮为生的人,制作冷饮时也会使用砂糖,特别是在京都和大阪地区将加入砂糖的冷饮改名为"砂糖水卖"。[②] 此外,将用"白玉卖"[③]糯米粉做成的丸子煮熟并撒上白砂糖的点心称为"砂糖入金时"[④]。每年的传统节日五月初五端午节时,江户、京都、大阪都有卖槲叶糕[⑤],这些槲叶糕也是用加了砂糖的红豆馅制作而成的,在江户也有用加入砂糖的味噌[⑥]来制作的。孩子食用的形似干制鲣鱼的点心[⑦]是把加入砂糖蜜的小麦粉揉捏定型的食品。闻名于世的"金山寺味噌"[⑧]也是用大豆麦曲加入砂糖制作而成的。"金团"[⑨]也是加入砂糖制作而成的一种食品。"魔芋田乐"[⑩]是在制作魔芋烤串时使用加入砂糖的田乐酱以增加甜味的一种食品。

众所周知的"金平糖"[⑪]是安土桃山时代从外国传来的一种非常有名的糖果,制作这种糖果砂糖是必不可少的。熬制羊羹[⑫],砂糖也是不可或缺的材料。

---

① 冷水卖:在江户时代,夏天以卖加入砂糖和糯米圆子的冰水为生的人。——译者注

② 喜多川貞『類聚近世風俗志』魚住書店、1928年、174頁。

③ 同書、177頁。

④ 同書、177頁。

⑤ 同書、270頁。

⑥ 味噌:日本特有的黄豆酱。——译者注

⑦ 喜多川貞『類聚近世風俗志』魚住書店、1928年、313頁。形似干制鲣鱼的点心:这种点心在江户时代风靡一时,是熊野产的,所以也称为熊野节。——译者注

⑧ 喜多川貞『類聚近世風俗志』魚住書店、1928年、418頁。

⑨ 喜多川貞『類聚近世風俗志』魚住書店、1928年、433頁。金团:日本点心的一种,在糖煮栗子、豆类中拌馅的一种日本甜食,馅多用熟白薯经筛网过滤后加入白糖制成。——译者注

⑩ 喜多川貞『類聚近世風俗志』魚住書店、1928年、435頁。田乐:这里指田乐烧烤,即把鱼、蔬菜穿成串烧烤。——译者注

⑪ 喜多川貞『類聚近世風俗志』魚住書店、1928年、439—440頁。

⑫ 同書、443頁。

此外,制作馒头时也会使用砂糖。[①] 高价的馒头也必然使用高价的砂糖。如"虽乡僻之地皆砂糖馒头也,文化以来渐渐如此也"[②],即自文化年间以来,不仅是东京、大阪等大城市用砂糖来做馒头,在其他城市这种做法也得到普及。江户时代普及的荞麦馒头[③],馅料是用进口的砂糖和小豆制作成的,而包馅的表皮是用荞麦面粉制作的。

如上所述,有许多种加入砂糖的点心,也有多种加入砂糖的可保存食品。在文化时期的《卯花园漫录》卷二中有关于用砂糖腌制青梅酒和蜜柑的记录。[④] 像青梅酒、腌制蜜柑等如今也是日常食用的食品。对此,江户后期的国学者小山田与清(1783—1847 年)的《松屋笔记》卷七丨四"梅酒制作""糖渍制作"[⑤]中也有相似的记载。《松屋笔记》是记载文政之后事件的笔记。

关于日本国内的砂糖价格,泷泽马琴(1767—1848 年)在《异闻杂稿》上册[⑥]中记载了天保年间(1830—1843 年)的情况。砂糖价格从天保四年(道光十三年,1833 年)的春天开始暴涨,白砂糖由原来的 1 斤 180 文涨到 350 文,增长了 1.9 倍。赤砂糖由原来的 1 斤 116 文增长到 280 文,增长了 2.4 倍。由于价格的高涨,砂糖在各地滞销,所以砂糖价格于同年十月开始下跌,白砂糖下跌到 180 到 200 文,赤砂糖下跌到 132 文。由于砂糖和糯米的价格暴涨,点心缩小到原来的一半,甜味也变淡。砂糖价格下跌时,点心的大小没有变,只是甜味略有所增加而已。同样的事情在不同的时代也时有发生。

---

① 喜多川貞『類聚近世風俗志』魚住書店、1928 年、444 頁。

② 同書、445 頁。

③ 同書、446 頁。

④ 石上八郎『卯花园漫錄』、『新燕石十種』第五卷、中央公論社、1981 年、154—155 頁。同書、朝倉治彦「後記」409 頁参照。

⑤ 小山田與清『松屋筆記』、『松屋筆記』第二册、国書刊行会、1908 年、124—125 頁。同書第一册、国書刊行会、1908 年、「例言」。

⑥ 滝沢馬琴遺稿『異聞雜稿』上册、『続燕石十種』第二卷、中央公論社、1980 年 7 月、154—155 頁。同書、朝倉治彦「後記」434 頁参照。

五、小结

江户初期的日本通过中国船和荷兰船进口外国砂糖。之后德川八代将军吉宗下令从中国的文献记载中学习中国的甘蔗栽培以及砂糖制造技术。另外,他还向来长崎的中国商人请教,收集甘蔗栽培及制糖方法。随后便在骏河、三河、长崎、和歌山等地,即德川家的直辖领地上栽培种植。正如平户藩藩主松浦静山在《甲子夜话》所述,经过积极推广,到了 100 年后的文政年间,甘蔗栽培以及砂糖制造在日本各地已广泛普及。制造的砂糖在江户时代为一般平民所食用,并应用到各式食品制作中,如砂糖水卖、白玉卖、熊野节、槲叶糕、金山寺味噌、金团、魔芋田乐、白味噌、赤味噌、茄子田乐、金平糖、米花糖、熬制羊羹、馒头、荞麦馒头等,数不胜数。

如上所述,产自广东潮州以及福建厦门、泉州等地的砂糖,由沿海商船运到浙江的乍浦,再装载到前往长崎的贸易船上。之后从长崎再通过大阪的批发商,把中国砂糖销往日本各地。

此外,享保年间,在德川吉宗主导下,积极引进中国的甘蔗栽培及制糖技术,努力发展日本的甘蔗种植及国产砂糖的生产。之后到了江户中后期砂糖已经广泛应用于日本人的日常食品制作中,这些食品与现在食用的基本没有差别。

日本一方面在整个江户时代一直不断地进口中国砂糖,同时,另一方面自享保年间以后各地又在努力提高国产砂糖的产量。

第二节 嘉靖十三年(1535年)朝鲜使节在北京邂逅琉球使节

一、绪言

与宋朝及元朝不同,中国明朝时期禁止海外商船入港,但是允许朝贡国使节所乘船舶入港。关于明朝认可的海外朝贡国,据《正德大明会典》卷九十六“朝贡一”记载,东海、南海之番属国有高丽国、暹罗国、琉球国、占城国、真腊国、安南国、日本国、爪哇国等。[①] 另据万历《大明会典》卷一百五“朝贡一”之“东南夷”记载,朝贡国有朝鲜国、日本国、琉球国、安南国、真腊国、暹罗国、占城国、爪哇国、彭亨国、百花国、三佛齐国、浡泥国、须文达那国、苏门答剌国、西洋琐里国、琐国等。[②]

---

① 山根幸夫解題『正德大明會典』第二卷、汲古書院、1989年6月、356頁。

遲罗国:今泰国。琉球国:今日本冲绳县。占城国:古代存在于中南半岛上的一个古代王国,北起今越南河静省横山关,南至平顺省潘郎、潘里地区。真腊国:中南半岛古国,其境在今柬埔寨境内,是中国古代史书对中南半岛吉蔑王国的称呼。安南国:今越南。爪哇国:古代东南亚古国,其境主要在今印度尼西亚爪哇岛一带。——译者注

② 山根幸夫解題『正德大明會典』第二卷、汲古書院、1989年6月、359頁;〔明〕李东阳等撰,〔明〕申时行等重修:《大明会典》第三册,扬州:广陵书社,2007年,第1585—1595页。

彭亨国:今马来西亚东部。三佛齐国:存在于大巽他群岛上的一个古代王国,在鼎盛时期其势力范围包括马来半岛和巽他群岛的大部分地区。浡泥国:现今加里曼丹岛北部文莱一带。须文达那国:指元代时苏门答剌国。苏门答剌国:东南亚古国名,在满剌加之西。——译者注

朝鲜为明朝一年一贡的朝贡国,每年均向中国进贡。而位于东海的琉球则是两年一贡的朝贡国,每两年派遣使节到北京进贡。两国的使节朝贡时一般入住北京的会同馆。玉河流经皇城,因会同馆近玉河,朝鲜使节遂称会同馆为玉河馆,两国使节在会同馆时常邂逅。

因此,据万历《大明会典》卷一百五"朝贡一"之"东南夷",第一个记载的朝鲜国属于每年进贡的国家,"自(永乐)后每岁圣节、正旦[嘉靖十年。外夷朝正旦者,俱改冬至]、皇太子千秋节,皆遣使奉表朝贺,贡方物"。① 朝鲜位于朝鲜半岛,与中国大陆相邻,因此一般是沿陆路前往明朝进贡。除朝鲜外,日本、琉球等海外诸国不得不利用当时的帆船前来朝贡。

日本"十年一贡"②,每十年派遣使节船前往明朝进贡。琉球"谕令二年一贡"③,即每两年派遣使节船前来朝贡。其他如安南国、暹罗国、占城国、爪哇国等则是"令三年一贡"④,除安南国与明朝陆上相邻不必派遣船只以外,上述国家均派遣使节船前往朝贡。

中国明朝时期的朝贡国中,陆路前来进贡最频繁的国家当属朝鲜国。从朝鲜国的记录⑤中可知,其不仅关注中国,对其他朝贡国的动态也较为关心,只要有机会便会接触各国使节,收集相关信息。

因此,本文围绕嘉靖十三年朝鲜国与琉球国的使节在北京邂逅的相关史实展开论述。

二、从嘉靖十三年朝鲜使节日记看琉球使节

《大明世宗肃皇帝实录》卷一百六十,"嘉靖十三年闰二月乙巳(八日)"条留

---

① 〔明〕李东阳等撰,〔明〕申时行等重修:《大明会典》第三册,扬州:广陵书社,2007年,第1585页。

② 山根幸夫解题『正德大明會典』第二卷、汲古書院、1989年6月、362頁;〔明〕李东阳等撰,〔明〕申时行等重修:《大明会典》第三册,扬州:广陵书社,第1587页。

③ 山根幸夫解题『正德大明會典』第二卷、汲古書院、1989年6月、361頁;〔明〕李东阳等撰,〔明〕申时行等重修:《大明会典》第三册,扬州:广陵书社,第1587页。

④ 山根幸夫解题『正德大明會典』第二卷、汲古書院、1989年6月、359—362頁;〔明〕李东阳等撰,〔明〕申时行等重修:《大明会典》第三册,扬州:广陵书社,第1588—1590页。

⑤ 松浦章「朝鮮使節の琉球通事より得た台湾鄭経・琉球情報」『南岛史学』第63号、2004年4月、1—13頁。

有记载："朝鲜国王李怿，差吏曹判书苏洗让等，进表及方物马匹，贺皇嗣诞生，给赏如例。"由此可知，朝鲜国国王李怿派遣使节以庆贺嘉靖帝之皇嗣诞生，该使节于嘉靖十三年闰二月八日上表并奉上贡物以庆贺皇子诞生。根据《明史》卷十七"世宗一"记载："（嘉靖）十二年……秋八月乙未，以皇子生，诏赦天下。"[①]可见朝鲜使节是为庆贺嘉靖十二年（1533 年）八月嘉靖帝传位皇子之诞生而赴京的，该皇子并非继位嘉靖帝的隆庆帝。隆庆帝诞生于嘉靖十六年（1537 年）正月二十三日，为嘉靖帝的第三子[②]，皇位继承的变故是之后发生的事。其他朝贡国同样也派遣使节前来庆贺明朝皇帝皇子的诞生，如琉球国。

当时派遣的朝鲜使节苏世让的北京记录，即《阳谷赴京日记》[③]留存至今。关于该书内容，最早翻刻该书的中村荣孝作了以下表述：

> 中宗二十八年癸巳十二月，苏世让作为进贺使与书状官李梦弼、质正权应昌共同赴京庆贺皇太子诞生。本书是此次出使的往返记录。[④]

《阳谷赴京日记》中记载了其在北京邂逅琉球使节之事。关于苏世让等进入北京至归国期间邂逅琉球使节之事，从日记中摘录如下：

---

① 〔清〕张廷玉等：《明史》第二册，北京：中华书局，1974 年，第 225 页。

② "穆宗……皇帝，世宗……皇帝第三子也。……嘉靖十六年正月廿三日，上诞生。"参见《明实录·明穆宗实录》卷一，据广方言馆本补用嘉业堂本校。

③ 《青丘学丛》第 1 号（1930 年 8 月）刊登的"资料"——"事大纪行（上）"中最早翻刻了《阳谷赴京日记》。中村荣孝的解题如下："本书为朝鲜国第十一代国王中宗时期之人苏世让所著，此前一直不为世人所知。三月，从朝鲜总督谱修史官洪熹氏处得知，此为全罗北道益山群金马面东古都里的苏世让宗孙详永氏从所藏古书中发现的先祖亲笔书。后人题加外题，称作'阳谷先生手墨'。本书收录在详永氏所藏《阳谷集》中，原题为'赴京日记'。现题名'阳谷赴京日记'，并为了阅读之便，对原文添加了标点。"（第 176 页）1930 年以后，《阳谷赴京日记》开始广为人知。本稿使用的是活字翻刻本与《燕行录全集》版本。此外，《青丘学丛》第 4 号（1931 年）"资料"——"事大纪行（下）"中翻刻刊载了康熙二年（1663 年）出使北京的郎善君李俣所著《郎善君癸酉燕京录》（资料，第 3—16 页），该文续篇登载在《青丘学丛》第 6 号（1931 年）"资料"——"事大纪行（下）"中。

④ 『青丘學叢』第 1 号、大阪屋號書店、1930 年、176 頁。

嘉靖十三年二月二十五日,晴。入通州东门,出西门。自此至皇城四十里间,狭路人家栉比。至朝阳门,少憩城外庙堂,乃入到寓玉河馆西照。①

闰二月十六日晴,琉球国使臣十八人,来寓西馆。其国人,来留福建府,惯习华语而朝。故其言语衣服,略似华人。②

闰二月十八日晴,……夕,琉球国两使臣来见。引入对坐馈酒,仍问其风土之宜,地气甚暖,冬不重衣,春秋则服单,一年两度耕获,俗尚淳朴,又好为僧,所产则沉香、象牙、玳瑁、胡椒、白檀等物,日本国只隔大海,而人心俗尚不同,故不喜相通云。③

闰二月二十二日晴,主事来问寒暄,遂往问琉球上使之病而去。即与书状,往其厅称谢。④

闰二月二十三日晴,琉球使臣麻布渡、梁椿、马吾刺、陈赋及伴送贾英、洪世美等来见,啜茶而去。⑤

闰二月二十四日雨,……午后,琉球使送其六色土物,即修回奉。⑥

闰二月二十七日晴,四更,赴朝,适皇帝视朝于奉天门。入候左腋门,于官行五拜礼,东西相向而立。夏尚书入跪正南御路上,夏序班拉余趋入,跪于尚书之后,一行之人皆随之。琉球人,又入跪于后。尚书搢笏书曰,朝鲜国王某差陪臣某官某进贺云。皇帝答曰,知道。吃酒饭。尚书曰,唯。扣头而退于光禄寺,吃酒饭后,上御路扣头而退。帝前后一不视朝,而是日出视。服黑衣,有斋戒云。⑦

三月七日,晴,……日夕,往问琉球上使梁太傅疾,仍与副使等,坐其馆,啜茶而还。⑧

---

① 林基中:《燕行录全集》二,首尔:东国大学校出版部,2001 年,第 401 页。

② 同上,第 403 页。

③ 同上,第 403—404 页。

④ 同上,第 404 页。

⑤ 同上。

⑥ 同上。

⑦ 同上,第 405 页。

⑧ 同上,第 407 页。

三月十二日,晴。促食发行。[①]

如上所述,琉球使节访问了朝鲜使节所在馆,朝鲜使节询问了琉球的风土和气候,以及农业生产事宜。正如"又好为僧"所示,谈话间也涉及琉球国的佛教,这从一个侧面表明500年前的琉球国是佛教王国。[②] 其中还提及琉球特产,"所产则沉香、象牙、玳瑁、胡椒、白檀等物",而《历代宝案》(第一集)卷四十二-二五文书中对此有如下记载:

琉球国中山王世子尚清,为进贡等事,切照本国产物稀少,缺乏贡物,深为未便,为此今遣正使马沙开、都通事梁杰等,坐驾义字号小船一只,装载瓷器等货,前往佛大泥等国,出产地面两平,收买苏木、胡椒等物回国,预备下年进贡大明天朝,所据今差去人员,别无文凭,诚恐到处官司,盘阻不便,王府除外今给黄字四号半印勘合执照,付正使马沙开等,收执前去,如遇经过关津把隘去处,及沿海巡哨官军验实即便放行,毋得留难,因而迟误不便,所有执照,须至出给者。[③]

另据《历代宝案》(第一集)卷四十二-二六文书,记载如下:

琉球国中山王世子尚清见为进贡等事,切照本国产物稀少,缺乏贡物,深为未便,为此今遣正使陶美、通事程义等坐驾地字号海船一只,装载瓷器等货前往暹罗等国。出产地面两平,收买苏木、胡椒等物回国,预备下年进贡大明天朝。所据今差去人员别无文凭,诚恐到处官司,盘阻不便,王府除外,今给黄字八号半印勘合执照,付正使陶美等收执前去,如遇经过关津把隘去处,及沿海巡哨官军验实,即便放行,毋得留难,因而迟误不便,所有执

---

① 林基中:《燕行录全集》二,首尔:东国大学校出版部,2001年,第408页。

② 知名定寛『琉球仏教史の研究』榕樹書林、2008年6月。

③ 黄智伟:《历代宝案》第二册,台北:台湾大学,1972年,第1355页。

照,须至出给者。[①]

由上述可知,琉球国的船舶装载瓷器到达佛大泥国和暹罗国等东南亚诸国,购入苏木和胡椒,琉球国将购入的苏木和胡椒等非本国产物或本国稀少产物上贡到明朝。因此,“所产则沉香、象牙、玳瑁、胡椒、白檀等物”,这显然不是琉球产物,不过琉球使节并没向朝鲜国使节述及此事。

而且,苏世让外甥苏巡的随行日记——成均进士晋山苏巡謍夫著《葆真堂燕行日记》也留存于世,该日记与苏世让的日记相同,记载了邂逅琉球使节之事。以下摘录自《葆真堂燕行日记》:

> 皇明嘉靖十二年癸巳冬,叔父阳谷先以皇太子诞生进贺使入中国,余以带率子弟陪行而来往,原隰之日,拜谢殿陛之时,随所赡见而记其事实焉。[②]
>
> 嘉靖十三年二月二十五日,晴既明,乃行由通州东门,穿西城而去城……晚至玉河馆,行四十里也。……[③]
>
> 闰二月十六日晴,在玉河馆,午晚琉球使臣上下并十八人来寓西馆。其语音略同中华,见人拜礼甚恭。[④]
>
> 闰二月十八日晴,在玉河馆……夕,琉球两使臣来见,即引入许坐饮之以酒,问其国节序寒暖,则冬不重衣,夏不去扇,春秋皆着单衣。问百谷则一年种麦,一度稻及诸种,正月始耕。五月收食,是月又耕,九月获取。问风俗则习尚淳朴,又好僧。问其地产则沉香、象牙、玳瑁、胡椒、白檀等物,皆出地方,余物不可尽说,问境界远近,则国在海中,四面不甚远大。问经过胜地,则一路虽多可观。只如南京、苏杭之胜,甲于天下,触眼壮观,难以殚录。问四境何最近,曰日本只隔大海,可与相通,而但以人心俗不同,故不喜相往。

---

① 黄智伟:《历代宝案》第二册,台北:台湾大学,1972 年,第 1356 页。

② 林基中:《燕行录全集》三,首尔:东国大学校出版部,2001 年,第 346 页。

③ 同上,第 388—389 页。

④ 同上,第 397 页。

问以何物来献，曰不过前所陈之物而已，问毕辞去。①

闰二月二十二日晴，在玉河馆，主事为到问佚，遂往问琉球使臣之病，还坐其馆使与书状往谢近来当受赏赐，云大慰一行之人，今日始见书册买卖之人，抱负物货争来示之。……②

闰二月二十三日晴，在玉河馆，朝食后，琉球使臣麻布渡、梁椿、马吾剌、陈赋等及其伴送贯英、洪世实等来见，使与两君，即出对叙寒暄，各进茶而罢。……③

闰二月二十四日阴，在玉河馆，……午后，琉球人等，送以六色之物，还以数件报之。④

三月七日，晴，在玉河馆，……夕，往问琉球国梁太傅病因，与副使等相话，啜茶而来已，而夏序班来到，即引见，内厅设酒，相话来，副使亦恭各给砚一面。⑤

三月十二日，晴。促食欲发。……⑥

如上所述，苏世让《阳谷赴京日记》与随行的外甥苏巡《葆真堂燕行日记》中对朝鲜使节在北京玉河馆⑦邂逅琉球使节一事的记述几乎相同。当时共有18名琉球使节前来北京朝贡，据苏世让记载，琉球使节一行从福建来到北京，他们说中国话，衣着也与中国人相同。双方使臣面谈时提及琉球国风土国情，诸如琉球冬季无须着厚衣，夏季需要扇子，春秋季着“单衣”便可，一年中可种植小麦和水稻等。其中谈到琉球所产“沉香、象牙、玳瑁、胡椒、白檀等物”，然而事实上“沉香、象牙、玳瑁、胡椒、白檀等物”并非琉球所产，而是琉球国与东南亚国家贸

① 林基中：《燕行录全集》三，首尔：东国大学校出版部，2001年，第398—399页。

② 同上，第400—401页。

③ 同上，第401页。

④ 同上，第402页。

⑤ 同上，第415页。

⑥ 同上，第417页。

⑦ 松浦章「明清時代北京の會同館」『神田信夫先生古稀記念論集 清朝と東アジア』山川出版社、1992年3月、第365頁。

易所得。

虽然苏巡的日记内容与苏世让的日记大致相同,但是有些内容是苏世让日记中没有的。如,朝鲜使节前往北京朝贡时不经过南京、苏州、杭州等地,但是苏巡听闻琉球使节对上述几地景观的描述后,在其日记中记录了"甲于天下"的评价。

综上所述,朝鲜使节在北京邂逅了琉球使节,之后朝鲜使节归国后,又向朝鲜国王报告了上述日记中未记录的事实。

三、嘉靖十三年派往北京的琉球使节

关于琉球使节赴北京时邂逅朝鲜使节一事,《大明世宗肃皇帝实录》卷一百六十一记载:"嘉靖十三年三月……戊辰琉球国中山王子尚清,遣陪臣正议大夫梁椿等贡马及方物,宴赉如例。"由此可知,派遣使臣梁椿等至北京。该遣使一事在《中山世谱》卷七"尚清王"中也留有记载:"(嘉靖)十二年癸巳秋,遣正议大夫梁椿、使者马吾喇等,奉表贡方物。"①

该书中另有注解曰:"旧制:外国贡使至京师,皆有防禁。五日一出馆,令得游观贸易,居常皆闭馆不出,惟朝鲜、琉球,防之颇宽。"②

由上述记载可知,按照明朝制度规定,出于安全防范考虑,外国使节到达京城后,每五日可外出一日,其他时间须待在居住馆内,不能外出。然而这些规定对朝鲜国和琉球国的使节相当宽松。

此时的使者马吾剌曾是嘉靖八年(1529年)的使节。③《历代宝案》(第一集)卷二十九中对嘉靖十二年梁椿的出使,记载如下:

> 琉球国中山王世子尚清,为进贡等事,今特遣正议大夫梁椿、使者马吾剌等,赍捧表文一通,坐驾黄字号海船一只,装载马一十五匹,硫黄二万斤,赴京进贡,所据今差去人员,别无文凭,诚恐所在官司盘阻不便,王府除外,

① 伊波普猷等『琉球史料叢書』第四、名取書店、1941年9月、94—95頁。

② 同書、95頁。

③ 同書、94頁。

今给黄字十六号半印勘合执照，付存留在船通事梁显等，收执前去，如遇经过关津，把隘去处，及沿海巡哨官军验实，即便放行，毋得留难。因而迟误不便，所有执照，须至出给者。今开。

赴京正议大夫一员梁椿

使者二员马吾剌、麻布度

通事一员陈赋

存留在船使者一员丘剌子

存留在船通事一员梁显

人伴二十三名

官船火长直库二名

田祥阐班那

稍水共一百四十名

嘉靖十二年八月二十日

右执照付存留在船通事梁显

等

准此为进贡等事执照①

琉球国中山王世子尚清为进贡一事，授予正议大夫梁椿及使者马吾剌等表文一篇，派遣梁椿等人搭乘黄字号海船一艘前往朝贡，船上装载了进贡明朝的物品——马十五匹、硫黄两万斤，另有留守在船通事梁显。

关于正议大夫梁椿，《吴江梁氏家谱》"正议大夫梁椿"条目中记载如下：

弘治十七年甲子七月十二日，为进贡事，奉使为存留船通事，随正议大夫程琏等入闽。

嘉靖八年己丑八月十五日，为进贡事，奉使为都通事，随长史蔡瀚等入

① 黄智伟：《历代宝案》第二册，台北：台湾大学，1972年，第994页；沖縄県立図書館『歴代實案』第二冊、沖縄県教育委員会、1992年3月、228頁。

闽赴京。

嘉靖九年庚寅八月二十一日,为预备下年进贡货物事,奉使为都通事,同使益沙每等,带瓷器等货,前往佛大泥国,出产地面两平,收买苏木、胡椒等物,回国。

嘉靖十二年癸巳正月二十一日,为寻问消息事,奉使为正议大夫,同通事陈赋等入闽。

嘉靖十二年癸巳八月二十日,为进贡事,奉使为正议大夫,同通事陈赋等入闽,赴京。①

弘治十七年(1504年),梁椿作为存留船通事随正议大夫程琏渡海到福州,这是梁椿首次出使。其后,嘉靖八年,梁椿被任命为都通事,从福州赴北京。第二年即嘉靖九年(1530年),又作为都通事赴大泥国。《历代宝案》(第一集)卷四十二-二七文书对此有如下记载:

琉球国中山王世子尚清,见为进贡等事,切照本国产物稀少,缺乏贡仪,深为未便,为此,今遣正使益沙每、都通事梁椿,坐驾天字号海船一只,装载瓷器等货,前往佛大泥国,出产地面两平,收买苏木、胡椒等物回国,预备下年进贡大明天朝,所据今差去人员,别无文凭。诚恐所在官司盘阻不便,王府除外,今给黄字九号半印勘合执照,付正使益沙每等,收执前去,如遇经过关津把隘去处,及沿海巡哨官军,验实即便放行,毋得留难,因而迟误不便,所有执照须至出给者

今 开

正使一员 益沙每 副使二员 金志良 马不他 都通事一员 梁椿 通事一员 梁显

火长一名 红芝 管船直库一名 吴剌每 稍水共一百十三名

嘉靖九年八月二十一日行

① 『那覇市史 資料編第一巻六 家譜資料二(下)』那覇市企画部市史編集室、1980年3月、757頁。

右执照付正使益沙每、都通事梁椿等,准此为进执照贡等事①

即嘉靖九年,梁椿被遣至佛大泥国采购苏木和胡椒,上述物品是朝贡明朝时的必需品。

嘉靖十二年正月,梁椿作为正议大夫被遣至福建询问前年使节消息,同年八月,以进贡使身份赴京,由此邂逅朝鲜使节。

家谱中也有通事陈赋及在船通事梁显的记录,此两人与梁椿共同渡海至福建。通事陈赋"嘉靖十二年癸巳八月二十日,为进贡事,奉使为通事,随正议大夫梁椿,赴闽,上京"②。在船通事梁显"嘉靖十二年癸巳八月二十日,为进贡事,奉使为存留在船通事,随正议大夫梁椿等赴闽"③。由此可见,陈赋和梁显均是梁椿使节团的成员。

与梁椿同赴北京的陈赋精通汉语,前述朝鲜使节苏世让在记录中称其"惯习华语"。之后,嘉靖十四年(1535年),陈赋作为都通事赴京。十六年、二十二年、二十六年,陈赋以正议大夫身份三度赴京,加上与梁椿的首次赴京,陈赋共计赴京五次。④

据朝鲜王朝实录《中宗实录》卷七十七"中宗二十九年(嘉靖十三年)四月庚申(二十四日)"记载,朝鲜国王李怿询问从北京归国的苏世让在北京的见闻,其中提到琉球国,具体对话记录如下:

上御思政殿,引见进贺使苏世让。……上曰,琉球国使臣,前日来我国者,今赴京乎。世让对曰,琉球使臣,乃梁椿也。与臣同在一馆,梁椿使人来曰,我年二十八,往还于朝鲜。今闻使臣来此,可喜也。臣亦遣人谢之。其后琉球国正使梁椿病卧,其副使及下人,皆禀请见,臣即冠带出见,行茶礼。仍曰:去庚寅年,贵国之人,漂到我国地方,我殿下解送上国归贵国,几人生

① 黄智伟:《历代宝案》第二册,台北:台湾大学,1972年,第1357页。

② 『那覇市史　資料編第一巻六　家譜資料二(下)』那覇市企画部市史編集室、1980年3月、488頁。

③ 同書、763頁。

④ 同書、488頁。

还乎?答曰:或死于上国地方,只四人生还。我国王不胜感喜,因路远未得修谢。今欲向宰相展谢。即起作揖,再三称谢而退……①

琉球国正议大夫梁椿 28 岁时曾渡海到朝鲜国,因此在北京邂逅朝鲜使节时倍感喜悦,这些记载未见于前述朝鲜使节日记中。从上可知,梁椿在北京时身体不适卧病在床。

然而,在朝鲜国王李怿和苏世让的谈话中提及最多的是“去庚寅年,贵国之人,漂到我国地方”,庚寅年即中宗二十五年(嘉靖九年,1530 年)有琉球人漂至朝鲜。

对琉球人漂至朝鲜一事,《中宗实录》卷六十九“中宗二十五年八月丙寅(九日)”条有如下记录:

传曰,予观济州牧使启本,则其所获人,非贼倭也,乃琉球国人。此亦邻国之人,衣服饮食等物,令该司别加措置,送还事,其速考启。②

朝鲜国所捕获的漂流之人并非倭寇,而是邻国琉球国人,既是邻国人,便对其加以保护,给予食物和衣物。

该书“八月戊辰(十一日)”条有如下记录:

传于政院曰,琉球国人若来,则令禁府详问其根因可也。前者琉球国使臣,或有出来之时,而今则不出来。必阻于日本国对马岛而然也。其不来之由及水陆程途远近,并问之。且其所进新稻穗,令户曹取种,而并问一年之内,几度种获也。③

从该记录可知,对漂流的琉球人应问讯事项作了指示,并且特别关注稻作。

---

① 『李朝實録』第二三冊、学習院東洋文化研究所、1959 年 12 月、340 頁。

② 同書、67 頁。

③ 同書、8 頁。

同一记载出现在下述《中宗实录》卷六十九“中宗二十五年十月丁巳朔日”条中，以下以问答形式对原文作了摘录：

> 禁府以推问琉球国人之书。启其书契曰，漂流七人，其名一曰丰加那，二曰阿加豆，三曰亇无那，四曰他亇者那，五曰危那，六曰宾五里，七曰滕其。倭，汉学通事，皆不解其语，使济州押来人问之，则其人答曰，以琉球国人，居于亇岛。今年七月间，以刈稻事，出来于尼南院岛，遭风漂流。第九日到泊于无涯之境，有一官员，见之哀怜，馈其酒食，因此上来。
>
> 又问，丁巳年间，尔国人漂流到我国者，谁也？生存与否，汝知之乎？
>
> 答曰，他罗亇岛居。牛母，也称名人，生存。
>
> 又问曰，尔国朝贡于中原耶？
>
> 答曰，我国使臣，将苏木、胡椒等物，载船入贡事，闻其奇，不得目睹。
>
> 又问曰，尔国王衣服及下人男女服色，何以为之？
>
> 答曰，国王及下人男女等，以木绵裹头。
>
> 又问曰，父母之丧，饮酒食肉乎？答曰，不食肉也。
>
> 又曰，汝等所赍新稻穗，一年几度种获？水田何月耕种，而何月收获耶？
>
> 答曰，十月付种，四月收获，四月付种，十月收稻。
>
> 曰，无他可问之事，请移于延接都监，使礼曹推之何如？
>
> 传曰，倭汉学通事及济州押来人，皆未能善解其语。前者琉球国使臣梁广出来时，有倭人解其语者适来，使之问答，已有其例。今来倭人，亦有知琉球国语者耶。凡常之言，非当避忌，可使倭人问之。仍传于政院，曰琉球国漂流人，移于延接都监可也。但日气渐寒，待异国之人，不可不厚，衣服笠子，其速备给事，言于礼曹。①

朝鲜官吏对琉球漂流七人作了调查，这七人的名字分别是丰加那、阿加豆、亇无那、他亇者那、危那、宾五里、滕其。此七人不懂日语和汉语，让“济州押来

① 『李朝實録』第二三冊、学習院東洋文化研究所、1959年12月、80頁。

人”调查后才有所了解。上述七人为琉球国人,居于“亇岛”;该年七月左右因割稻前往“尼南院岛”时因遭遇海难漂于海上,第九日漂至朝鲜国领域;朝鲜官吏出于慈悲之心,向此七人发放食物。之后又围绕琉球国对中国的朝贡物品、琉球国王的衣服、民众的衣服、丧葬仪式上的饮食、水田耕作等进行了问答。

围绕琉球漂流人问题,朝鲜朝廷展开了讨论。《中宗实录》卷六十九“十月戊午(二日)”条记载如下:

> 礼曹启曰,解琉球言语倭人,问之于倭馆,只有日本国倭司猛左马助家久,故使倭学通事问曰,汝知琉球国人乎。答曰,我国以贸易相通往来,如见其人,则可解其人之语。云。且考前例,则琉球国使臣梁广、梁春等出来时,上使能通汉语,故使我国汉通事待之,副使能解倭语,故使我国倭通事待之。厥后琉球国漂流人出来,其时日本国倭三郎、四郎称号者适来,故欲付送,而三郎、四郎不肯受去,故我国通书于对马岛,付倭人贞胜,使之转送本国也。传曰,琉球国漂流人,已移于延接都监,不可拿致推之,礼曹堂上亲往问之。①

因不通琉球语言,遂向有来自对马的使者逗留的釜山倭馆询问,是否有通琉球语言者,由此选出了合适人选——“左马助家久”。“左马助家久”对漂流人的问讯记录参见《中宗实录》卷六十九“十月己未(三日)”条:

> 礼曹启曰,琉球国漂流人使倭人问之,亦不解其语,但曰此琉球国人也,而居于野岛(距琉球国甚远)。异于本国之人,大抵漂流人。他无可问之事,入送之事,今当措置。若通谕于对马岛,使倭人率去,则其间恐有欺罔之事。臣等之意,此漂流人,入送于中原,转送于本国,则可以万全生还矣。传曰,琉球国漂流人言语,倭人且不能善解,则果无可问之事。彼岂无思恋本土之心。况当日寒之时,莫如速还。但礼曹意,则送由中原,可得万全矣,若

① 『李朝實録』第二三冊、学習院東洋文化研究所、1959 年 12 月、80 頁。

送由中原,则不得已付送于今正朝使之行矣。然异国之人,即不能解其言,而率去似难。且入送于中国,而不逢琉球国使臣,则势不可弃置,而且必还率来矣。其招议政府及礼曹堂上全数议之。①

问讯得知,此漂流的七人虽为琉球国人,但是居于远离琉球本岛的孤岛。如果委托日本的对马人送他们回国会有很多问题,不如送他们到中国,然后委托中国送其回国。朝鲜国王认为,日本人也不通此七人语言,礼曹所言确是一个办法,但是派遣朝鲜使节送到中国,未必在北京能有机会见到琉球使节。因此,此事需再商议。

三公及左参赞赵元纪、右参赞金珰议启曰,琉球国漂流人,入送于中国之议,自前有之,而不得成也。成宗朝其时来此倭人,以徼利为重,故不肯受去。厥后通书于对马岛主,付送于本国矣。今来漂流人,入送于中原,似为未安。凡无前例之事,不可开端,今亦授倭人以送,而若不从,则更议处之何如。礼曹判书俞汝霖、参议韩承贞启曰,臣等见前者,琉球国漂流人入送回答书契,则乃贞胜回答书契,与琉球书契,大有异焉。臣恐贞胜书契,乃中间所为也。且倭人率去时,求请之物甚多。若给求请之物,而反为倭人之所欺,则前日接待漂流人之功,全无矣。且我国漂流人(前有济州人漂流于琉球国者)。亦入自中国而还。请依此例,入送于中国何如。传曰,今来漂流人,于予好生之心,岂不欲万全而送之。但入送于中原,得见琉球国使臣,则可以送之,若不见其本国之人,则不可弃置而来,势将还率来矣。以此计之,不亦难乎。政府之言甚当。令该司磨炼,使倭人率去。②

众番讨论,结果认为委托前来朝鲜的对马使者送此七人回国最为妥当。依此方针送还日本过程中的处理事宜参见《中宗实录》卷六十九"十月辛酉(五

---

① 『李朝實録』第二三冊、学習院東洋文化研究所、1959年12月、80頁。

② 同書、80—81頁。

日)”条:

礼曹启曰,琉球国漂流人入送事,本曹时方磨炼。若使倭人率去,则不得已令日本国倭司猛佐马助家久受去矣。当初漂流人,推问于太平馆时,佐马助家久先言曰,此漂流人,若还本土,吾当受去,其时不知朝廷处置,故不答。其后更问于东平馆,则倭人曰,吾非如他国人,受本国爵禄。与此国人无异,当尽力护送。但岛主处,不可不书契通谕,而萨摩州,乃吾本土,当为书契而过行。云。且问曰,我国人今赴中原,与琉球国使臣相会,则汝之率去虚实可知矣。倭人曰,漂流人若候风而去,经一年入本国矣。传曰,漂流人,倭人若欲率去,则对马岛主及琉球等处,并成书契,而送之萨摩州,则倭人曰,本土。云,不须书契也。①

朝鲜朝廷委托日本对马人送此七人回国。为此,对马人佐马助家久请示其主人对马岛主,请求将人送还萨摩。

琉球漂流七人得知上述朝鲜朝廷的决定时的情况参见《中宗实录》卷六十九“十月癸亥(七日)”条:

礼曹启曰,琉球国漂流人,付送倭人事已定,今不更启矣。但分礼宾寺官员(太平馆别坐)。牒呈云,漂流人,闻倭人率去之奇,以手指其顶,中夜痛哭。云。本曹不信此言,使郎官率济州押来人,亲问其漂流人,则果如前所言云,故敢启。传曰,漂流人,令倭人率去,转送于本国,果有受害之弊,至为哀怜,知道。②

得知朝鲜朝廷决定委托对马人将他们送还回国后,此七人昼夜哭泣。朝鲜国王听闻此事颇为哀怜同情,认为在日本人陪同下将其送还本国存在诸多弊端。

① 『李朝實録』第二三冊、学習院東洋文化研究所、1959年12月、81頁。

② 同書、83頁。

围绕漂流琉球人的护送回国问题,《中宗实录》卷六十九“十月甲子(八日)”条有下述记载:

传于政院曰,琉球国漂流人事,前者议得之时,礼曹则以为,我国人漂流于琉球国者(济州人也)亦自中原而来。此臣意亦令此漂流人,入送于中原,则可以万全,生还于本国矣。大臣及予意以为,异国人不可率尔奏闻上国,而且入送于中原,若不逢琉球国使臣,则势不得不还率来。此皆未便,故欲令今来倭人付送事,已议定矣。昨闻礼曹所启之言,至为哀怜。若送中原,则奏闻而送之耶。虽不奏闻,称我国人而率去,遇其国使臣,而付送耶。彼琉球国使臣,必知汉语,而且解文字也。且若漂流人,留置于此,而今正朝使行次时不送,则当使正朝使,入去于中原,言于琉球国使臣曰,汝国漂流人,某等几人,漂流到泊于我国矣。且庚申年(杨广、杨椿出来时)以后,音闻不通何耶。近闻日本国,介于两间,或夺取图书云,故不送耳。又未知汝国使臣,又于几时到中原乎。吾亦欲于后行次率来付汝。云。似当。且邻国使臣,近来久不往来矣。然日本国,乃交通之国也。岂有害使臣之理乎。今亦遣我国使臣,交付于日本国何如。思恋本土,欲万全生还,谁无是心。领议政以病在家,遣注书问之可也,左议政今往山陵,众议若未定,则亦遣注书问之可也。①

由此再次就漂流琉球人的遣送回国方法进行了讨论,得出的最佳方法是通过对马经由中国送还回国而非经由日本。

礼曹回启曰,于琉球国漂流人处,使济州押来人,言其付倭人入送之事,则有恐惧不肯之色,言其入送于中原,则有欣欣喜悦之色,乃曰,若入送于中原,则吾国使臣,必乘船越海入来。云。皆束手罗拜而叩头。②

① 『李朝實録』第二三冊、学習院東洋文化研究所、1959年12月、83頁。

② 同書、84頁。

可见漂流琉球人不喜经由日本送还回国的方法,对经由中国回国表示赞同。《中宗实录》卷六十九"十月乙丑(九日)"有下列记载:

且琉球国漂流人,今当奏闻入送,而若于中原,逢琉球国使臣,则不得已成书契送之。而且言于琉球国使臣曰,汝国漂流人某人等,付汝入送也。[①]

同条中另有记录如下:

正朝使吴世翰,承命而至,闻传教后启曰,臣闻琉球国漂流人,率去中原事,此人素居南方温暖之地,性不耐寒,岂于冰冻之时,能远行乎。自平安道义州,由东八站,过辽东至帝都,其程甚远,故我国使臣随去通事等,皆以毛衣,卫其一身,而滨于死域者亦多,其艰苦可知。况此漂流人,只受例赐之衣服,势不能远去矣。若于中路,见伤得死,则诚非小事。且饮食,江南人虽供馈,而皆粝饭粗食,其何能食。不得已一行赢粮,以疗朝夕之饥。[②]

传于政院曰,琉球国漂流人,已令倭人受送事,言之矣。今若闻入送中原之议,则倭人必不信,而且有自惑之理。以权辞言之事,言于礼曹。[③]

台谏启前事。宪府又启曰,今此琉球国漂流人,还送本国事广议,而朝廷所见各异,故命付今行正朝使,奏闻中朝,转解本国。臣等之意,此人等言语,不能尽解,不可的指为琉球国之人。且外国漂流之人,不先咨禀上国,而遽使转解,有违于事大之礼。[④]

《中宗实录》卷七十"中宗二十六年二月癸未(二十八日)"条中记载如下:

传于政院曰,正朝使先来通事,中原所闻,书来耶。若不书来,即令书启可

① 『李朝實録』第二三冊、学習院東洋文化研究所、1959年12月、84頁。

② 同書。

③ 同書。

④ 同書、84—85頁。

也。其琉球国人,无事带去耶。带去,而置之何所耶。凡衣食之事,何以处之。若不逢琉球国使臣,则后来转送于本国事,亦何以措置耶。即问于通事书启。①

漂流琉球人被送往中国,于是明朝礼部的题本送达朝鲜朝廷。这在《中宗实录》卷七十"中宗二十六年三月甲午(九日)"有记录如下:

敕书誊黄曰,礼部题,为发解琉球国漂流人口事,主客(请)吏司案呈奉本部,送礼科秒出朝鲜国王奏等因,奏奉圣旨,览王奏具见忠敬。云云。又曰,再照,朝鲜素称礼义之国,岁修职贡,罔敢怠遑。况累次送回辽东走去人口,曾经巡抚衙门奏称,各尽臣节。今又能抚兹外国流民,请命中国,不惟照恤怜拯溺之仁,抑亦尽忠君报国之义。迹其忠敬,实可嘉尚。云。②

其中礼部给予朝鲜高度评价,称赞朝鲜国是礼仪之国,不但没有怠惰定期朝贡,而且还救济外国难民。

朝鲜朝廷对琉球国情较为关注,在其后的《中宗实录》卷九十八"中宗三十七年(嘉靖二十一年,1542年)七月壬戌(十四日)"有如下记载:

……窃闻,琉球国,其官制、言语,一与中原无异。琉球以外夷,尚且遣子弟入学,况我国则中原待以礼义乎。今者以此奏之,必许其请矣。上下唯当坚定此议,不复挠改也。③

由此可见朝鲜国对琉球国的官制、语言,甚至派遣官费留学生前往中国等关注度较高。

---

① 『李朝實録』第二三冊、学習院東洋文化研究所、1959年12月、112頁。

② 同書、113頁。

③ 同書、441頁。

四、小结

综上所述,从朝鲜使节的记录可知,嘉靖十三年派遣至明朝的朝鲜使节在北京会同馆即玉河馆[①]邂逅了同时被遣至明朝的琉球使节,两国使节进行了较为深入的交流。从朝鲜国使者的记录可知,朝鲜国不仅对明朝,对其他国家也相当关注,尤其向琉球使节询问了诸多琉球国情。

朝鲜使节苏世让及其随行外甥苏巡的日记中都记录了琉球使节的情况以及从琉球使节处听闻的琉球事宜,当时前来北京朝贡的琉球使节共计 18 名。据苏世让记载,琉球使节一行从福建赴京,他们说汉语,与中国人穿同样的衣服。苏世让向他们询问琉球国国情,从而得知:琉球冬季无须着厚衣,夏季需要扇子,春、秋季穿"单衣"便可,一年中可栽培小麦和水稻。此外还问及琉球风土,其中误以为琉球对中国的朝贡品中的"沉香、象牙、玳瑁、胡椒、白檀等物"是琉球特产。然而事实上,以上物品是琉球国与东南亚的暹罗国等国贸易所得,这一点琉球使节并没有向朝鲜使节说明。

朝鲜使节与琉球使节在北京曾有过数日接触,通过留存至今的少量有限的记录,得以略窥 16 世纪前半叶东亚诸国的国情及国家间的文化交流等互通友好的大致情形。

---

① 松浦章「明清時代北京の會同館」『神田信夫先生古稀記念論集 清朝と東アジア』1992 年 3 月、365 頁。

第三节　清代中国帆船救济漂流至日本之越南人之史实考略

一、绪言

清朝嘉庆二十年(1815年),即日本文化十二年,越南难民漂流至日本鹿儿岛县以南的屋久岛。虽然当时语言不通,但依据德川幕府的外国人均须送至长崎这一规定,一行人被送至长崎。在长崎奉行所的调查过程中,由于语言不通,无法判明难民身份。最终通过前来长崎通商的中国船只上通晓越南语的船员的翻译,才了解到漂流人员一行5人为越南人。

之后中国商船将他们先遣返至中国乍浦,然后由乍浦转送至广东省广州,再通过陆路经广西送返越南。

本文试对这一救济遣返越南难民的史实作一探析。

二、漂流至日本之安南人

日本文化十二年八月漂流至九州南部屋久岛的外国难民被送至长崎。相关史料记载见于《长崎志续编》卷九"异国漂流日本人送来之部"中的"由萨州送来安南国之者事":

> 文化十二年乙亥八月十三日,异国人五人漂着松平丰后守领分隅州屋久岛,同所注进有之,日本船护送右漂流人,十一月十八日送至当地,即刻讯

问,言语不通,故召唐人翻译,言语不分明,然有一人通文字会书写,命书其名字年龄。后安置唐馆。其书写内容如左。

队长　拜　四十四岁　　五长　宝　四十六岁

队长　敬　四十三岁　　五长　平　三十三岁

五长　良　四十四岁

右者共置唐馆网小屋,备夜具并诸道具等加以抚育。翌日又遣检使调查,虽有异国通事通辩,仍言语不通,在馆唐人名蔡睫使者,先年渡海安南国由以对话,渐言语通。其后屡召蔡睫使通辩,安南国会安府农民,此度王城经营,因由喜定府运材木,大船上官者上下四十三人,右者皆当夫役,小船七人,自山南下镇港,同年三月十七日一同出船,同夜逢难风,与大船离散,数日漂洋中,食物尽钓鱼食用。

右乘员中二人钓鱼溺死。夫存留五人,至八月十三日漂洋中,同日不知何地,岩波破船而得救助。平日信仰观音、关帝,不曾有耶稣宗徒,翌子年二月申报。江户幕府下令由归帆唐船遣返本国。在馆船主请求延期,因安南国属唐国十八省之外,携归漂民须先诉官所,承官府命令才可返国,其后唐人联络完毕,命丁丑年归国,赐粮米十俵皿纱染二十五端,同年四月二十八日子八番,同十番唐船归唐。①

从屋久岛送至长崎的 5 名外国人于文化十二年十一月十八日抵达长崎。长崎方面立即展开询问调查,然而因语言不通而无法交流。于是请前来长崎贸易的中国人做翻译,可是交流依然有障碍。所幸难民中有一人会写汉字,于是 5 人随后被送往唐馆监护。通汉字的难民记下了同伴的职位、名字及年龄,具体如下:

队长　拜　四十四岁　五长　宝　四十六岁　队长　敬　四十三岁

五长　平　三十三岁　五长　良　四十四岁

① 森永種夫校訂『続長崎実録大成』長崎文献社、1974 年、345—346 頁。

一行5人被安置在唐馆小屋内,寝具等物品齐备,也有餐饮提供。翌日调查继续进行,然而语言不通。所幸唐馆内有人曾到过安南国,此人名叫蔡睷使。通过蔡睷使的翻译,得知5人系安南国会安府之农民,为修筑王城从嘉定府运输木材而出航。大船船员共43人,小船船员7人,三月十七日由山南下镇出港。获救5人搭乘的是小船,十七日夜遭遇暴风,与大船离散后漂浮海上。携带粮食耗尽之后,靠钓鱼维持生命。其中两人在钓鱼时溺水身亡,余下5人继续漂浮海上,直至八月十三日漂流着岸,即屋久岛。

长崎奉行将此事汇报幕府请示处置办法。幕府下令先由唐船送至中国,然后请求清政府遣返难民回国。受托之唐船主就此事与本国清政府进行了汇报联络。几经周折,于文化十四年(嘉庆二十二年,1817年)四月二十八日,一行5人分别搭乘从长崎返航的唐船子八号船和子十号船来到中国。

关于5名安南人搭乘的子八号船和子十号船,据长崎奉行的信牌记录《割符留帐》,子八号船于文化十三年(嘉庆二十一年,1816年)十二月朔日夜抵达长崎港。船主为在留船主沈万珍和财福的汪介春。[①] 同样依据《割符留帐》记载,子八号船于文化十四年四月二十八日领取信牌返航。[②] 子十号船则是于文化十三年十二月十四日夜抵达长崎港,船主为在留船主谭竹菴、副船主钱守和。[③] 子十号船于文化十四年四月二十八日领取信牌归航。[④]

从以上两则记录可以确证,5名安南难民于文化十四年四月二十八日启程回国。可见一行5人于文化十二年八月十三日(9月15日)漂流至屋久岛后,在日本停留时间长达一年九个月,直至文化十四年四月二十八日(6月12日)启程回国。

---

① 大庭脩編著『唐船進港回棹録　島原本唐人風説書　割符留帳—近世日中交渉史料集—』関西大学東西学術研究所資料集刊9、関西大学東西学術研究所、1974年3月、155頁。

② 同書、156頁。

③ 同書、147頁。

④ 同書、156頁。

三、护送安南难民至中国

文化十四年四月二十八日由长崎送往中国的 5 名安南人之后的遭遇究竟如何,将是本节论述的中心。因为当时日本与中国的年历采用相同干支,所以日本的文化十四年四月二十八日即清朝的嘉庆二十二年四月二十八日。安南难民即于该日离开长崎前往中国。

关于由长崎返航的中国船只的情况,可以从嘉庆二十二年七月二十三日浙江巡抚杨頀上呈奏折中得知相关信息。

> 浙江巡抚杨頀跪奏,为安南国遭风难夷,附搭铜船只进口,循照成案,送至广东省,府便转送回国恭折,奏闻事。窃据嘉兴府海防同知周镐、平湖县知县李宗传会详称,嘉庆二十二年五月二十八日,据官民二局办铜行商沈蓉塘、谭仔才禀称,窃商等铜船俱于上年十一月,由乍浦出口,十二月间,前抵日本国。该国人,先于嘉庆二十年秋间,捞救安南遭风难夷五人在岸,日本素与安南不通商贩,安南系天朝属国,欲交商等。①

可见从事日本贸易的官民二局办铜行商沈蓉塘、谭仔才于嘉庆二十一年十一月从乍浦出港,十二月抵达长崎,之后搭载漂流至日本的安南难民 5 名,于嘉庆二十二年五月二十八日返回国内。日本因为与安南素不通商,因此请求中国方面代为遣返难民。对于上文中所说的行商沈蓉塘与谭仔才,与日方记载相对照,可以确认沈蓉塘即子八号船主沈万珍,而谭仔才即子十号船主谭竹菴。该奏折中有关难民情况,摘录如下:

> 铜船携回,转送当因言语不通,未能确知来历,不敢冒昧带归。此次幸有水手陈城弟系福建人,前曾驾船,漂风安南,在彼修理船只年余,稍通安南

① 中国第一历史档案馆:《清代朱批奏折外交类目录》,北京:中国财政经济出版社,1990 年,4-309-15 文书。

> 语音。查问姓名,始知系安南兵丁,遭风漂至日本别岛,该难夷随身共有该国印照八纸,腰刀二把,番银四条,安南铅钱六百文,经倭人送至商等铜船,商等随时置给衣履,妥为收养。至四月杪,办铜回棹,范三锡船内,附搭难夷范惟纳、邓廷合二名,金永茂船内,附搭难夷良善伯、范文敬、吴文平三名,现于二十一、二十七等日,先后回抵乍浦。①

与安南难民交流存在语言障碍,所幸福建水手陈城弟因曾漂流至安南稍通安南语,通过他的翻译,才得以了解安南难民情况。然而据日方记载,通安南语之人名叫蔡睫使。此处奏折中出现的翻译却是陈城弟。可见当时通安南语的不止一人。

5名安南士兵漂流至日本屋久岛之时,携带有安南国印照、腰刀、银条及铅钱。当他们四月离开日本前往中国时,同样随身携带以上物品。范惟纳和邓廷合两人搭乘范三锡船,良善伯、范文敬与吴文平3人则搭乘金永茂船,分别于五月二十一日和二十七日抵达乍浦。

由此可见范三锡船即子八号船,而金永茂船即子十号船。金永茂船是文化四年、五年年间至文政初年(嘉庆二十三年,1818年)来航长崎的中国商船,在日本通称永茂船。②

获得救助的5名安南难民为范惟纳、邓廷合、良善伯、范文敬、吴文平,而在日方记录中的名字只有拜、宝、敬、平、良等一字之名。通过中方调查,才得知其汉字姓名。对照相看,可以推测拜为范惟纳,宝为邓廷合,良为良善伯,敬为范文敬,平为吴文平。

上述奏折中记录有对安南难民的调查询问情况:

> 将该难夷等暂交牙人安顿,粘同夷照禀。经该丞等照例抚恤一面会同,

---

① 中国第一历史档案馆:《清代朱批奏折外交类目录》,北京:中国财政经济出版社,1990年,4-309-15文书。

② 松浦章『清代海外貿易史の研究』朋友書店、2002年、第291—292頁;松浦章『文化十二年豆州漂着南京永茂船資料—江戸時代漂着唐船資料集九—』関西大学出版部、2011年、357頁。

译讯详报等情,当经批司,检查成案,议详核办去后,兹据该丞等,将该难夷范惟纳等委员解省。饬委杭州府知府吴廷传,同粗晓安南语音之水手陈城弟,讯明来由,详经藩司瑞麟查明,办过成案,详情核奏前来。臣查核该难夷范惟纳等五名,既据藩司饬府译讯供情,俱系安南兵丁因换班,遭风漂至日本,经该国人捞救上岸,托交铜商船只,带送进口。核与嘉庆八年四月间,平湖县办铜商船,带回安南国难夷安多呢一名,解省询明,委员伴走,至广东省,附便转送回国成案,相符除备移造册,将该难夷范惟纳等五名,同腰刀等物,委员咨送广东督抚。臣再行传同通事,译讯确供,附搭便船,转送回国,并咨明礼部外,所有办铜船只,附带安南国遭风难夷,进转送回国缘由。理合恭折,奏闻,伏乞皇上睿鉴,谨奏。

朱批:知道了。

嘉庆二十二年七月二十三日①

由上文可知,安南难民之后交由商人照顾。杭州府知府吴廷传通过粗通安南语的水手陈城弟对难民漂流经过进行调查询问。安南难民将自己的身份为安南士兵,以及因遭遇暴风漂流至日本获救的情形作了陈述。关于难民的处置方法,由于嘉庆八年曾有先例,因此循例照办。当年曾有一名安南难民也因漂流至日本而被送至乍浦,转送广东省之后遣送回国。

至于5名安南难民三个月之后的情况,在嘉庆二十二年十月十三日兼署两广总督广东巡抚陈若霖的奏折中留有记录:

兼署两广总督广东巡抚臣陈若霖跪奏,为接准浙省解到越南国遭风难兵,循照成案,护送回国恭折,奏闻事。窃照前督臣蒋攸铦接准浙江抚臣杨护咨会,平湖县铜商沈蓉塘等,自日本国,采办洋铜回浙,携带遭风越南难兵范维纳②、邓廷合、良善伯、范文敬、吴文平五名,讯据供称,系越南兵丁,因

① 中国第一历史档案馆:《清代朱批奏折外交类目录》,北京:中国财政经济出版社,1990年,4-309-15文书。

② 即范惟纳,下同。——编者注

换班,遭风漂至日本国,捞救上岸,托交铜商船只,带送进口。[①]

上文中将浙江省送来的安南难民写作越南难民。据《清史稿》卷五百二十七《列传三百十四》"属国二",有"越南先称安南"[②]一行文字,可见安南是越南的前称。嘉庆八年(1803年)"改安南为越南国"[③]。虽然安南改称为越南,但众所周知的还是安南。但在地理位置距离越南较近的广东,更为明显地意识到了安南改称越南的变化。

援照嘉庆八年,该国难人安多呢由粤转送回国,成案,奏明解交广东,讯明办理,旋据浙省将该难兵等解送到粤,经前督臣蒋攸铦转行,查讯去后,兹据藩臬两司详称,转据广州府知府高廷瑶,理事同知富伦,传到通事,唤集该难兵范维纳等,讯明俱系越南国人,充当该国嘉定城后军兵丁。嘉庆十七年八月,拨往农耐左军当差。二十年四月,更班回国,共官兵五十名,内官兵四十三名,坐驾大船一只,该难兵等同范文锦、阮文丸七人,坐驾三板一只。是月十七日,在农耐一齐放洋,猝洋遇暴风,将该难兵等坐驾三板漂散;八月十三日,飘至日本国洋面。又遭风将船打烂,范文锦、阮文丸都被水淹毙,不知漂没何处,该难兵等,经日本国官员,捞救询明,给予口粮居住。二十二年四月二十八日,附搭办铜商人沈蓉塘、谭仔才船只,由浙江进口,委员护送,来越核与,在浙省,所供无异。[④]

由上可知,难民在广东省再次接受调查。于是得以了解详情。范惟纳等是越南国嘉定城后军兵丁。嘉庆十七年(1812年)八月被派往农耐左军当差,二十

---

① 中国第一历史档案馆:《清代朱批奏折外交类目录》,北京:中国财政经济出版社,1990年,4-309-16文书。

② 〔清〕赵尔巽等:《清史稿》第四十八册,北京:中华书局,1977年,14627页。

③ 同上,14643页。

④ 中国第一历史档案馆:《清代朱批奏折外交类目录》,北京:中国财政经济出版社,1990年,4-309-16文书。

年四月 50 名官兵一起更班回国。其中 43 名官兵搭乘大船一艘,范文锦、阮文丸等 7 人则搭乘三板船一艘,于四月十七日从农耐一起出港。在海上遭遇暴风后,于八月十三日漂流至日本。落难途中范文锦和阮文丸两人溺水身亡。5 名幸存者在日本获救,并领取口粮得到安置。

除漂流至日本的 5 人外,其余官兵下落如何,在越南史书《大南实录正编第一纪》卷五十一“嘉隆十四年十一月”条中留下了记录:

清人送风难该队阮文缗及兵丁五十人还,文缗运嘉定材木,遭风泊于清崖州。清总督使通言刘嘉枢送之归,既抵京。帝召见,问以崖州民物,赐嘉枢银二十两,遣还。①

上文中的越南嘉隆十四年即清嘉庆二十年。兵丁 50 人奉命从嘉定运送木材,遇难之后漂流至清崖州,即海南岛最南端。一行人得到清政府的援助,被遣送回国。此处所讲的兵丁 50 人可以推定就是上述陈若霖上呈奏折中提到的嘉定城后军兵丁 50 名。可见除 5 人漂流到日本之外,其余越南官兵则漂流至中国海南岛。

上述兼署两广总督广东巡抚陈若霖的奏折中还有以下相关记载:

惟嘉庆八年成案,该国难人安多呢一名,自浙省解到越东奏明,俟有该国便船,附搭回国在案。今该难兵范维纳等于委员讯供之时,均称不愿再涉风涛,恳由陆路转送回国等情。臣查嘉庆二十年间,有越南国难人阮有度等,被风漂至粤洋面,香山县解省,委员押护,至广西苍梧县,转递至镇南关,出口在案。该难兵范维纳等现经讯明,不愿放洋回国,自难援照安多呢成案,办理应请,即照阮有度等成案,由陆路护送出口,以示圣朝怀柔远人至意。所有该难兵等腰刀银钱等物,照数点给携带,饬委候补县丞李淳,护送

① 许文堂、谢奇懿:《大南实录清越关系史料汇编》,台北:“中央研究院东南亚区域研究计划”,2000 年,第 50 页。

至广西苍梧县交替，另由广西梧州太平二府一体，选派妥员，接递至镇南关，交该国谅山镇目，点收回国。沿途支给口粮，照例造册报销，仍俟岁底汇案，具题。除檄饬广西梧州、太平二府选派妥员接递弁，咨广西巡抚臣，一体檄饬遵照，及咨明礼部闽浙督抚，臣查照外，臣谨恭折具奏。伏乞皇上睿鉴，谨奏。

朱批：知道了。

嘉庆二十二年十月十三日①

由此可知，在广东省接受讯问的越南难民范惟纳等在谈及遣返回国问题上，明确表示不愿乘船经海路回国。在遭遇乘坐小船遇难漂流海上的痛苦经历之后，他们所表现的态度可谓在情理之中。清朝官员充分尊重他们的意愿，决定由陆路将他们转送回国。先送至广西省东南部梧州苍梧县，之后转送最西部的太平州，再到中越边境的镇南关，之后移交越南政府。

四、小结

综上所述，嘉庆二十年，即日本文化十二年漂流至屋久岛的安南难民是越南国士兵。一行 7 人履行完公务乘坐小船回国途中遭遇海难，在海上漂流了近四个月，最终漂流至日本屋久岛。依照日本法律，外国人一律送至长崎。于是一行人从屋久岛被转送到长崎，接受调查讯问。从而了解到其国籍为安南。之后经过一年八个月，长崎奉行所才决定其遣返办法。其间一行人被安置在唐馆受到监护。在到达长崎一年多之后，一行人被安排搭乘由长崎返航的中国商船来到乍浦。中国商船的船主为范三锡和金永茂。

之后又将安南难民从乍浦转送至广州。在从广州如何遣返回国的问题上，最终决定尊重难民的意愿，由陆路经广西省遣返。

当时日本与越南既无国交，也无通商。在这样的背景下，能够顺利遣返该国

① 中国第一历史档案馆：《清代朱批奏折外交类目录》，北京：中国财政经济出版社，1990 年，4-309-16 文书。

难民的成功要素在于当时中国商船广阔的通商网络。这样成功遣返的案例,不仅仅限于上述越南难民的事例。比如,漂流至吕宋之日本人也是依赖中国帆船的广域通商网络得以顺利回国。当时漂流至吕宋宿务岛之日本人,搭乘前往宿务岛交易的福建省海澄县商船,来到福建。之后又被转送至乍浦,再搭乘前往长崎的中国商船,于明和四年(乾隆三十二年,1767 年)回到日本。[①] 这一事例同样印证了拥有广域通商网络的中国商船在救助国际难民方面作出的贡献。

如上所述,中国帆船在 17—19 世纪东亚海域交流史上占有不可忽视的重要地位。当时中国帆船的活动范围,北至渤海南达南海。[②] 拥有如此广域通商网络的中国帆船,除经济贸易方面外,作为运送移民的重要运输工具[③],在人员交流方面也作出了巨大贡献,同时在人道救济事业方面也作出了不可磨灭的贡献。

① 松浦章『清代海外貿易史の研究』朋友書店、2002 年、638 頁。

② 松浦章:《清代帆船东亚航运与中国海商海盗研究》,上海:上海辞书出版社,2009 年,第 11—24 页。

③ 松浦章『清代海外貿易史の研究』朋友書店、2002 年、636—646 頁。

第四节　清代广州与澳门的繁荣

——江户时代日本人所看到的广州与澳门

一、绪言

众所周知,19 世纪初期的广州港由于欧美各国外国船只的到来而繁荣。[①]此外,澳门作为葡萄牙进军亚洲的据点而广为人知。而生活在江户锁国时代下的日本人漂流海外,在被遣返途中曾停靠广州和澳门。下面依据这些漂流者的记录来论述当时两地的状况。[②]

清嘉庆二十一年有日本人漂流至广东省,于当年六月下旬回到长崎。一行为萨摩藩主松平丰后守、萨摩藩第二十七代藩主岛津齐兴的家臣,即古后七郎右卫门等 26 人。一行在长崎接受了盘查,其在中国期间的记录见于《长崎志续篇》卷九"子二号三号四号五号六号七号船送来萨州家臣事"[③],以及《通航一览》卷二百二十二收录的《文化萨人漂流记》[④]和《栗园漫抄》[⑤]。此外,还有石井

---

① 邓端本:《广州港史》(古代部分),北京:海洋出版社,1986 年。

② 关于朝鲜人文顺得漂流记中所记之澳门停留经过的考察,详见张中鹏:《漂流到澳门——文顺得〈飘风始末〉中澳门史料初探》,载《澳门历史研究》(澳门)2013 年第 12 期,第 123—129 页。

③ 森永種夫校訂『続長崎実録大成・長崎志続編』卷九、「子二番同三番同四番同五番同六番同七番船ヨリ薩州家臣送来事」、長崎文献社、1974 年、第 270—276 頁。

④ 林復斎『通航一覧』第五冊、清文堂、1913 年、538—542 頁。

⑤ 同書、542—555 頁。

研堂收集的《萨州漂客见闻录》。[①] 该记录被编入六卷本《石井研堂收藏本·江户漂流记总集》第三卷,题名改为《文化十三丙子岁萨州漂客见闻录》。[②]

荣寿号船员在太平洋漂流之际被西班牙船所救,而后在新大陆短暂停留,于天保十四年(道光二十三年,1843年)二月下旬被遣送到澳门,后在浙江乍浦搭乘一艘中国商船回国。这些船员的记录被保存在《东航纪闻》[③]中。

本文主要依据上述史料记载,论述19世纪初期的广州港及19世纪中叶澳门的状况。

二、江户时代日本人眼中清朝广州港的繁荣

在清朝,从中国归国的日本漂流者多乘坐前往长崎的中国船抵日。其中也有一些漂流到东南亚的日本人经澳门归国。对此,本文将依据有关澳门的档案史料进行论证。

乾隆六十年(1795年)七月十八日广东巡抚朱圭奏称:

> 本年六月十二日,据澳门夷目喽嚟哆禀,有日本国难番源三郎等,于上年十二月内遭风漂至安南[④],船货沉失无存,止逃生九人。本年四月内,搭本澳第八号呢咕唠啡呜味船,于五月二十日到澳,求搭便利船回国,但本澳船只向无开往日本国贸易,恳代转请发遣回国,等情。[⑤]

如上,漂流到越南的日本人经第八号船被送至澳门,由于没有自澳门前往日本的贸易船,所以最终被遣至广东。

① 石井研堂校訂「文化十三丙子薩州漂客見聞録」『校訂漂流奇談全集』博文館、1900年7月、821—856頁。

② 石井研堂編、山下恒久再編『石井研堂コレクション　江戸漂流記総集』第三巻、日本評論社、1992年、435—485頁。

③ 岩崎俊章「東航紀聞」『日本庶民生活史料集成·第五巻·漂流』三一書房、1968年、305—440頁。

④ 安南:即今天的越南。——译者注

⑤ 中山市档案局、中国第一历史档案馆:《香山明清档案辑录》,上海:上海古籍出版社,2006年,第454页。

其后发生的事情在乾隆六十年十一月十八日浙江巡抚吉庆的奏折中记载:

本年五月二十日,香山县澳门夷船载有日本国遭风难番源三良等九人,因货船沉失,漂至安南附搭夷船到广,循例咨送浙江,由乍浦搭船归国。等因。①

可见日本漂流者番源三郎等9人被遣至浙江省乍浦,后由此归国。

在其后嘉庆三年(1798年)四月初九日的两广总督吉庆的奏折中记载道:

日本国难番仪共卫等在本国走松前港贸易,遭风压至小吕宋②,附搭带信小船来澳……乙卯(乾隆六十年)十月二十九日,遭风压至小吕宗(宋),蒙该处兵头将该难番等附搭带信小船船主福哏来澳,叩乞夷目喽嚟哆转禀给船回国。等由。……听候派委妥员护送至浙江乍浦同知交收,转搭便船回国。等由到臣。③

漂流至小吕宋的日本人搭船被送至澳门,后又被送到有开往日本的商船的浙江省乍浦。

随后,嘉庆十八年(1813年)十月十六日两广总督蒋攸铦在奏折中说:

据香山县禀称,本年八月十六日,据澳门西洋夷目喽嚟哆具禀,有该国夷船自吕宋国贸易回澳,附搭日本国遭风难夷三名到粤,询问该难夷姓名,言语不通,察其服色,系属日本国夷人,恳请发遣回国等情。……委员护送

① 中山市档案局、中国第一历史档案馆:《香山明清档案辑录》,上海:上海古籍出版社,2006年,第454—455页。

② 小吕宋:属于今天的菲律宾。——译者注

③ 中山市档案局、中国第一历史档案馆:《香山明清档案辑录》,上海:上海古籍出版社,2006年,第456页。

至浙,附搭便船回国。[①]

赴吕宋进行贸易的澳门商船在归途中,带着 3 名漂流到吕宋的日本难民回国。这些难民而后从广东被遣至浙江乍浦。

据道光九年(1829 年)七月初九日两广总督李鸿宾奏折,记载如下:

> 据澳门西洋夷目喽嚟哆禀称,本年五月初一日,有澳额第十四号小吕宋船一只,带到日本国难夷长重郎……万煦等共十三名,并无货物,因该船在小吕宋地方遭风搁烂,经吕宋船主吗喏哥嘶哒著令三板船救起,随带来澳,恳请觅船附搭回国。等情。……委员送至浙江,附搭便船回国。[②]

道光九年五月初一日,一艘搭乘 13 名日本漂流者的小吕宋船抵达澳门。这些漂流者最终被遣至浙江省,后搭乘赴日商船归国。

通过清代澳门相关档案,可以大致了解经澳门归日的漂流者的情况。下面试从日本人归国后的记录来探寻其中的情形。

文化十三年六月下旬,漂流至广东省萨摩(即现在的鹿儿岛县)地区的漂流者乘坐子二号船、子三号船、子四号船、子五号船、子六号船和子七号船抵达长崎。[③] 当时的漂流者在嘉庆二十年十一月八日(12 月 8 日)至二十日(20 日)的十多天里,目睹了广州港的繁荣。以下就是当时的记录。

据这些漂流者返回长崎后的报告记录,日本人曾滞留广东省番禺县城即广州城附近。

文中记述道:“从远处可看到番禺县城”[④],可见他们并未进入番禺县城。至

① 中山市档案局、中国第一历史档案馆:《香山明清档案辑录》,上海:上海古籍出版社,2006 年,第 482 页。

② 同上,第 498 页。

③ 森永種夫校訂『続長崎実録大成・長崎志続編』巻九、「子二番同三番同四番同五番同六番同七番船ヨリ薩州家臣送来事」、長崎文献社、1974 年、270—276 頁。

④ 同書。

于广州港的繁荣情况，则留有以下记载：

每日码头船只出入甚多，约有五六千艘船相连排列，沿港口下游两里水域内停靠西洋各国数十艘商船，还可以看到防御海盗的船只。[1]

停泊在广州港的五六千艘船只为中国帆船即民船，由此可见当时沿海及内河航运船只的停泊状况。离港口2里处，约8公里外的下游停泊着欧洲等国的数十艘船只。

据《萨州漂客见闻录》记载：

远远可以看到番禺县城，码头的船只进出络绎不绝，约停泊有五六十艘船。在河下游两里处，看上去停靠着约三十多艘外国船只。有两艘西洋国[2]、阿罗国的船只入港。另有数艘小船，看似抗击海盗的船只，船上装有铁枪炮五六百，夜晚来往巡逻。[3]

其中明确记载了“蛮船”即外国船只，有30多艘。此书“唐国的情况”中“土地情况”一节也记载有：

番禺县的河流与大海相连，受潮汐涨落海水的影响，水位高低不定。此地十三行商馆也同样受到影响。从远处能够看到三座树立红白黑色竖条纹旗柱的建筑。[4]

---

① 森永種夫校訂『続長崎実録大成・長崎志続編』巻九、「子二番同三番同四番同五番同六番同七番船ヨリ薩州家臣送来事」、長崎文献社、1974年、270—276頁。

② 西洋国，即葡萄牙。——译者注

③ 石井研堂編、山下恒久再編『石井研堂コレクション：江戸漂流記総集』第三巻、日本評論社、1992年、450頁。

④ 同書、471頁。

文中提及远眺所及的外国商馆的情况。

据《粤海关志》卷二十四“历年夷船来数附”可知,嘉庆二十年抵达广州的外国船只达到 52 艘。

据马士[①]的《东印度公司对华贸易编年史》(1635—1834)第三卷的统计,1815 年抵达珠江商馆地区的外国船只如下:

英国东印度公司	24 艘(英国东印度会社船)
英国本土	23 艘(英国地方贸易船)
美国	21 艘(美国贸易船)
荷兰	2 艘(荷兰国贸易船)
瑞典	3 艘(瑞典国贸易船)[②]

以上共计 73 艘船只抵达珠江,分别来自英国本土、英国东印度公司、美国、荷兰、瑞典。

日本人在广州虽然仅停留了十几日,但目睹了当年抵达的几乎半数以上的外国船只。在他们的报告中记载有:

> 远远看到各国商馆上挂着红白黑色的旗帜,许多人来来往往。[③]

由上可知,日本漂流者目睹了面向珠江而建的外国商馆。他们甚至还看到了商馆前面竖立的“红白黑”三色国旗。在《萨州漂客见闻录》中记载有:

---

① 马士(H.B.Morse,1855—1934),美国人,毕业于哈佛大学,1874 年加入中国海关,1878 年曾任职北京总税务司,兼任京师同文馆英文教习,1903 年至 1907 年任海关总税务司的统计秘书。退休后从事中国外交、经贸历史研究。——译者注

② H.B.Morse: *The Chronicles of the East India Company: Trading to China 1635-1834*, Vol. Ⅲ, Oxford: The Clarendon Press, 1926-1929, p.228.

③ 森永種夫校訂『続長崎実録大成・長崎志続編』巻九、「子二番同三番同四番同五番同六番同七番船ヨリ薩州家臣送来事」、長崎文献社、1974 年、270—276 頁。

其他国家商馆上也有旗柱，远远可以看到其中的三座。有一座建筑上挂着红白黑色竖条纹旗帜，且有许多人进出此地。有船只往返于这家商馆。有数艘船抵达，看似官员在交接班，船上还载着官员的家人，有的扎着发型像是官员子女，又像是侍女，佩戴着金银制发饰，……①

上文中具体记载了濒临广州府城、面向珠江的洋行商馆的情况，同时也提及了呈红白黑色条纹的外国国旗。

1815年来航广州的船只有英国东印度公司的船只，英国地方商船，美国和荷兰、瑞典的船只，而上述三色国旗应为荷兰国旗。但是，荷兰国旗由上而下颜色分别为“红白蓝”。或许由于无风时旗帜下垂，所以日本漂流者将其误认为“竖条纹”。此外，他们之所以将蓝色误认为“黑色”可能是由于光线的原因。

图1-1　广州商馆

资料来源：〔清〕梁廷枏总纂，袁钟仁校注：《粤海关志》卷五“口岸一·行后口图”，广东：广东人民出版社，2002年。图中左上处的“夷馆”即欧美人所说的广州商馆。

《文化萨人漂流记》中记载有：

① 石井研堂編、山下恒久再編『石井研堂コレクション：江戸漂流記総集』第三巻、日本評論社、1992年、450—451頁。

十一月二日从此地(澳门)出发,经水路和陆路抵达广东省城(广州)。这里如江户一般繁华,不少官员频频上船照看我们,但颇费事。这里外国船只进出络绎不绝,颇为热闹。约20多艘西洋船只停靠此地,其中有红毛人和俄国人。日本的任何一地都无法比拟。当地人也用好奇的眼神看着我们,仿佛看杂耍一般。①

此处记述广东省城繁华如江户,20多艘外国船停靠于此,包括荷兰船和俄国船。

此外《栗园漫抄》中也记载有:

河流下游约两里地方停靠着三十多艘外国船只,有两艘西洋国和阿罗国的船只入港。②

下面举两例说明漂流者所目睹的外国商馆情景。

图1-2 1760年左右面向珠江的广东商馆(该图据说是中国画家1760年所绘)

资料来源:《贸易地点:东印度公司和亚洲(1600—1834年)》,伦敦:大英图书馆,2002年,第86页。

① 林復斎『通航一覧』第五冊、清文堂、1913年、第540頁。

② 同書、547頁。

图 1-3　1820 年左右的广东十三商馆

资料来源：香港艺术馆：《珠江 19 世纪风貌》，香港：香港市政局，1984 年，第 34 页。

有关日本漂流者所看到的外国商馆的结构，可以参见拙著①所引用的乾隆二十四年(1759 年)十月二十五日两广总督李侍尧的奏折“防范外夷规条”。该规条是最早针对在广东进行贸易的外国商人所制定的明确性贸易规则。

> 一、夷商在省住冬，应请永行禁止也。……
>
> 一、夷人到粤宜令寓居行商，管束稽查也：查历来夷商到广贸易，向系寓歇行商馆内，原属事有专责。……即买卖货物，亦多有不经行商、通事之手……专责行商、通事将夷商及随从之人姓名，报明地方官，及臣(两广总督)与监督(粤海关监督)衙门查核。……②

文中提及夷馆，可见中国广东行商掌控了夷馆外国商人的日常生活和商业活动的全部。

① 松浦章「清代の買辦について」『或問』No.5、近代東西言語文化接触研究会、2002 年 1 月、第 78 頁。

② 故宫博物院：《史料旬刊》第 1 册，北京：北京图书馆出版社，2008 年，第 219 页。

为严禁鸦片贸易被派往广州的林则徐也在道光十九年(1839年)二月初四日的公文中做了如下有关外国商馆的记录。

况夷馆系该商(行商)所盖,租与夷人居住,馆内行丁及各项工役,皆该商所雇,马占等皆该商所用,附近银铺皆该商所与交易者。①

林则徐所记载的外国商馆为广东行商所有,来广东进行贸易的欧美商人多租住于此。在此工作的中国人皆为广东行商所雇,附近兑换货币的商人也与广东行商有关。

曾在19世纪上半叶来广进驻外国商馆开展贸易的美国人亨特(William C. Hunter,1812—1891),在其《广州"番鬼"录——1825—1844"番鬼"在广州的情形》一书中对夷馆(即商馆,英文为Factory)进行了记载。亨特出生在美国肯塔基州,13岁时为了在纽约史密斯商会的广州商馆实习,于1825年(道光五年)2月来广,后赴马六甲的英华学院学习了18个月的中文,又返回广州,跟随马礼逊(Robert Morrison)继续学习中文。他是最早系统学习中文的美国人。1827年,由于史密斯商会倒闭,他曾短暂回国,1829年作为旗昌洋行的书记再次赴任广州。其后由于鸦片战争对外国商馆造成破坏,亨特隐退澳门,1844年回国,1891年卒于法国尼斯。②

亨特书中描写的"商馆"一词来自印度,是用来形容东印度公司商业建筑的名词,本与代理行同义,逐渐变成了工场之义。以下对此加以阐释:

距离珠江堤岸约300英尺,澳门80英里的地方属于广东外国人的生活空间。……这里距离黄埔港10英里。此处商馆林立,东西宽约1000英尺。原则上,相连的一行屋舍为一国人员之居住与办公场所。从正面来看所有

① 〔清〕林则徐著,中山大学历史系中国近代现代教研组编:《林则徐集:公牍》,北京:中华书局,1963年,第56页。

② Samuel Couling, *The Encyclopaedia Sinica*, Oxford: Oxford University Press, 1917, p.245; Allen Johnson, Dumas Malone ed., *Dictionary of American Biography*, Vol.9, New York: C. Scribner's Sons, 1932, p.408.

建筑均统一朝南。……正面建筑标为1号,其后的三层建筑依次标为2、3号。建筑物最少的商馆为美国馆,较多的为拥有7幢建筑的丹麦馆以及拥有8幢建筑的荷兰馆。……中文中的“行”适用于所有商业场所。特别用来指保商的“行”。一般情况下行商或外国商馆都可以称为“行”,本指一列房屋。中国人称洋人做生意的地方为“洋行”,称保商为“洋行商”。

从西边开始为丹麦商馆,而中国人所开的店铺占据了其旁的所有空间。接着为新中华街道、西班牙商馆和法国商馆,旁边为章官行。然后为同文街、美国馆、帝国(奥地利)馆、宝顺馆,接着瑞典馆、旧英国馆和炒炒馆。……各商馆前面挂着各国的国旗。各商馆位于中国海关后方,均展示出各自的特色设计。据说英国商馆“造型稳重”,美国商馆则设有“许多喷泉(塔)”,荷兰则悬挂“黄色旗帜”,奥地利则是“双头鹰”,瑞典、波斯、丹麦和法国也采用同样的设计。①

上文提及的来广进行贸易的欧美人的居住区,发挥着如同江户时代长崎的出岛一样的作用。此外,日本漂流者们目睹了各商馆前面悬挂的各国国旗。

至于商馆的结构,一楼为结账室、行李处、买办室、雇工室等,二楼为食堂和客厅,三楼为寝室。②

三、江户日本人所见的清代澳门的繁荣

据《东航纪闻》卷二的“漂流始末”,记载如下:

(天保十四年)二月下旬,自岛(夏威夷群岛)起航抵达澳门。

可见漂流者于天保十四年抵达澳门。

---

① W.C.Hunter, *The 'Fan Kwae' at Canton: before Treaty Days 1825-1844*, London: Kegan Paul, Trench, &Co., 1882, pp.20-21.

② 松本忠雄「廣東の行商と夷館」中、『支那』(東京)1932年第23卷第1号、52—67頁。

因澳门港内海水较浅,故停泊在一里外。从此处可见澳门北面的楼屋大厦,五彩斑斓。各国旗帜迎着春风飘扬,其景如同绘画般美丽。与船长一同上岸,寄宿美国商人家中。此地属唐国广东省境内,唐人称其为“澳门”,番人称为“Macao”。①

关于他们寄宿的家庭,记录如下:

借宿家庭的主人是美国人,另有二位美国人携妻小寄居于此。主人没有妻小,这里的下人皆为唐人。此家经营书肆,在此印刷外语书籍,装订后运往各国。因此唐国学生和外国学者多出入于此。印刷皆采用铜活字版。主人还送给我们广东制造的一个盖磁、两个茶碗、十个酒盏和一个红印泥容器。②

如上所述,漂流者借宿的家庭除主人之外,还有带着小孩儿寄居于此的美国夫妇。在这里打工的全是中国人。这里经营书店,多制作外文书籍,因此进出此地的中国学生和外国学者络绎不绝。印刷多采用铜活字。这里的主人还赠予漂流者广东产的茶碗等。

澳门为葡萄牙的支配领地,港口位于西南一隅。房屋鳞次栉比,约有七八千间,皆为各国开设店铺,悬挂各国的国旗作为标记。各国皆在此港开铺。由此五大洲的人皆汇聚此地,每日街头人流如织。尤其唐人居多,皆为外国人的奴仆。③

---

① 岩崎俊章「東航紀聞」『日本庶民生活史料集成　第五卷　漂流』三一書房、1968年、330頁。

② 同書、331頁。

③ 同書、332頁。

四、小结

自嘉庆二十年十一月八日至二十日的十多天时间,借宿在广州港近郊的日本漂流者目睹了广州港的情况,尤其紧邻广州城的外国商馆林立的情景,使他们受到了强烈的冲击。这些众多商馆只是19世纪初期广东外贸情况的一个具体缩影,虽然这些漂流者的记载不够完整,但清晰记录了当时广州港的繁荣情况。此外,他们在江西省南安遇见从北京回国的暹罗使节,也可以从侧面了解清朝对外关系。他们回国后,在长崎及故里接受调查询问时言及此事,可见此事给他们留下了很深的印象。换言之,可以说日本漂流者的记录如实地反映了当时广州港对外贸易的繁荣景象。

第二章 海上丝绸之路与明清时期东南亚海域的交流

第一节　成化二十二年(1487年)苏门答剌国使节来航中国

一、绪言

明朝在建国之初向海外诸国颁布帝国成立的敕谕,欢迎各国朝贡。与此同时,实施"海禁"政策,禁止海外诸国商人的通航贸易。万历朝谢肇淛的《五杂俎》[①]卷四"地部二"有以下相关记载:

> 元之盛时,外夷朝贡者千余国,可谓穷天极地,罔不宾服,而惟日本崛强不臣,阿剌罕等率师十万往征,得返者三人耳。国朝洪武初,四夷王会图共千八百国,即西南夷经哈密而来朝者,三十六国。永乐中,重译而至,又十六国。其中如苏禄[②]、苏门答剌[③]、彭亨[④]、琐里[⑤]、古里[⑥]、班卒[⑦]、白葛达、吕

① 明万历四十四年(1617年)潘膺祉如韦馆刻本。

② 苏禄:古代存在于现菲律宾苏禄群岛上的一个信奉伊斯兰教的酋长国。——译者注

③ 苏门答剌:苏门答剌国,东南亚古国名,在满剌加之西。在今苏门答腊岛一带。——译者注

④ 彭亨:位于马来半岛东部。——译者注

⑤ 琐里:位于印度东南部。——译者注

⑥ 古里:位于南亚次大陆西南部的一个古代王国,曾为马拉巴尔地区的一部分,其境在今印度西南部喀拉拉邦的科泽科德(Kozhikode)一带。——译者注

⑦ 班卒:古国名。故地一般以为在今印度尼西亚苏门答腊岛西岸的巴鲁斯(Baros)附近。——译者注

宋[①]之属，二十余国，皆前代史册所不载者，汉唐盛时所未有也。然其中惟朝鲜、琉球、安南[②]及朵颜三卫[③]等，受朝廷册封，贡赋，惟谨，比于藩臣。其他来则受之，不至亦不责也。可谓最得驭夷之体。

由此可见，依据明朝的对外政策，与明朝结交的诸国数目比此前的任何王朝都要多。

在前述谢肇淛的《五杂俎》引文中提及的建交国之一，即位于印度尼西亚大巽他群岛东北部的苏门答剌国。《明史》卷三百二十五"外国六"中记载有：

苏门答剌，在满剌加[④]之西，顺风九昼夜可至。[⑤]

可见苏门答剌国位于满剌加以西。从满剌加出发，若是顺风，九昼夜便可抵达苏门答剌。

苏门答剌国受到郑和下西洋等事件的影响，自永乐年间开始便向中国遣使朝贡。

根据王圻《续文献通考》[⑥]卷二百三十六"四裔考"中"苏门答剌"条，有以下相关记载：

苏门答剌即古苏文达那也。与花面国相接，为西洋要会。东南大山，西北距海，自满剌加顺风九昼夜可至。其俗颇淳，其产鹤顶、锡斗、苏水、胡椒、阔布、大茄。皇明洪武中，国王遣使奉金叶表入贡。永乐乙酉，国王锁丹罕

---

① 吕宋：古国名。在今吕宋岛马尼拉一带。——译者注

② 安南：越南的古称。——译者注

③ 朵颜三卫：位于14世纪中叶蒙古东部，即大兴安岭以东，直到女真地区。——译者注

④ 满剌加：马六甲的古称。——编者注

⑤ 〔清〕张廷玉等：《明史》第二十八册，北京：中华书局，1974年，第8420页。

⑥ 〔明〕王圻：《续文献通考》，明万历三十年松江府刻本，收入《文渊阁四库全书》，台南：庄严文化事业有限公司，1995年。

阿必镇遣其臣阿里来朝贡,诏封苏门答剌国王,赐印诰金币。五年又遣使来贡。已而王与花面王战败,中矢死。子弱不能复仇,其妻发愤令于国曰:"能复此仇者,我以为夫,共国事。"有渔翁闻之,率众攻杀花面王。王妻遂从渔翁。七年,王来朝,诏厚赐之。十年,其国故王之子率部众杀渔翁王自立,渔翁王子苏干剌奔峭山,思复父仇。故王子遣使来诉。十一年,命太监郑和率兵往捕苏干剌。十三年,归献阙下,国乃宁。王子感恩,贡方物甚夥。宣德六年,贡马赐彩段二十,表里纱罗各四匹,绢十三匹,妃纻丝五匹,纱罗各四匹,绢六匹。十年,封其子嗣王,自后朝贡不绝。

由上可见,苏门答剌即古苏文达那,是与花面国相邻接的西洋要地。东南有大山,西北临海。从满剌加出发顺风则九昼夜即可抵达。其国风俗颇为淳朴,物产有鹤顶、锡斗、苏水、胡椒、阔布、大茄等。洪武年间苏门答剌国王曾遣使明朝,之后来往中断,而在永乐年间以后恢复交往,定期来航。

苏门答剌国的位置,从《郑和航海图》来看,位于大巽他岛的东北部,面向马六甲海峡。

关于苏门答剌国朝贡明朝的史实,在《明实录》中有详细记载。最早的记录为永乐三年(1405 年),之后从永乐五年(1407 年)至永乐十年、十三年、十四年、十七年、十八年、二十一年,以及宣德元年(1426 年)、六年、八年、九年、十年至正统元年(1436 年),以上年份均留有朝贡记录,其间虽有若干年份的中断,但基本上定期遣使。但是此后突然中断,直至成化十六年(1480 年)才再度遣使明朝。然而成化年间的朝贡使节却引发了令人不快的纠纷。

本文试对成化年间的苏门答剌国使节作一探析。

二、苏门答剌国之朝贡

《明史》卷三百二十五"外国六"记录了苏门答剌国与明朝之间的交往状况。

《明太祖实录》中也提到明朝遣使东南亚,其间曾到达苏门答剌国,但其中详情不明。根据《明史》的苏门答剌国传,最早的记录是永乐二年(1404 年)派遣副使闻良辅和行人宁善向苏门答剌国酋长递交成祖永乐帝即位诏书,并赠送

"织金文绮、绒锦、纱罗"进行诏谕。在《明太宗实录》卷四十六"永乐三年九月癸卯(十一日)"有以下相关记载:

苏门答剌国酋长宰奴里阿必丁,满剌加国酋长拜里迷苏剌,古里国酋长沙米的俱遣使,随奉使中官尹庆朝贡,诏俱封为国王,给与印诰,并赐彩币、袭衣。①

可见苏门答剌国酋长宰奴里阿必丁及满剌加国、古里国等酋长均遣使明朝。永乐帝册封其为国王,并赐予国王之印诰,赠与彩币、袭衣。18日之后的9月29日,为各国使者置办宴席。这在《明实录·明太宗实录》卷四十六"永乐三年九月辛酉(二十九日)"条下有明确记录:

苏门答剌、爪哇诸国朝贡之使宴。②

由此可见,永乐三年郑和下西洋,苏门答剌国酋长宰奴里阿必丁遣使明朝朝贡,永乐帝册封其为苏门答剌国王,并赐予国王印诰,从此开始两国交往。

《明实录·明太宗实录》中有详细的相关记录。表2-1即依据《明实录·明太宗实录》制作而成。

表2-1 苏门答剌国派遣明使一览表

公历(年)	年号纪年	日期	国 王	备 注
1402	洪武三十五年	九月丁亥		明之遣使
1405	永乐三年	九月癸卯	宰奴里阿必丁	遣使
1405	永乐三年	九月辛酉		使宴
1405	永乐三年	十月丁酉		归国
1407	永乐五年	九月壬子		来朝

① 《明实录·明太宗实录》,据广方言馆本补用嘉业堂本校。

② 同上。

(续表)

公历(年)	年号纪年	日期	国　王	备　注
1407	永乐五年	十月辛丑		遣人诉暹罗强暴
1408	永乐六年	九月癸酉		郑和　敕使
1409	永乐七年	十月乙丑	宰奴里阿必丁	遣使遐尔直内密须等五十九人
1410	永乐八年	十二月戊申	宰奴里阿必丁	贡方物
1411	永乐九年	七月乙亥	宰奴里阿必丁	贡方物
1412	永乐十年	九月戊戌	宰奴里阿必丁	贡方物
1412	永乐十年	十一月丙申		郑和　敕使
1415	永乐十三年	九月壬寅	宰奴里阿必丁	王子剌查加那因等贡方物
1415	永乐十三年	九月庚戌		赐王子剌查加那因等冠带等
1415	永乐十三年	九月癸丑		赐使臣钞币等
1415	永乐十三年	九月庚申		赐使臣宴
1415	永乐十三年	九月庚申		使臣辞归
1416	永乐十四年	十一月戊子朔		遣使贡马等
1416	永乐十四年	十一月丙申		赐使臣宴
1416	永乐十四年	十二月丁卯		使臣辞还
1418	永乐十六年	五月辛卯		使臣贡方物
1419	永乐十七年	十一月丙午	宰奴里阿必丁	贡马及方物
1420	永乐十八年	九月戊寅	宰奴里阿必丁	遣苐马哈木沐等贡方物
1421	永乐十九年	正月戊子		遣使贡名马等
1421	永乐十九年	正月癸巳		使臣还国
1422	永乐二十年	八月壬寅		郑和　归国　遣使
1423	永乐二十一年	九月戊戌		满剌加等十六国遣使千二百人、贡方物至京
1426	宣德元年	五月乙巳	宰奴里阿必丁	遣使巴母、贡方物
1426	宣德元年	六月辛未		赐使臣巴母等一百十七人钞、纱罗、绫绢有差

（续表）

公历(年)	年号纪年	日期	国　王	备　注
1426	宣德元年	六月甲戌		附朝贡船来归
1426	宣德元年	七月辛丑		通事冯哈撒还国陛辞
1431	宣德六年	四月丁酉		贡使宴
1431	宣德六年	四月乙卯		使臣马下末等钞、彩币表里、袭衣有差
1431	宣德六年	八月戊申	宰奴里阿必丁	使臣都者看等来朝
1431	宣德六年	八月丙辰		贡使宴
1431	宣德六年	九月丙寅		赐使臣都者看等八十一人彩币表里等
1433	宣德八年	闰八月辛亥朔	宰奴里阿必丁	遣弟哈利之漠等来朝
1433	宣德八年	闰八月丙辰		贡使宴
1433	宣德八年	闰八月庚午		赐弟哈利之漠等白金等
1434	宣德九年	二月辛未		弟哈利之漠朝贡至京、以疾卒
1435	宣德十年	四月癸卯	宰奴里阿必丁	命男阿卜赛亦的嗣为国王
1436	正统元年	闰六月癸巳	阿卜赛亦的嗣	遣使
1446	正统十一年	五月癸巳		霭淹告，有叔宋允于正统元年诣京朝贡
1463	天顺七年	七月癸亥		正使麻力都然达剌蛮等来朝，各贡马、驼、方物
1480	成化十六年	八月乙亥		正副使马力麻物等奉金叶表文来朝……不许
1481	成化十七年	七月丁酉		使臣朝贡还，舟人教其途中买贫民子女，多载私盐，且为诸不法事
1486	成化二十二年	六月庚子		遣使进贡、广东布政司因无印信勘合……

由上表可知，苏门答剌国自永乐三年至宣德十年（1435年）遣使明朝，其间苏门答剌国王一直都是宰奴里阿必丁。他所派遣的朝贡较有规律。然而自从其

子阿卜赛亦的嗣继承王位后,朝贡时有时无,几近中断,直至成化年间才重新开始提高朝贡频度。具体情况将在下节展开阐述。

三、成化年间苏门答剌国的朝贡

关于成化年间苏门答剌国的最初朝贡,《明实录·明宪宗实录》等史书中留有记载。

1.成化十六年(1680 年)之朝贡

首先对成化十六年的苏门答剌国的朝贡引发的事件加以论述。

《明实录·明宪宗实录》卷二百六“成化十六年八月乙亥(十八日)”条中记道:

> 苏门答剌国遣正副使马力麻物等奉金叶、表文来朝贡方物。赐宴并金、织衣、彩段等物有差。马力麻物等乞赐冠带,不许。①

可见成化十六年八月苏门答剌国派遣正副使马力麻物等朝贡。正是这次朝贡使节在归国之时出现了问题。

《明实录·明宪宗实录》卷二百十七“成化十七年秋七月丁酉(二十四日)”条有以下记载:

> 暹罗、苏门答剌二国使臣朝贡还,舟人教其途中买贫民子女,多载私盐,且为诸不法事。至淮安,有告其事于巡抚都御史张瓒者,会押送行人亦以为言。瓒因遣官同行人按验得实,赎子女还民,治舟人罪。因奏,请敕谕诸国,使之择人为使,务遵礼法。并请明定罪例,出榜禁约。都察院覆奏,从之。②

由此可见,暹罗与苏门答剌两国使节在归国途中发生了问题。两国使节搭

---

① 《明实录·明宪宗实录》,据广方言馆本补用嘉业堂本校。

② 同上。

乘的船只，后文也将提到，从京师北京出发经大运河及内河水运前往广州。船上偷载了大量贫民子女及私盐。此事到了大运河途中的淮安时被发现。事件起因缘于使节等搭乘船只的船员教唆诱导，由此导致使节利用船只进行违法行为。

该事件的详细记载，见于《皇明条法事类纂》卷二十九"各处军民人等交通（进）贡往来外夷并投（托）拨置害人者俱发边卫充军例"文中。全文较长，引用如下：

据本府申蒙总兵官平江伯陈锐批，据巡捕指挥管瓒呈称，成化十七年正月十二日，在于本府西门河下，见有一起苏门答剌进贡回还夷人船内，买有人口，随即上船，盘获男女朱旺儿等九名口，各称在于临清等处被夷人收买，在船使唤。连人具呈批本府，查将在官银两照数给还夷人，赎取男女，在官等因，亦行到。臣审得王收儿等委系济宁等州民人，王忠等男女关振等俱广东等处人民。内妙连、王梅俱系夷人李字思利原来妻小，据此会同镇守淮安漕运总兵官平江伯陈锐议得，暹罗、苏门答剌二国，俱在数万里之外，彼中国王各备方物，遣人进贡，其敬顺朝廷之心固可嘉，尚伏蒙皇上特赐优容，劳以筵宴，下程赏以金银、缎绵、冠带、衣服，沿途往回官给船只廪给，各遣行人官护送待宴出境。其怀柔远人之意，已为过厚，奈何通事夷人不知感激，公然夹带快船，装载私盐，沿途收买人口，改名为奴，奸淫污辱。又倚外夷名目，吃酒撒泼，刀伤平人，砍伐官树，抢民柴草，多带兵器，争抢洪闸，阻挡官民船只。其沿途经驿递，分外强要酒食（俱）（供）给，稍有不从，辄便凌辱官吏，殴打水夫。关振等（殴打）（原系）广东临清等处人民，却又违例投作各夷家人，唤名姑那等项名字装扮，沿途拨置害人。其军余孙佐等，俱系公差回还空船，不合隐情投托，装载私货，教唆夷人与贩私盐，略买人口，诓骗财物，迹其为害事尤甚。臣等猥以非材，镇抚一方，前项奸弊，俱系耳闻目击，不敢不举。窃惟中国于外夷，犹之（夭）[天]渊，高下截然，不可相凌。今各夷乃敢肆无忌惮，略买男女，为奴驱使。各卖主小民固艰难一时，图财易卖粮食。其中亦有被通事人等用计拐骗，遂使孤儿幼女骨肉分离，昼夜在船悲号嗟怨，推之人情，尤为不堪。诚恐日后，各番仿效相承，贩买不已。非惟贻累后来,抑且有伤国体。除拘各起通事带领夷人李宇思利等到官,谕以朝廷恩威利害,另给下程等项慰劳,并将拘去男女人口,查支官钱照依原价给还各夷收领,赎回人口,给与口粮,差人送发各该原籍官司,给亲收领完聚,并将问过人犯贾兴儿发落外,乞敕该部计议,请敕开谕诸国,今后差人进贡务要选择晓大体持守(礼)法通事番人,每起一二人,量带夷伴,省谕(安)分往回,(免)[勉]循以小事大之体,仍行各该都、布、按三司,验其方物多寡,定与夷人多数,仍差的当官(件)[伴]送来京,多余之人,俱令在彼伺候进贡毕日,一体抚遣回还,并(被)[彼]处沿途地方巡按御史,严加体审,但有前项投托受雇之人,交通夷人在船,即为擒拏禁治者,各夷原带军器弓弩之类,俱收在彼,候使臣回日,终还收领,仍乞敕都察院通行出榜晓谕,严加禁约,今后各处军民人等,但有似前交通外夷、投托使唤、拨置害人者,从重定与罪例,若伴送行人等官,不行禁治,容令违法作弊者,一体究治,仍将今次招出投出跟之人老、刘等,行移各该巡按御史,查据追问重罪,庶得法令(照)[昭]明,人知警(俱)[惧],大体不亏,外患自(患)[息]等因,具本。该本院右都御史戴等,于奉天门,钦奉圣旨:都察院知道。钦此。钦遵。①

上文详细叙述了苏门答剌国使节的违法事件。使节在山东省临清等地收买“男女朱昳儿等九名”。此外,在途中收购私盐,又在行程中“强要酒食”,并由酒食引发一连串问题。

2.成化二十二年(1486年)的朝贡

之后的成化二十二年的苏门答剌国的朝贡,发生了与朝贡制度相关联的问题。

根据《明史》卷三百二十五“外国六”下“苏门答剌”一条,成化二十二年苏门答剌国遣使赴华朝贡。

成化二十二年,其使者至广东,有司验无印信勘合,乃藏其表于库,却还

① 東京大学付属図書館蔵『皇明條法事類纂』上巻、古典研究会、1966年、722—723頁。

其使。别遣番人输贡物京师,稍有给赐。自后贡使不至。

从上文可知,成化二十二年苏门答剌国使节来航广州,但是没有携带朝贡使节应持有的印信及勘合。

关于此事,《明宪宗实录》卷二百七十九"成化二十二年六月庚子(二十七日)"条下有如下记载:

> 苏门答剌国遣使进贡,广东布政司因无印信勘合,奏准将本国所进表文寄贮广东官库,省令各夷回还,内借拨番人斤荡等三名,管送贡物来京,每人量赏生绢一匹、绵布二匹、胖袄及鞋,以酬其劳。从之。①

广东布政司因为苏门答剌国的朝贡使节无印信及勘合,奏准将其所进表文寄存广东官库,并遣返夷人。同时又将苏门答剌国人"斤荡等三名"及贡品送至北京,每人得到赏赐"生绢一匹、绵布二匹、胖袄及鞋",以示慰劳。

当时作为广东布政使处理该事件的是陈选。关于陈选就任广东布政使的史料记载,可参见嘉靖《广东通志》卷七"秩官·右布政使":

> 陈选,浙江临海人,成化十八年任。②

同书"布政司左布政使"中写道:

> 陈选,本司右布政,升,成化二十年任。③

---

① 《明实录·明宪宗实录》,据广方言馆本补用嘉业堂本校。

② 北京图书馆古籍出版编辑组:《北京图书馆古籍珍本丛刊[38]史部·地理类——(嘉靖)广东通志初稿·(康熙)广东舆图·(成化)广州志》,北京:书目文献出版社,1996年,第145页。

③ 同上。

该书提及其后任熊怀"本司右布政,升,成化二十二年任"[①]。由上可知,陈选于成化十八年任广东右布政使,成化二十年任广东左布政使直至成化二十二。

嘉靖《广东通志》卷十一"名宦"中,有如下关于陈选的记载:

> 陈选,字士贤。成化间,迁至广东左布政使,质雅澹泊无异,常布凡事涉风教必捐俸为之日,使瞽者振木铎以徇道路,置褒衣幅巾,择耆民有德者予之,使教其子弟,听讼不事刑朴与讼者,约自持一票,诣被告家使自出诣官,无不从者,民化其德皆不忍欺时,承用兵役,广民疲困为除徭役,罢和买备赈济,皆务为惠养计数,辩冤狱,每裁抑中官,遂为诬。奏他事,竟逮选赴。京广人数万抚留之,至有位下者,选学行德惠,至今人感而慕之,为岭南名宦之冠,云。[②]

试从陈选的传记史料中,考察当时苏门答剌国使节的相关记载。天启二年(1622 年)刊行的过庭训所编《本朝分省人物考》卷五十四"浙江台州府·陈选"条,摘录如下:

> 有提督市舶司者,……其后番人马力麻与海商私通,诡称苏门答剌国使臣,市舶利其货,不问特发其伪。[③]

由此可见,当时广州的市舶司官员明知外国人马力麻假冒苏门答剌国使臣与海商私通,却没有进行检举。

据《明史》卷一百六十一"陈选"有以下相关内容:

---

① 北京图书馆古籍出版编辑组:《北京图书馆古籍珍本丛刊[38]史部·地理类——(嘉靖)广东通志初稿·(康熙)广东舆图·(成化)广州志》,北京:书目文献出版社,1996 年,第 145 页。

② 同上,第 241 页。

③ 〔明〕过庭训:《本(明)朝分省人物考》(五卷附索引)·十五,台北:成文出版社,1971 年,第 4905—4906 页。

二十一年诏减省贡献，而市舶中官韦眷奏乞均徭户六十人添办方物。选持诏书争，帝命与其半，眷由是怒选。番人马力麻诡称苏门答剌使臣欲入贡，私市易。眷利其厚贿，将许之，选立逐之去。撒马儿罕使者自甘肃贡狮子，将取道广东浮海归，云欲往满喇加更市以进。选疏言不可许，恐遗笑外番，轻中国。帝纳其言，而眷憾选甚。

从上可知，陈选任广东布政使之时，宦官韦眷在广东掌管市舶①，因其有不法行为，受到陈选的揭露与抵制。

伪称苏门答剌国使节的马力麻来航广州，意图进行交易获取暴利。为其提供便利的正是市舶官员韦眷。陈选对韦眷的不法行为进行检举。此外，撒马尔罕使者从甘肃进贡狮子，返程途中经广东由海路回国，欲赴马六甲从事交易，被陈选禁止。陈选在奏折中称“恐遗笑外番，轻中国”，以此为反对理由，得到成化帝的许可，韦眷因此记恨在心。

关于掌管市舶的宦官韦眷，《明史》卷一百八十三“彭韶传”中有所提及：

十四年春，(彭韶)迁广东左布政使。中官奉使纷遝，镇守顾恒、市舶韦眷、珠池黄福，皆以进奉为名，所至需求，民不胜扰。②

可见韦眷在成化十四年在广州掌管市舶，侵扰民众。有关进贡的具体情况见“彭韶陈言进贡事疏”③：

成化十四年六月十五日，奉到驾帖，该司礼监太监怀恩等，于文华殿钦

① 根据嘉靖《广东通志》卷十“公署”条关于广东市舶司的介绍如下：“市舶提举司　东西二房，并乘发怀远驿司吏二名、典吏六名”(参见北京图书馆古籍出版编辑组：《北京图书馆古籍珍本丛刊[38]史部·地理类——(嘉靖)广东通志初稿·(康熙)广东舆图·(成化)广州志》，北京：书目文献出版社，1996年，第215页)。

② 〔清〕张廷玉等：《明史》第十六册，北京：中华书局，1977年，第4856页。

③ 〔明〕陈子龙等：《皇明经世文编》卷八十“彭惠安公奏疏”，北京：中华书局，1962年。

奉圣旨,恁写帖子去,说与总镇两广太监顾恒,并都布按三司等官知道,彼处地方所产,一应土物,及各样药饵等项,递年委令精通人员,依时采取,办验真至如法造办,装盛封记,陆续差委的当人员,管送来京,毋得指此为由因而扰害下人,违者治罪不饶,先该太监顾恒并三司等官会议,将进贡土物,蜜煎果品、藤丝雕漆器皿、海味、布匹、药材银箱酒器等项,椰子等物,计八十余品,见今陆续委官,采买进送外,臣惟臣子爱君之心,何有限极,虽劳费天下,以备贡奉,亦不为过,然臣子事君也。……将广东土物,除今年陆续采进外,以后递年,乞为停止,则洪恩沛于海表,至治协于帝舜,千万年之太平,有隆无替矣。

当时任官广州的宦官采办各种地方特产作为贡品。其中肯定也包含了外国进贡使节所上呈的海外特产。市舶官员韦眷可谓其中恶用职权之便的不法官员之一。关于成化时期的宦官营私谋利,方志远的《成化皇帝大传》中也有所涉及。①

《国朝献征录》卷九十九收录了陈选传记,题为“广东布政司左布政使赠光禄卿谥恭愍陈公选传·京学志”。引用如下:

擢广东布政使时,岭南苦中人权剥,公(陈选)乃严条约罢和买,减徭役……市舶太监韦眷专恣掊克勒富民供办,公奏减其数,眷复纵党通番,番禺知县高瑶发其赃巨万,都御史宋旻不敢诘,公独移文奖瑶,眷深憾之。番人马力麻者,贸货海口,诡称苏门答剌国贡使,眷利其珍奇,将诈焉。公发其伪逐之。又有撒马儿罕使臣泊六湾还国枉道至广,谓将往满剌加市狻猊入贡所过震惊,公上言此西域贾胡借以牟利耳。使堕其述必为安南诸夷笑,不报。眷知中官咸疾。②

① 方志远:《成化皇帝大传》第七章“宦官参政与营私”,北京:中国社会出版社,2008年,第253—291页。其中对韦眷也有所提及(同书第258—259页)。

② 〔明〕焦竑:《国朝献征录》(六)卷九十九,载《中国史学丛书初编》,台北:台湾学生书局,1984年,第4366页。

文中提到的外番人马力麻为了在广州从事贸易营利活动,伪称是苏门答剌国使者。市舶官韦眷借此谋私利,遭到陈选的检举反对。

另据吴宽撰《匏翁家藏集》卷五十九“布政使陈公传”,引用如下:

公讳选,字士贤。姓陈氏,台之临海人也。其先出东阳为宋国子司业左辅之后,元初徙迁居再徙临海。……父負韬……娶夫人金氏,以宣德四年十一月二十八日生公于台之文肃坊……天顺四年会试第一名,遂登进士第,初授山西道监察御史……特擢广东右布政使,逾年转左,公念广民疲困,为除徭役罢和买,备赈济,皆为惠养,计数办冤狱,闽人赖克寿等三十九人渔于海舟,为风漂至潮州,守者获之,坐以通番罪其人,以苦讯诬服,又邑民刘马住及黄福等十九人,被诬为盗。公察冤悉释之。尤不畏贵,倖中官有弟冒为武职者,逼娶寡妇为夺还之。于是又有提督市舶司者,倚进贡为奸利,役户苦于供需,特为奏减三十人。其后番人马力麻与海商私通,贩易诡称苏门答剌国使臣,市舶利其货,不问。公发其伪,谓如不得已,姑纳其方物,留其人,即此赏劳庶免缘途供馈,亦绝其后私通之。弊时又有撒马儿罕使臣泊六湾,自甘州以狮子入贡,将取广南浮海还国,云欲从往满剌加,更市狮子。公言此兽何用于世,彼西域贾胡为图利耳。使堕其谋必贻安南诸夷之笑,国体所关甚非细,故中官既蓄减役户之怨,且素利进贡。及是每为沮抑怨益深。乃诬奏公他事,勘问者求事实不得必欲文致以罪,竟逮公赴京,广人数万号泣,拥留之,公行至南昌以病卒,成化二十三年五月二十一日也。年五十八。

该文再次印证外番人马力麻伪称苏门答剌国使臣与海商私通交易意图谋取利益,结果被陈选察觉后秉公处理。

相关记载还见于陈继儒《见闻录》卷六“陈选传”,摘录如下:

市舶太监韦眷,纵恣掊克籍富民供辨,公奏减之,眷復以私舰通番,为番禺知县高瑶发觉,没货巨万,都御史宋旻等不敢诘。公独移文奖瑶,眷深憾之。番人马力麻者,贸货海口,诡称苏门答剌国贡使,眷利其珍奇将许焉。公发其伪逐之。

文中叙及外番人马力麻以苏门答剌国"贡使"名义来航广州寻求贸易。市舶官韦眷贪赃枉法欲从中牟利,被陈选察觉,外番人遭到驱逐。

另据何乔远撰《名山藏》卷六十七"臣林记·成化臣三·陈选传",摘录如下:

陈选,字士贤,临海人。……掌市舶太监韦眷者,掊克供办,奏乞均徭余户添采方物。选因诏书减省贡献,请悉停罢。虽不尽行,亦得减半。番禺知县高瑶发眷造私船通番,没其货巨万。都御史宋旻等皆不敢诘,选移文奖之。番人马力麻诡称苏门答剌国来贩海,眷利珍奇,将许之。选发其伪,立逐去。撒马儿罕使臣怕六湾者,自甘州以狮子入贡,取道广南,浮海归,又云将从满剌加市更市进。选上疏拒止之。选既阻眷非一,……①

上文同样言及马力麻伪称苏门答剌国使者来航广州从事贸易活动,韦眷贪其携来物品之珍奇,承认其贸易之合法。然而遭到陈选查办,马力麻被立刻驱逐出境。

道光《广东通志》卷一百八十七"前事略七"条中,对韦眷有如下评述:

韦眷、王敬皆太监,梁芳党。眷为广东市舶太监,纵贾人通番,聚珍宝甚富。

可见韦眷利用其广东市舶太监的职权地位,纵容商贾与外商贸易,从而谋利蓄积大笔财富。

另据《皇明经世文编》卷七十七"青溪漫藁·倪岳·疏·止夷贡疏·夷贡",

---

① 张德信、商传、王熹点校:《名山藏》中册,福州:福建人民出版社,2010年,第1907页。

可知太监韦眷在广东市舶拥有绝对的权力。引用如下：

太监韦眷、都御史秦纮、安远侯柳景，俱系内外重臣，均受朝廷重寄。明知海南诸番国，惟占城、真腊、暹罗、满剌加国、瓜(爪)哇等处入贡，有勘合者，例该于广东布政司比对起送赴京。其余不许起送。系是定例。

《明史》卷三百四“宦官一”中有以下记载：

韦眷、王敬亦(梁)芳党。眷为广东市舶太监，纵贾人通诸番，聚珍宝甚富。

从中可以印证，韦眷此人作为广东市舶太监利用海内外贸易蓄积财富。陈建辑、沈国元订的《皇明从信录》卷二十三“成化二十二年”条中写道：

四月，广东左布政使陈选被逮赴京，道卒。

可见成化二十二年陈选被捕，在解送进京途中死亡。死亡地点据《本(明)朝分省人物考》中“至南昌而卒”[①]，应是江西南昌。

据《皇明从信录》同条附记之《陈选传》，摘录如下：

选，字士贤，天台临海人。督学南京，爱士有声，升今职，感民疲困，为除徭役，罢和买，备赈给务为惠养计。提督市舶韦眷，倚进贡为奸利，役户苦于供需，特减三十人。其后番人马力麻，与海商私通贩易，诡称苏门答剌国使臣，眷利其货不问，选发其伪，时又有撒马儿使臣泊六湾，以狮子入贡，将浮海还国，云欲往满剌加更市狮子。选言，此西域贾胡，为图利耳。使堕其谋，必贻诸番之笑，眷怨选每事沮抑，乃中以他事。

---

① ［明］过庭训：《本(明)朝分省人物考》(五卷附索引) · 十五，台北：成文出版社，1971年，第4906页。

身为广东布政使的陈选秉公处理市舶官韦眷的违法行为,因此被韦眷记恨在心,反遭诬告,不幸被捕,在解送京城途中去世。

四、小结

综上所述,位于东南亚大巽他岛的苏门答剌国因永乐帝的诏谕而开始向中国朝贡,定期朝贡达三十余年之久。然而之后几近中断,五十余年之后的成化年间突然前来朝贡,却发生了与明朝朝贡国身份不相符的违法事件。

最初是利用外交使节的特权,进行贩卖人口及装载私盐等不法行为。之后则是来航朝贡使节并无携带勘合和印信,事实上是以交易为目的,伪称苏门答剌国使节。导致这些不法行为的背景是,受皇帝信任身为钦差的宦官韦眷的图谋不轨。韦眷利用其广东市舶太监的职权从海内外贸易中谋取私利。可以推论伪称苏门答剌国使节的马力麻正是得知有贪赃枉法的韦眷的存在才胆敢来航广州从事不法贸易。

正如《筹海图编》卷十二"开互市"中所论,明朝对外关系就是朝贡,而市舶司则是首先与朝贡各国接触的明朝官府机构。原文如下:

> 凡外夷贡者,我朝皆设市舶司以领之。在广东者专为占城、暹罗诸番而设;在福建者,专为琉球而设;在浙江者,专为日本而设。其来也,许带方物,官设牙行,与民贸易,谓之互市,是有贡舶,即有互市。非入贡,即不许其互市,明矣。

来贡船只所装载货物的交易必须在市舶司指定的牙行进行。换言之,明朝与海外诸国交易的前提是其必须是明朝认可的朝贡国家。明朝的市舶制度可以说是唯有朝贡使节才许入境。《大明会典》卷四十一"户部二十八·勘合"中提道:"斛斗、秤尺、通类、勘合、税粮、通关、市舶等事,并皆掌之。"由此可见,市舶除管辖判定朝贡使节真伪的勘合业务之外,准许使节入境以及对除朝贡品之外的携带货物征税等通关业务也在其职权范围之内。因此对以朝贡为名交易为实的违法案件的处理,往往为市舶官之裁定左右。可以说成化二十二年苏门答剌国使节正是碰触了当时明朝朝贡制度的缺陷所在。而市舶官韦眷这样的不法官员的存在更加大了这一制度缺陷带来的危害。而贪赃枉法的不法官员远远不仅限于韦眷一人。

朝贡原本属于外交业务,理应归属礼部管辖。然而海外诸国使节却归属分管经济事务的户部管辖。由此可见,朝贡表面上看似是外交事务,其本质却是经济贸易活动。成化二十二年苏门答剌国使节来航广州可谓是反映朝贡特质的典型事例。

第二节 清代前期对欧贸易中的广东与澳门买办

一、绪言

众所周知,清代中外交流史上出现了承担具体的中外商业交涉功能的“买办”①。

关于买办,马礼逊(Robert Morrison,1782—1834)在 1819 年(嘉庆二十四年)的《华英辞典》(*A Dictionary of the Chinese Language*)中英译如下:

> Mae pan 买办:a kind of marketman;one who procures provisions and other necessaries in large houses and public offices;a comprador

即买办为商人的一种,在大商馆及衙门中置办食品及其他必需品的人,曰中介商。

咸丰乙卯年(咸丰五年,1855 年)何紫庭作序的《华英通语》(协德堂藏版)“人伦”类“十五丁”表中也出现“买办 Comprador 今啤合那”。咸丰庚申年(咸丰十年,1860 年)重订的西营盘、恒茂藏版的《华英通语》“人伦”类“五十五丁”表

① 关于“买办”一词在《现代汉语词典》中的词义来源,如“公司”表示企业的词义来源,据考证最早见于明末清初海船航运业中。松浦章著,华立译:《清代公司小考》,《清史研究》1993 年第 2 期;松浦章「清代海船と「公司」組織」『清代海外貿易史の研究』朋友書店、2002 年、47—54 頁。

同样有“买办 Comprador 今嗶兀多”。

同治元年(1862 年)六月的《英语集全》卷一“帝治・行口人项目”中出现词条“买办 Mypahn-Compradore 甘布黎多广东番语曰今不多”。由上所述,买办被解释为中介商。

翟理斯(Herbert A. Giles,1845—1935)也在 1912 年的《华英辞典》(*A Chinese-English Dictionary*)中收入词条“买办:a house-steward;used for a ‘compradore’ in a foreign hong”,将买办解释为执事、外国商馆中的中介商。

英语“compradore”一词在日本的《英和辞典》中译为“外国驻华商馆、领事馆等为与中国人开展贸易交往所雇用的中国人”。①

从以上事例可见,清朝末期,买办作为“中介商”的定义在欧美人中已经被确定。

我们不妨从当代的词典中作进一步探究。

《汉语大词典》中的“买办”有以下四个含义:

> ①购买、置办。
> ②旧时负责采购或兼理杂务的差役。
> ③专指轮船上主管载货、乘客业务的人。
> ④外商初入中国通商时、所雇用的采买人或管事人。②

而作为日本权威性中日辞典之一的爱知大学中日大辞典编纂的《中日大辞典》中,“买办”的含义有二:

> ①采买物品的工作(人员)。
> ②买办 comprador:旧时在中国的外国商社为与中国人顺利贸易往来所雇用的高级雇工。③

---

① Masuda Koh,*Kenkyusha's New Pocket English-Japanese Dictionary*,Tokyo:Kenkyusha,1965,p.353.

② 汉语大词典编纂处:《汉语大词典》(缩印本)下卷,上海:汉语大词典出版社,2007 年,第 5987 页。

③ 爱知大学中日大辞典編纂『中日大辞典』中日大辞典刊行会、1968 年 2 月初版、943 頁。

在当代辞典中普遍使用的前者④和后者②的“买办、中介商”的定义,究竟何时产生,我们将在下面作进一步考证。

二、清末民初的买办

1842 年《南京条约》签订之后,上海设立租界,于是介于外国商人和中国国内商人之间出现了新型商人,即买办。关于买办,民国初期徐珂编《清稗类钞》“农商类”下“上海洋行之买办”中是这么说的:

上海租界洋行所延华人总理其事者曰买办,于商法实无确当之意义。盖吾国海通以后,租界之一种特别职业也,英文译音为糠摆渡(一作刚白度)。咸、同间,名人笔记不知译音之本难索解,乃就糠摆渡三字以国文为之解释。谓买办介于华洋人之间以成交易,犹藉糠片为摆渡之用,既以居间业许之,而又含有轻诮之词。①

买办的音译有两种,一为“糠摆渡”,在现代普通话中发音为“kāngbǎidù”,二为“刚白度”,发音为“gǎngbǎidù”,众所周知两者均为“compradore”的音译。而且买办被理解为中国人和外国人之间的商业行为的必要媒介。

20 世纪初东亚同文会编纂的《支那经济全书》第二辑第三编中收录有“买办”一词,其概念如下:

买办即 compradore,意为介于欧洲商人与支那商人之间不可或缺的媒介者,究其语源来自西班牙语 compradore(贩卖人之意),如今有两种使用含义。其一指吾人或上海等其它开港地悬挂 Ship Compradore 招牌贩卖洋酒罐头等物品的商铺,其二指普通所说的“中介商人”即买办之意。如今多指

① 〔清〕徐珂:《清稗类钞》第五册,北京:中华书局,2003 年,第 2319 页。

后者。[①]

该书还提及了外国商人不得不使用中国买办的理由：

(一)支那语难学。

(二)在支那做生意，一般其内地银行支付期长，如钱庄、票庄等的票据支付。

(三)在支那做生意需要熟悉该国风俗习惯的人。

(四)支那的度量衡制度不全且繁杂。[②]

由上可知，语言、商业组织及习惯等差异成为外国商人来到中国从事商业活动时的巨大障碍。

马寅初也曾就买办的起源指出三点理由，即：

(一)言语之不同　(二)习惯之互异　(三)商情之特殊[③]

根岸佶在《买办制度之研究》中指出：

广东贸易以洋行为基础，另有两个附属物，即通事和买办。洋行在通事和买办的帮助下与居留夷馆各外商进行贸易。因此其贸易体系由洋行、通事、买办、外商四部分构成。[④]

关于广东贸易，根岸把洋行解释为“海上贸易业行会”[⑤]，同时强调其中通事

---

① 『支那経済全書』第二輯、東亜同文会、1907年、330頁。

② 同書、331頁。

③ 马寅初：《中国之买办制》，载《东方杂志》第20卷第6号，1923年，第129—132页。

④ 根岸佶『買辦制度の研究』日本図書株式会社、1948年、51頁。

⑤ 同書。

的重要性:

> 通事为通事务之意,外国人视之为 Linguist,一般理解为翻译。但是通事的职务烦琐,其在广东贸易制度中的地位应仅次于行商。清朝禁止向外国人教授华语,因此不得不起用通外语的中国人,于是翻译成为通事的重要职责。[①]

在光绪辛巳年刊《英话注解》序中可以看到类似见解:

> 窃维中外通商,始于乾隆年间,广东之香港,斯时皆用粤人为通事,以通其言语。即我帮业广号者,均与十三行交易,不知外国之商情也。至道光壬寅年(二十二年),奉旨五口通商,贸易日盛,而以上海为大宗,初通之际,通事者仍系粤人居多,迩年以来,两江所属府县,亦不乏人,而吾邑惟尹紫芳、郑久也、姜敦五诸君而已,兹奉谕旨,准予五口通商中外交易,自必更加蕃盛,但言语不通,虽善于经营者,未免龃龉。吾邑藉于此者十居七八,自宜互相习学,然亟欲学习英语者,亦苦无门可入耳。

从中可知,作为清代中外通商中心的广州及香港,起主导作用的是粤人,即广东人,尤其在《南京条约》缔结以前,是广州十三行的商人。《南京条约》缔结后,广州、厦门、福州、宁波、上海成为对外贸易的中心,即便如此,担当通事中心作用的仍然是广东人。

根岸佶依据办公场所将广东贸易时代的买办分为船舶买办和夷馆买办两种:

> 外舶抵达广州湾由领航员和船舶买办引导进入珠江。船舶买办购置外船所需食品,雇用卸货苦力。而夷馆买办则为居留夷馆的外商服务,担负如

---

① 根岸佶『買辦制度の研究』日本図書株式会社、1948 年、61—62 頁。

食品购买、金钱出纳、日用杂费计算及仆人雇用等一切职责。为方便外商贸易,有时还与本地商人及钱庄有往来。①

关于买办的先行研究除以上成果之外,还有内田直作②、黄逸峰③、聂宝璋④、张国辉⑤、姜铎、唐传泗、陈绛⑥以及汪敬虞⑦等进行的专门研究,但其主要研究是以1842年《南京条约》缔结之后对外贸易中的买办为中心。

本文与以上先行研究有所不同,主要参考20世纪后半叶公开出版的清朝官吏奏折,探讨在对外贸易中占主导地位的广州贸易活动状况,以此考证买办的作用。

三、清代前期广东贸易中的买办

据笔者考证,"买办"一词的使用有明确年代的最早见于《明史》卷六"本纪第六·成祖二"的"永乐六年"条目中。原文如下:

> 六月庚辰,诏罢北京诸司不急之务及买办,以苏民困,流民来归者复三年。⑧

---

① 根岸佶『買辦制度の研究』日本図書株式会社、1948年、63頁。

② 内田直作「買辦制度の研究」(一)『支那研究』第47號、1938年、19—36頁。

③ 黄逸峰:《关于旧中国买办阶级的研究》,载《历史研究》1964年第3期,第89—116页;黄逸峰:《帝国主义侵略中国的一个重要支柱——买办阶级》,载《历史研究》1965年第1期,第55—70页。

④ 聂宝璋:《中国买办资产阶级的发生》,北京:中国社会科学出版社,1979年,第1—64页。

⑤ 张国辉:《鸦片战争后清政权的买办化和所谓洋务运动的发生》,载《洋务运动与中国近代企业》,北京:中国社会科学出版社,1979年,第1—20页。

⑥ 黄逸峰、姜铎、唐传泗、陈绛:《旧中国的买办阶级》,上海:上海人民出版社,1982年,第292页。该书的中心也是1840年以后的买办阶级,但在第一章"买办和买办制度"中关于买办起源,提到《明史》"食货志"中所见成化年间(1465—1487)的宫廷供货商。还引用了清代《红楼梦》的事例。

⑦ 汪敬虞:《关于买办阶级的产生》,载《唐廷枢研究》,北京:中国社会科学出版社,1983年,第13—33页。

⑧ 〔清〕张廷玉等:《明史》第一册,北京:中华书局,1974年,第85页。

谈迁的《国榷》卷十四“永乐六年”条也出现了“买办”一词:

六月戊寅朔,庚辰,停北京诸郡买办,招流民,免赋役三年。①

而在《明实录·明太宗实录》卷八十“永乐六年六月戊寅朔”条中有更为详细的记载:

庚辰(三日)诏谕北京诸司文武群臣曰,北京军民数年之前,或效力戎行,或供亿师旅,备历艰难。平定以来,劳悴未苏。比以营建北京,国之大计,有不得也,重劳下事之人。略不究心,驱迫严苛,贪渔剥削,致其穷悴,赴诉无所,以廉得其实,悉置于法。自今北京诸群不急之务及诸买办,悉行停止。其民之流移未归者,免赋役三年。奉天靖难始终报效之家厚加存抚,尔等其恪遵朕言,违者不宥。……

永乐帝体恤北京军民数年来负担深重,再加上营建北京,因此停止北京诸郡的买办,归来流民免赋三年。此处的“买办”之意应为诸物的购入,即《汉语大词典》中的“旧时负责采购或兼理杂务的差役”。可以说,明代所使用的“买办”大多为此意。

至于清代广州对外贸易状况,参见广东巡抚杨琳康熙五十五年(1716年)八月初十日奏折:

今岁,广东自二月至六月,到有法兰西洋船六只,英吉利洋船二只,俱系载银来广置货……七月内,又到英吉利洋船一只,苏粟国洋船二只……今年统共到有外国洋船十一只,共载银约有一百余万两,广东货物不能买足,系各行铺户代往江浙置货。奴才严饬地方文武晓谕各番客,约束各船水手,跟役人等,不许生事。并严饬各行铺户,不许诓骗番客,致生事端,照伊回帆风

① 〔明〕谈迁:《国榷》第一册,北京:中华书局,1958年,第1005页。

信，发遣归国。[①]

康熙五十五年二月至七月间有 11 艘外国船只抵达广州，广州货物不足，只好让各行铺户前往江浙代为置办货物，可见当时交易规模之巨。另一方面，广东巡抚在严令地方官员督促外国商人对船员严加约束免起争端的同时，严禁中国商铺违法经商欺骗外商。

两广总督杨琳在康熙五十九年十月二十五日的奏折中写道：

> 奏报洋船事，本年共到外国洋船一十三只，上年到迟未回洋船一只。今于十月十三、十五等日，已开驾回国洋船五只，尚有九只。奴才严催洋行、通事人等速令交易，明白务于今冬，尽数开回……[②]

由此可知，对于抵达广州的外国商船贸易，官府督促洋行和通事迅速达成交易，显而易见洋行和通事在交易业务中负有重要任务。

雍正二年（1724 年）六月二十四日两广总督孔毓珣的奏折中有如下文字：

> 有粤海关税馆及牙行贸易汉人一百余十户。

可知当时与广州海外贸易相关的牙行达一百数十户。两广总督孔毓珣又在雍正二年十月二十九日的奏折中写道：

> 臣（孔毓珣）饬令洋船到日，止许正商数人与行客交易。其余水手人等，俱在船上等候，不得登岸行走，拨兵防卫看守，仍饬行家公平交易，毋得欺骗。定于十一、十二两月内，乘风信便利，将银货交清，尽发回国，不许误其风信，致令守候。

---

① 中国历史第一档案馆：《康熙朝汉文朱批奏折汇编》第七册，北京：档案出版社，1985 年，第 356 页。

② 中国历史第一档案馆：《康熙朝汉文朱批奏折汇编》第八册，北京：档案出版社，1985 年，第 737 页。

由此可见,外国商船抵达广州后只允许与指定商人进行交易,船员必须留在船上不许上岸并由官兵守卫监视,交易必须以公平为原则,不许欺诈。

孔毓珣在雍正三年(1725年)四月初一日的奏折中写道:

> 在粤居住之西洋人,及洋货行人、通事人。

奏折中称赞雍正帝对海外贸易的宽容,同时也记录了贸易的主体者即洋货行人、通事人。

两广总督孔毓珣又在雍正三年九月初九日的奏折中记录如下:

> ……奏为奏明到粤外国洋船事,窃照,本年六月初四日,到英吉利国洋船一只,六月十五日,到英吉利国洋船二只,所载俱系黑铅、番钱、哆啰、哔吱等货。七月初四日,到法兰西洋船一只,所载黑铅、番钱、羽缎、哆啰等货。七月十七日,到英吉利国洋船一只,哥沙国洋船一只,咖喇吧国洋船一只,所载胡椒、苏木、檀香等货。七月十八日,到吗吧喇嘶国洋船一只。七月二十八日,到英吉利国洋船二只,所载系胡椒、檀香、黑铅、番钱等货。以上六、七两月共到外国洋船十只,俱湾泊黄埔地方,委官弹压稽查,不许内地闲杂人等擅入彝船生事,并严饬牙行、通事人等贸易货物,公平交易,务在岁内乘风信尽令开发归国……①

将上文中提到的外国商船整理如下:

六月初四日(7月13日),英国船一只;六月十五日(7月24日),英国船两只,所载俱系黑铅、番钱、哆啰、哔叽等货;七月初四日(8月11日),法国船一只,所载黑铅、番钱、羽缎、哆啰等货;七月十七日(8月24日),英国船一只,哥沙国船一只,咖喇吧国船一只,所载胡椒、苏木、檀香等货;七月十八日(8月25日),

① 台北"故宫博物院":《宫中档雍正朝奏折》第五辑,台北:"故宫博物院",1978年,第107页。

吗吧喇噺国船一只；七月二十八日(9月4日)，英国船两只，所载系胡椒、檀香、黑铅、番钱等货物。

综上所述，1725年7月13日到9月4日的54天中，包括6艘英国船只在内共有10艘外国船只抵达广州。这些外国船上的运载货物为黑铅，胡椒、苏木、檀香等香料类，羽缎、哆啰、哔叽等织物类，以及外国货币番钱。

面对这些抵达广州的外国商船，中方采取了“委官弹压稽查，不许内地闲杂人等擅入彝船生事，并严饬牙行、通事人等贸易货物，公平交易，务在岁内乘风信尽令开发归国”的对应措施。即清朝官宪严密监视外国船、外国商人与中国商人的接触，严格限制外国人与中国人的接触，由此能够与外国商人打交道的仅限于牙行和通事，而且两者同样受到清朝官宪的严密管制。此处的牙行无疑是商人，而通事为翻译。

关于当时广东贸易的实情，参见雍正五年(1727年)七月十九日广东巡抚杨文乾的奏折：

> 各商佥云，广东洋行向系十六七家，……今专放之六行先行办缴，又发银数万两，差人往别省，置买湖丝、茶叶、瓷器等货，贮如升，行饬令尽先卖完，方许各行卖货，今现贮续买，到广未曾发卖湖丝二百余担，现在崇义店陈腾官行内，客商知有积货，并虑货到，不能先卖，以致往来稀少、各行畏惧等情。①

从中可以确认，洋行从他省购入浙江省湖州府生产的最高级生丝及安徽、浙江、福建产的高级茶叶，然后出售给外商。

从两广总督孔毓珣雍正六年(1728年)十一月初七日的奏折，可以了解当时广州外贸业务分为行家、通事、买办三种。原文如下：

> ……臣具收取洋行分头银两一折，……奏明查海关正税之外，随例有商

① 台北“故宫博物院”：《宫中档雍正朝奏折》第八辑，台北：“故宫博物院”，1978年，第560页。

货分头一项,系估计货物价银,每两抽银三分九厘,担头银每货一百斤,抽银一分八厘,细匹每匹抽银一分,并船规开舱验舱点充通事、买办等项,均向有陋规。……其洋行分头一项是否,亦有在内无案可查,臣不敢悬定,再查洋行分头,原非旧例,而广东洋货行,获利甚厚,以获厚利之行家,量为抽分,实属无碍,惟伊等以外洋船只,每年多寡无定,货物利息不同,所以不愿定额,而情愿另送随伊之便也。且陋规一项,分看则零星无多,合算则盈千累万,筹国即筹家之道,以情愿无碍之项,少裨国帑……①

从广东海关革职留任监督祖秉圭在雍正八年正月二十九日奏折中的叙述可知抵达广州的外船所需诸般手续均由通事办理。原文如下:

……洋船进口出口,尚有规例,俱系通事经手。奴才复传通事五人清查各项,据通事黄惠等禀呈,刊刻洋船规例一单,每洋船一只,有银一千九百五十七两四钱四分,内有左翼镇虎门协广州、协番禺县等衙门放关银,共一百三十二两,下注今交广州府字样,……在普济堂公用历来俱经通事交送,但今年洋船,该交银子,俟明年洋船出口,才交即如,……②

而从管理福建海关实务郎中准泰在雍正九年十一月二十四日奏折中的叙述可知,在福建厦门,一般挑选殷实的店铺并通过通事进行公平交易。原文如下:

……奴才移行海防同知衙门,会择殷实铺户,以及通事饬着公平交易……③

广州将军毛克明在雍正十年(1732年)七月十三日的奏折中写道:

---

① 台北“故宫博物院”:《宫中档雍正朝奏折》第十一辑,台北:“故宫博物院”,1978年,第722页。
② 台北“故宫博物院”:《宫中档雍正朝奏折》第十五辑,台北:“故宫博物院”,1978年,第559页。
③ 台北“故宫博物院”:《宫中档雍正朝奏折》第十九辑,台北:“故宫博物院”,1978年,第182页。

……再每船必需粤省买办一名，每名批承充手，本银一百五六十两不等，共银二千两有零。①

由此可知，在广东贸易中，买办专门负责来广州的外国商船的业务。

兼管广东海关监督毛克明在雍正十年十二月二十八日的奏折中有这样一段文字：

窃查有买办一项，因洋商船泊黄埔，或暂寓省城，语音不谙，债人买办物件，若不经官批准，则良奸不办，夹带漏税，实难稽查，而该买办一经批定，众人始不敢搀夺，是以每批准一名，情愿缴纳公费银两，凡在黄埔船上者，自四五十两至一百两不等。在省城寓所者，自六十两至一百二十两，并一百五六十两不等。俱视洋船大小，酌量增减。②

外国商船抵达广州，因为语言不通，由买办为其采购所需物品。而买办没有官方许可，就会产生各种问题，所以有必要对买办进行挑选，为此需支付费用。留在黄埔船上者，支付四五十两到 100 两；而进入广州城内住宿者，支付 60 两到 120 两。两者合计 150 到 160 两。根据外国商船的大小而酌量增减。此处的买办很明显是参与贸易业务的商人。

在乾隆四年（1739 年）四月二十八日闽浙总督郝玉麟的奏折中也有“买办”一词：

……至年下，乡民买办年果如瓜子、核桃等类……③

此处的买办是购置之意，全句大意为到了年末乡民为过年而购置瓜子、核桃

① 台北“故宫博物院”：《宫中档雍正朝奏折》第二十辑，台北：“故宫博物院”，1978 年，第 247—249 页。

② 台北“故宫博物院”：《宫中档雍正朝奏折》第二十一辑，台北：“故宫博物院”，1978 年，第 31 页。

③ 中国第一历史档案馆：乾隆四年四月二十八日《闽浙总督郝玉麟奏折》（MR18—959R），载《清代朱批奏折财政类目录》，北京：中国财政经济出版社，1990 年。

等年果。

乾隆四年六月二十二日,福州将军隆昇在奏折中写道:

……今密奏内,所称挑卖磁器,买办年果,勒令完税之处,不特并无其人,亦均非厦门应有之事,查厦门收税,俱系海船出入之货,给有出水,照单断无重纳税银之理,而税银在一钱以下者,概系宽免,且从不收岸上肩挑之税,今挑卖磁器、买办年果,似俱系岸上肩挑之辈,概不收税……①

此处的"挑卖磁器,买办年果"中的"买办"同样可以解释为购置之意。

查乾隆六年(1741年)十一月十九日左都御史管广东巡抚王安国的奏折,有如下文字:

……乾隆三年分关册,报收杂项数目,较通事,行商簿,开收数计少银一万二千一百两有奇,乾隆四年分关册,报收杂项数目,较通事,行商簿,开收数计少银八千二百两有零,乾隆五年分关册,报收杂项数目,较通事,行商簿,开收数计少银三千七百两零。②

有关广东贸易的海关簿册中,有与通事和行商相关的簿册,但却不见与买办有关的簿册。因此,可以推测当时"买办"可能被用作通事的同义语。

在乾隆二十一年(1756年)十二月新柱、李侍尧等的奏折中发现有英国商人洪任辉等控诉粤海关监督李永標的诉讼状。其中披露了买办向各贸易船索银50两的陋规:

① 中国第一历史档案馆:乾隆四年四月二十八日《闽浙总督隆昇奏折》(MR18—998R),载《清代朱批奏折财政类目录》,北京:中国财政经济出版社,1990年。

② 中国第一历史档案馆:乾隆六年十一月十九日《左都御史管广东巡抚王安国奏折》(MR18—1273),载《清代朱批奏折财政类目录》,北京:中国财政经济出版社,1990年。

> 每船，买办总巡口索礼五十两。①

该奏折中还有一段文字：

> 问据张宏超供，小的香山县人，在总巡口，充当英吉利洋船买办，已五年了。两年得过银五十两，有三年没有给。那鬼子船，过关有无陋规，是通事们经手，小的们不知道的。小的们不过每日替鬼子买些食物、米、薪之类。其余的事，小的无涉。小的们，充当买办也。是鬼子各人情愿雇的。②

张宏超供述说，他是香山县人，在广州总巡口充当英国商船买办，有五年之久，最初的两年间从英船拿到50两银子，其后三年没有钱。英船过关有无陋规，是通事经手，与买办无关。买办只是每天为英国船员购买食物、柴薪之类物品。其余的事，一概无关。充当买办是应英国人要求而受雇的。

该奏折中还提到另一名买办：

> 问据陈新供，小的番禺县人，在黄埔口充当英吉利船买办，四年了。从前原有谢小的们，银子一百两或八十两不等。近年只肯谢银三四十两。但那宗银子原是小的们分的工食，并不是交给关上陋规，出口时才给。并不分与别人的。如何牵止得去呢？求详察。③

陈新供述说，他是番禺县人，在黄埔口充当英国商船买办已有四年。从前可以得到100两或80两银的酬谢金，近年却只有三四十两。那笔钱只是工钱而已，并非交给关上的陋规。英国商船出港时一般总会给若干钱。

从以上买办的亲口叙述中可知，当时买办的主要业务是为外国船员购买日

---

① 中国第一历史档案馆：《清宫粤港澳商贸档案全集》第三册，北京：中国书店，2002年，第1406页。

② 同上，第1419页。

③ 同上，第1420页。

用品。

乾隆二十四年十月二十五日两广总督李侍尧的奏折所录“防范外夷规条”说明当时针对到广东从事贸易的外国商人制定了明确的贸易规则:

> 一、夷商在省住冬,应请永行禁止也。……
>
> 一、夷人到粤,宜令寓居行商管束稽查也。查历来夷商到广贸易,向系寓歇行商馆内,原属有专责。……即买卖货物,亦多有不经行商、通事之手……专责行商、通事将夷商及随从之人姓名,报明地方官,及臣(两广总督)与监督(粤海关监督)衙门查核。……
>
> 一、借领外夷资本,及雇倩汉人役使,并应查禁也。……而内地复设有通事、买办,为伊等奔走驱驰。
>
> 一、外夷雇人传递信息之积弊,宜请永除也。……
>
> 一、夷船收泊处所,应请酌拨营员,弹压稽查也。……①

从中可以证实,虽然行商和通事占据了对外贸易业务的中心地位,但买办依然有一席之地。买办或追随通事,或只能从事下层业务。即便如此,可以肯定地说,买办是广东贸易组织的组成部分。

乾隆二十九年(1764 年)五月二十一日杨廷璋的奏折中的“买办”一词是作为与购买物品的相关词语而出现的:

> ……洋行陋规一案,……福建本省,买办之物少,查所开各物,内如人参、绿松等项,本非厦门所有之物,节年并未买过系属虚开,其燕窝一项,历年买自厦门定价,每斤四两四钱。②

嘉庆十四年四月二十日两广总督百龄及广东巡抚韩崶的奏折中写道:

---

① 故宫博物院:《史料旬刊》第 1 册,北京:北京图书馆出版社,2008 年,第 649—655 页。

② 台北“故宫博物院”:《宫中档乾隆朝奏折》第二十一辑,台北:“故宫博物院”,1982 年,第 536 页。

为酌筹华夷交易章程，恭折奏闻，仰祈圣鉴事。

窃照澳门一隅，自前明嘉靖年间，大西洋人纳税租住，迄今二百余年，樯帆云集，贸易交通。上年英吉利国夷兵擅自登岸，震慑天威，旋即退去，而防微杜渐，尤须筹定章程。……

一、夷商买办人等，宜责成地方官填选承充，随时严察也。查，夷商所需食用等物，因言语不通，不能自行采买，向设有买办之人，由澳门同知给发印照。近年改由粤海关监督给照，因该监督远驻省城，耳目难周，该买办等惟利是图，恐不免勾通外来商贩私买夷货，并代夷人偷售违禁货物，并恐有无照奸民从中影射滋弊。嗣后夷商买办，应令澳门同知就近选择土著殷实之人，取具族长保邻切结，始准承充，给与腰牌印照，在澳门者，由该同知稽查；如在黄埔，即交番禺县就近稽查。如敢于买办食物之外代买违禁货物，及勾通走私舞弊，并代雇华人服役，查出照例重治其罪，地方官徇纵，一并查参。①

以上只是摘录了两广总督百龄和广东巡抚韩崶的奏折中所录《酌筹华夷交易章程》与买办相关的部分。其中明确证实了当时已经存在专门负责外国商人的买办。当时选拔买办十分慎重，须从当地殷实人家中挑选，而且须有族长担保。买办专门从事为外国商人购买食品等必需品的工作，原来需要澳门同知发行许可证，嘉庆十四年前后改由粤海关监督颁发许可书。

嘉庆十四年五月十九日军机处奏片五、庆柱等奏折中录有《民夷交易章程》：

民夷交易章程……内外防范事宜

一、据称，各国货船到时，所带护货兵船，概不许擅入十字门，及虎门各海口。……

一、据称，各夷商销货归本后，令其依期随同原船归国，不得在澳逗

---

① 台北"故宫博物院"：《宫中档嘉庆朝奏折》第二十四辑，台北："故宫博物院"，1982年，第203—204页。

留。……

一、据称,澳内为地无多,民夷杂处,请将西洋人现有房屋户口查明造册,不许再行添造。……

一、据称,夷船到口,即令引水先报澳门同知,给予印照,注明引水船户姓名,由守口营弁验照放行。……

一、据称,夷商买办应令澳门同知,就近选拔土著殷实之人,取具族长保邻切结,始准承允给予腰牌。印照在澳门者,由该同知稽查。在黄埔者,即交番禺县就近稽查。……查夷商所需食用等物,向设有买办之人,由澳门同知给发印照。近年改由粤海关监督给发。……

一、据称,嗣后夷货到时,由监督亲率洋行,总商于公司馆内,秉公按股签掣,不准奸夷私自分拨等语。[①]

以上六条与之前李侍尧的《防范外夷规条》相比,更为详细。第五条明确记载已经存在有专门负责外商的"夷商买办"。

上述《民夷交易章程》得到进一步完善,从《宣宗成皇帝实录》卷二百六十四(道光十五年)"三月癸酉(十四日)"中可以得到佐证:

两广总督卢坤等奏,防范贸易洋人,酌增章程八条:

一、外洋护货兵船,不准驶入内洋。

一、洋人偷运枪炮及私带洋妇人等至省,责成行商一体稽查。

一、洋船引水、买办,由澳门同知给发牌照,不准私雇。

一、洋馆雇用民人,应明定限制,严防勾串作奸等弊。

一、洋人在内河应用无篷小船,禁止闲游。

一、洋人具禀事件,一律由洋商转禀,以肃政体。

一、洋商承保洋船,应认派兼用,以杜私弊。

一、洋船在洋私卖税货,责成水师查拿,严禁偷漏。

---

① 故宫博物院:《史料旬刊》第1册,北京:北京图书馆出版社,2008年,第219—223页。

得旨：所议俱妥，须实力奉行，断不可不久又成具文也。勉益加勉。

其中的买办作为相同业务经营者与引水，即领航员，并列。

这一规定继续发展完善。以下引用自《宣宗成皇帝实录》卷三百三十，道光二十年(1840年)“正月己酉(十八日)”：

两广总督林则徐等奏，遵旨筹议御史骆秉章奏，请整饬洋务章程。

一、新例严禁烟土。如查有夹带分毫，即将该洋商及保办之洋商，一并斥革治罪；并访查洋商如尚有朋充负欠者，轻则革退，重则治罪。

一、查洋语有孖毡名目，即华言所谓买卖人也；而汉奸即在其内，以致暗地勾通。现饬洋商令通事、买办等逐层担保，如有营私舞弊者，惟保人是问。

一、现在停止英国贸易，所有英人并不准一名住省。其各国贸易洋人，亦勒令遵例依期回国，酌留一二洋人住冬；仍防闲出入，不准与内地人民交接。

一、前因三板船向无定额，于十八年十一月设立顺字三板七只，现议将此项三板一并裁撤，给米利坚等国护照二张，凡各国洋人进省及寄信往来，均令另雇民艇，赴各炮台隘口验明，方准内驶。

一、洋人带来洋银，务令以银准货，不使余剩带回。

下军机大臣议。从之。

从上述可知，洋商、通事、买办及其职务开始细化。关于买办的详细记录见于《嘉庆道光两朝上谕档》第四十五册“道光二十年正月二十六日”条：

各洋行所用司事管店人等，按月造具清册送官，查考各夷馆所用工人、看门人等，均责成买办保雇。其买办责成通事保充，而通事又责成洋商选择，仍由府县查验给牌承充。……私赴夷船，代为经手买卖或私称买办接济食物,各犯并沿海渔民蛋户贪利忘生之徒,均责成地方文武各官,严行拿究。①

买办的地位相当于夷馆雇用的工人及看门人等的担保人。买办的具体业务是为外商购买食品等必需品。

道光二十三年六月二十九日缔结的《江宁条约》(《中英南京条约》)中写道:

五、凡大英商民在粤贸易,向例全归额设行商,亦称公行者承办。今大皇帝准以嗣后不必仍照向例,乃凡有英商等赴各该口贸易者,勿论与何商交易,均听其便。②

根据该条款,废止了广东贸易中行商的垄断贸易。

显而易见,行商制度的瓦解与买办的抬头有着密切关系。

四、清代澳门贸易中的买办

与广州齐名的澳门自明代起就成为对葡贸易的窗口,到了清朝,除葡萄牙之外的欧洲贸易商船也开始到访。以下将探讨澳门对外贸易中的买办的情况。根据公开出版的《清代澳门中文档案汇编》中香山县丞兴圣让在乾隆三十二年九月初八日(10 月 30 日)的官牌记录,在澳门经商的黎世宝通晓"夷语",所谓"夷语"可能就是葡萄牙语,而来航吕宋船经商需要买办,因此让黎世宝充当。原文如下:

……现据黎世宝禀前事称,切蚁在澳贸易,历业年久,通晓夷语。……伏查澳地递年均有吕宋国夷人洋船赴澳贸易,必须买办……嗣后遇有吕宋国夷人洋船到澳贸易,其所须买办人等,即着黎世宝兄弟充当,毋许别人混

① 中国第一历史档案馆:《嘉庆道光两朝上谕档》第四十五册,桂林:广西师范大学出版社,2000 年,第 43 页。

② 田涛:《清朝条约全集》第一卷,哈尔滨:黑龙江人民出版社,1999 年,第 56 页。

行占夺。①

香山县知县彭昭麟在嘉庆十二年二月初八日(3月16日)的谕文中说:

……谕到该夷目,即便遵照,立将发来护照查以转给买办陈科收执,该(夷)目仍不时稽查,毋使陈科藉端买取违禁物件,接济洋匪情事。……②

香山县知县丞葛景熊在道光六年十一月二十日(12月18日)的谕文中说:

……现据西洋买办杨光禀称,切蚁于嘉庆十九年在分府宪衙门禀充西洋买办,遇有西洋船只来澳,各赴外洋往接。③

上文中出现了一位买办商人杨光,他被明确称作"西洋买办"。作为买办的杨光的经营业务,可以从道光六年十一月二十二日(12月20日)的澳门同知顾远承的谕文中有所了解:

据买办杨光禀称,本年八月,闻从前办过之西洋船主罗连素来澳贸易,前往万山洋面候船接办,业经船主允许代为接办食物,……西洋船来澳贸易,日逐水菜,应需买办,自有一定章程。④

即买办的业务是经来澳的外国船主允许为其船提供食物,尤其是代购航海过程中所缺的蔬菜。

综上所述,有关澳门买办的事例并不多见,但是可以确切知道乾隆时期已经存在说外语的买办。而买办的业务就是代替外国船主购买日用品及食品等。

---

① 葡萄牙东波塔档案馆藏:《清代澳门中文档案汇编》(上册),澳门:澳门基金会,1999年,第237页。

② 同上,第238页。

③ 同上,第239页。

④ 同上,第239页。

五、小结

本文主要参考了与广东、澳门贸易相关的清朝官吏奏折,对其中出现的“买办”一词进行了考证,从而发现早在乾隆时代就已萌发了 19 世纪后半叶所说的买办的含义。

《清稗类钞》稗四四“农商类”下“上海洋行之买办”中有以下一段文字:

> 西人之来我国,首至之地为广州,彼时外人仅得居于船,不准逗留陆地(间有登陆居住者,则以澳门为安插地,明时即然),而贸易往来,全凭十三洋行为之绍介。遇洋船来,十三行必遣一人上船视货议价,乃偕委员开舱起货。及货售罄,洋人购办土货回国,亦为之居间购人。而此一人者,当时即名之为买办,意谓代外人买办物件者。盖此系我国商号雇用,以与外人交易,与上海之所谓买办完全受外人之雇用者,性质尚异也。惟买办之名,则沿袭由此矣。[①]

后世所称的买办渊源来自广州对外贸易中负责替外商购置物件的买办。而 1842 年上海、厦门、福州、宁波、广州等五口岸对外开港之后出现在历史舞台上的买办和之前的买办,虽然表面上是同一词语,但实质上却转变成被外国人雇用的兼具翻译和中介商性质的中国商人。

概括而言,从地理位置来看,1842 年之前广州地区对外贸易中的买办和 1842 年上海等五口岸对外开港之后出现的买办,虽然是同一词语,但性质迥然不同。

---

① 〔清〕徐珂:《清稗类钞》第五册,北京:中华书局,2003 年,第 2319 页。

第三节　从新加坡报纸看中国海外移民状况

一、绪言

古书中记载，自古“福建僻在海隅，人满财乏，惟恃贩洋番银”①，中国福建省濒临海洋、人口众多、物资匮乏，不得不依靠海外贸易，富余人口大多出洋。

据19世纪末福州发行的报纸《闽报》光绪二十八年（明治三十五年，1902年）十一月初四日（12月3日）第493号卷首刊登的“福州米价升贵绿白”中记载：“闽省西北背山，东南面海，足为耕种田地约仅三分之一”，可见福建省西北背山，东南靠海，耕地面积仅占全部面积的三分之一。因此，自古以来人们多出洋。清朝时期，许多人积极出海前往国外，其中不只贸易活动，也有许多移民活动。②

本文依据新加坡发行的报刊，论述移民自福建南部和相邻的广东省东部乘船前往新加坡的情况。

---

① 同治刊本《福建通志》卷八十七“海禁”。

② 松浦章：《清代福建的海外贸易》，载《中国社会经济史研究》1986年第1期，第97—104页；松浦章「16—19世紀の中国・フィリピン間の海上貿易」『海事交通研究』第23集、1984年3月；松浦章「清代の海洋圏と海外移民」『周縁からの歴史』アジアから考える3、東京大学出版会、1994年10月、165—192頁；松浦章『清代海外貿易史の研究』朋友書店、2002年1月、440—451、496—521、614—668頁。

二、从厦门、汕头乘船前往新加坡的移民

农工商部右侍郎杨士琦在实地考察东南亚之后,于光绪三十四年(1908 年)二月十六日有关“考察南洋华侨商业情形”的奏折中,对华人的出洋情况做了如下记载:

> 飞猎滨群岛大小千余,以小吕宋为最巨。其地西连闽粤,北枕台澎,距香港、厦门均不过二千余里,土产以烟、糖、麻、米为大宗,转售行销,皆操自华人之手,贸易则闽商最盛,粤商次之。[①]

由此可知,菲律宾由大小千余群岛构成,其中吕宋岛最大。该岛西临福建省、广东省,北望台湾、澎湖岛,距香港和厦门仅两千余里。主产烟草、砂糖、马尼拉麻、米等,这些产品的交易几乎全由华侨操控。其中,福建商人势力最大,其次为广东商人。而且,杨士琦还对越南西贡、泰国曼谷、印尼巴达维亚等地的华侨活动做了记录。其中关于新加坡华侨的情况,记载如下:

> 新加坡幅员甚小,农产亦稀,自英人开埠后,免税以广招徕,由此商舶云集,百货汇输,遂为海南第一巨埠,华侨二十余万人。[②]

新加坡面积狭窄,农作物稀少。由于英国人的免税开港政策,船舶多聚于此地,货物流通频繁,为南洋第一大港。此地有 20 余万华侨居住。

那么这些华侨究竟是如何乘船前往海外的呢?[③] 试依据 19 世纪前期新加

① 中国第一历史档案馆:《清代中国与东南亚各国关系档案史料汇编》第一册,北京:国际文化出版公司,1998 年,第 151 页。

② 中国第一历史档案馆:《清代中国与东南亚各国关系档案史料汇编》第一册,北京:国际文化出版公司,1998 年,第 152 页。

③ 松浦章「清代帆船で波濤を越えた人々」『近世東アジア海域の文化交渉』思文閣、2010 年 11 月、183—201 頁。

坡发行的报刊报道进行分析。

《新加坡纪事报》1827年1月18日第74号①的报道称:"1827年1月18日为止的数日内,来自中国广州的两艘帆船抵达新加坡。一艘载货,另一艘搭载有450名乘客。"

该报1827年2月1日第75号报道如下:"自去年以来,共有三艘帆船抵达新加坡,两艘来自广州,另一艘来自厦门,致使新加坡人口增加。其中来自广州的一艘船上载有700名的乘客,另一艘载有300人。再加上来自厦门的一艘船上载有的200名乘客,合计抵达新加坡的广州乘客为1000名,厦门乘客为200名。"

据该报1827年2月15日第76号报道:"至1827年2月中旬,有数艘帆船抵达新加坡。其中来自厦门的一艘船上载有440名乘客。"

该报1827年3月1日第76号报道:"自去年以来,有两艘来自厦门的帆船抵达新加坡。一艘载客240名,另一艘载客276名,来自厦门的乘客共计276名。"

该报1828年2月28日第76号报道:"1828年年初至2月末,有来自广东的三艘帆船抵达新加坡。两艘各载客500名,另一艘载客200名,共1200名乘客登陆新加坡。其中一艘帆船撞到礁石,船体受损。靠一根桅杆在大海中航行极其困难,但是他们却表现十分沉着。另外,来自厦门的一艘载重约600吨的帆船也抵达新加坡,其载客423人。"

类似上文的报道,见于1827年到1828年,即道光七年至八年。有数百名来自中国广州和厦门的人乘船前往新加坡。不难想象,他们并非今日的观光游客,而是志在移民海外。

1830年3月29日,约翰·克劳福德(John Crawfurd,1783—1868)在英国议会中作证时说道:"我得到了来自福建厦门的一艘帆船的载货明细表。这艘船于1824年1月25日抵达新加坡,途中在海上航行了15天。"②从中也可发现新

---

① 《新加坡纪事报》资料来自伦敦大英图书馆印度事务图书馆缩微胶卷。

② *First Report from the Select Committee on the Affairs of the East India Company*: *China Trade*, London: the House of Commons, 8 July 1830, p.322.

加坡与厦门之间有着虽不定期但颇为频繁的帆船往返航行。还有吴振强(NG Chin-Keong)也在其著作中指出厦门帆船频繁航行于中国沿海的原因。[①]

综上可知,来自中国尤其厦门和广东等华南沿海的帆船搭载大量移民前往新加坡。

三、1907—1909 年间抵达新加坡的来自厦门、汕头的乘客

直至 20 世纪,自厦门渡海前往新加坡的势头仍然十分强劲。此情形在另一份新加坡报纸《海峡时代报》(*The Straits Times*)[②]1907—1909 年的报道中同样有所反映。

该报 1907 年(光绪三十三年)5 月 29 日第六版报道:“本日上午,来自广东省东北沿海的汕头和福建省南部的厦门港的 1154 名乘客乘坐德国默拉皮号(Merapi)轮船抵达。”

同年 6 月 26 日,该报第六版报道:“本日,来自厦门和汕头的 1227 名乘客乘坐英国丰美号(Hong Bee)轮船抵达。”

同年 7 月 16 日,该报第六版报道:“来自汕头和厦门的 1600 余名乘客乘坐丰茂号(Hong Moh)轮船昨日抵达。”

同年 8 月 14 日,该报第四版报道:“有来自汕头和厦门的 427 位乘客乘坐西蒙岸号(Simongan)抵达。该中国船上的工作人员由于病情恶化,被立即送往了医院。”

同年 9 月 5 日第六版报道:“9 月 4 日下午,超过 1000 名来自汕头和厦门的乘客乘坐丰美号轮船抵达。”

同年 9 月 14 日第六版报道:“当天上午,近 800 位乘客乘坐黄敏(Wee Bin)公司的格伦法洛赫号(Glennfalloch)轮船抵达。”

同年 9 月 21 日第六版报道:“当天上午,来自厦门和汕头的 1469 名乘客乘坐葛来拿格尔号(Glenogle)轮船抵达。”

---

① NG Chin-Keong, *Trade and Society: The Amoy Network on the China Coast 1683—1735*, Singapore University Press, 1983.

② 以下引用的报纸使用了新加坡国家图书馆(National Library Singapore)的数据库。

10 月 8 日第六版中报道:“当天上午,来自厦门和汕头的 1262 名乘客乘坐黄敏公司的丰美号蒸汽船抵达。”

11 月 14 日第六版报道:“本日上午来自汕头的 500 多位乘客和来自厦门、汕头的 900 多位乘客分别乘坐北德劳埃德公司(Lioyd)的青岛(Tsintau)号轮船和丰美号轮船抵达。”

11 月 30 日第八版报道:“昨日有 800 多位来自厦门和汕头的乘客乘坐周祥号(Chong Chew)轮船抵达。周四(28 日)[①],船内幼儿死亡后被海葬。”由此可知,乘客当中也有幼儿。

1908 年 1 月 17 日第八版报道:“昨日下午,来自厦门和汕头的 1500 余名乘客乘坐英国葛来拿格尔号轮船抵达。”

同年 3 月 4 日第六版报道:“本日上午,1842 名乘客乘坐英国葛来拿格尔号轮船抵达。”

3 月 2 日第六版报道:“昨日有来自厦门和汕头的 1140 名乘客乘坐黄敏公司的丰湾一号(Hong Wan I)轮船抵达。”

3 月 31 日第六版报道:“本日上午,俄国流星号(Meteor)轮船从上海出发,装载压舱货物抵港。另外黄敏公司的丰湾一号轮船,搭载来自厦门和汕头的 1465 名统舱乘客抵港。此外,来自汕头的德国德瓦旺号(Devawongsee)轮船搭载 917 位统舱乘客抵港。”

这两艘汽船的乘客多乘坐统舱,由此可以确定,乘客支付的船费非常低廉。

该报同年 4 月 28 日第六版报道:“来自厦门和汕头的 771 位乘客乘坐德国轮船抵达新加坡。另有 3 名幼儿于周六(4 月 25 日[②])在途中死亡。”

6 月 17 日第六版报道:“昨日有来自厦门和汕头的 674 位乘客乘坐黄敏公司的丰湾一号轮船抵达。昨日上午来自汕头的 272 位乘客乘坐德国德瓦旺号轮船抵港。”

---

① 1907 年 11 月 28 日,星期四。(参见郑鹤声:《近世中西史日对照表》,北京:中华书局,1981 年,第 784 页)

② 1908 年 4 月 28 日为星期二,而最近的星期六为 4 月 25 日。(参见郑鹤声:《近世中西史日对照表》,北京:中华书局,1981 年,第 785 页)

7 月 7 日第八版报道了一则船务通告:“对于新加坡港来自汕头和厦门的乘客,撤销了天花的检疫拘留。德国克莱斯特号邮船于 7 月 6 日下午 7 点抵达,于 7 日出发前往欧洲。7 月 6 日夜,来自马六甲的基斯特纳号抵达新加坡,在该船的船舱内发现一名隐藏的病情危重的中国年轻人。之后,他被遣返回马六甲。”

从报道中可知,对来自厦门和汕头的船舶,撤销了有关天花的拘留检疫。

8 月 24 日第六版报道:“星期六(8 月 22 日[①])上午,英国格伦法洛赫号轮船搭载来自厦门和汕头的 731 位乘客抵达新加坡。在航行途中,4 位乘客患霍乱,其中 2 人死亡。船上乘客被迫登陆圣约翰岛,在熏蒸消毒之后,才获自由。”

9 月 10 日第六版报道:“昨日,来自厦门和汕头的 1269 名乘客乘坐黄敏公司的丰茂号轮船抵达新加坡。该船船长贝英布里吉报告,一名中国女乘客于星期二(8 日[②])因心力衰竭死亡,后被海葬。”

9 月 23 日第六版报道:“1000 余名来自厦门和汕头的乘客乘坐黄敏公司的格伦法洛赫号轮船抵港。”

10 月 13 日第八版报道了一则船务通告:“德国克莱斯特号轮船于本月 11 日上午 10 点从科伦坡起航,预计星期五(16 日[③])抵达。北德意志劳埃德(N.D.L.)的吕佐夫(Luetzow)号轮船从横滨出发,于昨日 12 日上午 11 点抵达新加坡。该船预计 13 日下午 1 点起航,携带发往欧洲的德国邮包经那不勒斯驶往不来梅。另有丰茂号搭载 1768 名统舱乘客抵达新加坡。”

10 月 20 日第六版报道:“本日上午,来自厦门和汕头的 725 位乘客乘坐当地的周祥号轮船抵港。”

10 月 27 日第六版报道:“来自厦门和汕头的 1166 名乘客于星期日(25 日[④]),乘坐英国格伦法洛赫号轮船抵达新加坡。该船属于黄敏公司。该船船长报告,他于 10 月 21 日下午 4 点 30 分,在纬度 14.35 度、经度 112.2 度以东处,发

---

① 1908 年 8 月 24 日为星期一,最近的星期六为 8 月 22 日。(参见郑鹤声:《近世中西史日对照表》,北京:中华书局,1981 年,第 786 页)

② 1908 年 9 月 10 日为星期四,最近的星期二为 9 月 8 日。(同上)

③ 1908 年 10 月 13 日为星期二,最近的星期五为 10 月 16 日。(同上)

④ 1908 年 10 月 27 日为星期二,最近的星期日为 10 月 25 日。(同上)

现一根竖立着露出水面10英尺的船梁,显然有一艘帆船沉没于此。”

11月3日第六版报道:“昨日,黄敏公司的丰美号轮船搭载来自厦门和汕头的1484名乘客抵港。”

12月15日第六版报道:“本日上午,黄敏公司的丰湾一号轮船搭载来自厦门和汕头的1330名乘客登陆新加坡,似乎预示中国人苦力贸易的再次启动。”

1909年的相关报道如下:

《新加坡自由新闻与商务广告报》(*The Singapore Free Press and Mercantile Advertiser*)[①]于1909年1月12日第八版的“船务通告”栏(SHIPPING NOTES)中报道:“丰美号轮船于星期日(1月10日[②])搭载来自厦门和汕头的1439名乘客抵新。”

《海峡时代报》1909年2月23日第七版《本埠船讯》(*Local Shipping News*)报道:“本日上午,荷兰默拉皮号轮船搭载厦门和汕头的乘客抵达新加坡,船内发现天花患者。23日上午自厦门抵达新加坡的荷兰默拉皮号船长乌尔达尔(Uldall)报告船舱内有天花患者。该船搭载了前往新加坡、槟城和三宝垄的630位乘客。意大利伊斯基亚号(Ischia)轮船也于23日搭载来自香港的220位乘客抵达新加坡。”

该报于同年5月4日第八版报道:“本日上午,一艘计划前往波尔多的英国凯利号(Den of Kelly)轮船满载谷物自西贡抵达新加坡。昨晚,1400名乘客乘坐黄敏公司的丰美号轮船抵达新加坡。印度中国汽船会社的福生号(Fook Sang)轮船于昨日从香港抵达新加坡。该船装载的12条中国产的小狗,后转至前往纽约的英德拉桑巴号(Indrasamba)轮船。该船载有千余名乘客。”

该报5月11日第八版报道:“本日,来自厦门和汕头的2081名中国乘客乘坐黄敏公司的丰茂号轮船抵新。”

6月1日第五版报道:“本日上午,来自厦门和汕头的835位乘客乘坐德国天蛾号(Sexta)轮船抵达新加坡。”

---

① 《新加坡自由新闻与商务广告报》于1884年至1942年发行于新加坡。

② 1909年1月12日为星期二,最近的星期日为1月10日。(参见郑鹤声:《近世中西史日对照表》,北京:中华书局,1981年,第787页)

9月3日第五版报道:“来自厦门和汕头的846位乘客乘坐黄敏公司的格伦法洛赫号轮船抵新。另外,超过225位来自汕头的乘客乘坐北德意志劳埃德的萨姆森号(Samsen)轮船抵达。”

以上史料来自1907—1909年新加坡的报纸。几乎所有报道都提及了来自厦门和汕头的中国乘客。其人数统计如下:1907年为11184人,1908年为15097人,1909年为6601人,三年合计达到32882人。以下依据中方记录进行对比核实。

从中国海关记录中可以了解到,1881年来自汕头和厦门的客运记录《大清海关通商口岸贸易汇报》的《汕头贸易报告》记录如下:

> 本文所检讨的这一年,汕头的客运业之兴隆达到前所未有的程度。71301名中国人乘坐外国船只由此出港,而49356人则回归此港。最新统计比例比前年高。乘客大多前往新加坡、曼谷或香港。其中出现成群移民曼谷的新现象,主要归因于去年开发的轮船定期航线。相互竞争的轮船公司以低廉价格刺激了客运市场。运费在数年内都很低,一年内前往新加坡的运费为2.50美元,曼谷为2美元,香港为10美分。①

再如《1889年厦门贸易报告》:

> 虽未达到1888年客运最高值,但是超过以往所有年份,达到123038人,比1887年增加几乎5000多人。最大的运输量依然发生在与海峡殖民地之间,其人数占总运输量的四分之一,达到23997人。12029人前往马尼拉,8873人归港。1889年前往新加坡的苦力平均运费为4.93美元,其中包括人均伙食费在内。槟城的成本则超过1.50美元。与八九年前运费相比,

---

① 中国第二历史档案馆、中国海关总署办公厅:《中国旧海关史料(1859—1948)》(第9册),北京:京华出版社,2001年,第806页。

几乎降价一半。①

再如《1889年汕头报告》：

客运与1888年相比，出洋人数的确在增加。特别是前往海峡殖民地的人数从38401人增加到42258人，前往泰国的人数从8555人增加到9171人。前往德里的旅客人数也在逐渐增加。1888年有3825人移民海外，1341人回国。前往香港和沿海港口的旅客数量，仅1889年间的汕头就有77317名中国人出国，57462人回国。

这里的移民形态系统机能健全，并无出现严重问题。此移民性质可描述为"对酬金的挑战"，所谓"挑战"即指海外移民。移民者通过航行于汕头和东南亚群岛间的轮船从汕头前往东南亚群岛。之后，他们将海外劳务所得收入的一部分寄回国内以供养家庭。由此可知，移民者并非受诈骗引诱而进行移民的受害者。②

据《1892年汕头贸易报告》称：

旅客人数　中国出港旅客总数达到62465人，回国者达到50261人。自9月中旬以来，从事汕头和海峡殖民地间客运的轮船航线众多，竞争激烈。尽管两地间的航运颇为投入，但前往新加坡的平均客运费最低需2.50美元，现今达到3.50美元。来自福建省沿海城市的众多移民正是利用该轮船航线。以厦门的货币价格计算运费，比此处高出1.50美元。从汕头搭乘船舶渡海需要跨越福建、江西等省的边境，十分不便。然而，克服这些不便的代价是，可获得比这更大的回报。因此，许多移民者普遍认为，即使支出

---

① 中国第二历史档案馆、中国海关总署办公厅：《中国旧海关史料（1859—1948）》（第15册），北京：京华出版社，2001年，第390页。

② 同上，第420页。

高额运费,也可获得更大的利益回报。①

1906 年(光绪三十二年,明治三十九年)4 月 21 日,驻厦门的日本领事馆报告“南洋行福建省外出务工民情状”,对中国人出洋人数众多一事做了如下记载:

> 福建省的出国务工移民业十分昌盛,甚至对当地的通商贸易产生了显著的影响。……前往南洋务工的移民,以本福建省漳州府、泉州府及永春州人为最多,兴化府仙游县及福州府福清县人居其次,但每年人数有所增减。②

由此可见,出洋前往东南亚的福建人呈现出地域性倾向,漳州府、泉州府、永春州居首位,其次为兴化府仙游县、福州府福清县。

关于福建省,日本《领事报告》中有两份报告有所提及。一份为 1920 年(大正九年)4 月 27 日的驻厦门帝国领事馆报告,另一份为同年 6 月的驻福州帝国总领事馆报告。两份报告被整理成一份,由外务省通商局于 1921 年(大正十年)6 月以《福建省事情》为名出版。前一份为该书第一卷“驻厦门帝国领事馆管辖区域内情况”,后一份为第二卷“驻福州总领事馆馆内情况”。

日本人所做的福建省调查报告,另有东亚同文会《支那省别全志 · 第十四卷 · 福建省》。该书以福建省为主题调查汇编而成,时间从明治四十年(光绪三十三年,1907 年)至大正五年(1916 年)。其第一篇第五章“福建的海外移民”中记载了福建省海外移民人数的地区分布情况:

> 福建省向海外各地输出务工移民,其人数仅次于广东省。而省内出国务工人数最多的地方是泉州、漳州、兴化及福州四府辖下的各县和永春州。

① 中国第二历史档案馆、中国海关总署办公厅:《中国旧海关史料(1859—1948)》(第 18 册),北京:京华出版社,2001 年,第 454 页。

② 『通商彙纂』明治三十九年第 34 号、不二出版、1993 年、第 35 頁。

比如永春州,据说全村的壮丁悉数出洋。据统计,来自四府的海外移民平均人数,占总人口的四十分之一。如福清县人口为两万人,约占全县人口的三十三分之一。而长乐县仅有一万人(相当于三十分之一)。综上所述,福州、厦门等城市附近及沿海各县多出洋者,而像延平、建宁、邵武各府辖下的山区则甚少。①

《福建省事情》第一卷《驻厦门帝国领事馆管辖区域内情况》第二章“辖区特点”部分记载:“本地的特点当属本辖区内居民多出洋务工移民一事。部分前往南洋,部分则前往台湾。”②可见来自福建省南部厦门的海外务工人员多前往被称作南洋的东南亚及台湾。其中有关前往南洋的必要性,该报告做了如下论述:

数十年来的厦门港的运作,主要依靠南洋外出务工人员的汇款得以保持均衡。此地方并无生产业可言,仅产出少量的农作物,因此大多数居民仅是单纯的消费者身份存在,生活物资大多只能仰仗外国。而此等消费者大多财源无处可求,唯有依赖南洋移民的汇款,其金额每年高达数百万弗。而往返南洋的人数达到八十万之多。故对于轮船公司而言,比起货物,客运收益遥遥居上。③

从福建省的地理来看,向海外尤其南洋移民有很大的必要性。南洋移民对本国汇款金额及落后的福建农业生产力具有重大意义。而且,这些移民往返于福建省与海外居住地之间,对于轮船公司而言,比起货运,这部分客运收入占据更大的比重。

对于南洋究竟为何地,该报告中记载:“出国务工的地方主要集中在新加坡、彼南、吕宋、暹罗、安南、爪哇、苏门答腊、西里伯斯、缅甸等地。”④可见南洋主

① 『支那省別全誌　第14巻　福建省』東亜同文会、1920年1月、18—19頁。

② 『福建省事情』外務省通商局、1921年、4頁。

③ 同書。

④ 同書。

要指上述地方。这和清代的情况①并无太大区别。

福建各地从厦门前往南洋的情况如下：

> 来自厦门的出洋者主要集中在：北自福州出发，南至漳州等靠近海岸线的地方。以漳州和泉州人数最多，其次为兴化和永春地区。福州府辖下的福清县、长乐、侯官、闽县的出洋者最多。从这些沿海地区出洋渡海方便。②

可见出洋者主要集中在福建省沿海地区，北部福州府辖下的福清县、长乐、侯官、闽县、兴化、永春地区、漳州府等地。③

1915年(大正四年)12月外务省通商局发行的《汕头事情》第十九章的“移民”部分有如下相关记载：

> 正如近代统计所显示，这些移民多来自广东、福建，而香港、汕头、厦门成为其出洋的出发港口。其中汕头和厦门发挥主导作用，过去10年间从汕头港、厦门港出海的年平均人数逾16万人。其中10万人为本港出身。出洋者多出身潮州府和嘉应府辖下的各县，他们在南洋各地获取巨额财富，其中携带大量资产回国者不在少数。此两者或投资家乡盈利事业，且前者购买大量土产。由此当地与南洋地区在通商及经济上便形成了密切的关系。④

由上可知，来自汕头的许多人移民海外。

---

① 松浦章「清代の海洋圏と海外移民」『周縁からの歴史』アジアから考える3、東京大学出版会、1994年10月、165—192頁；松浦章『清代海外貿易史の研究』朋友書店、2002年、614—635頁。

② 『福建省事情』外務省通商局、1921年、4頁。

③ 松浦章「清代の海洋圏と海外移民」『周縁からの歴史』アジアから考える3、東京大学出版会、1994年10月、181頁；松浦章『清代海外貿易史の研究』朋友書店、2002年、627頁。

④ 『汕頭事情』(在汕頭帝国領事代理副領事河西誠報告)1915年(大正四年)12月、60頁。源自日本国会图书馆近代数据库资料。

该书对移民地的情况记载如下：

> 关于分布状况，暹罗第一，除新加坡之外的马来半岛次之，其地区概数表示如下。
>
> 汕头的移民概数表（此处把原文的汉数字表示转换为阿拉伯数字）
>
> 暹罗 950000 人 安南 70000 人 新加坡 50246 人
>
> 马六甲 6596 人 彼南 29430 人
>
> 马来半岛（除新加坡、马六甲、彼南之外） 175000 人
>
> 爪哇 73000 人 其他荷属印度群岛 85000 人
>
> 日独属群岛 35000 人 菲律宾群岛 8000 人
>
> 缅甸 15000 人 总计 1497272 人①

《汕头事情》一书记载了 1915 年 12 月之前的移民状况。由此可知，近 150 万人从汕头移民东南亚。

四、小结

本文依据新加坡报纸的报道，对 1907 年至 1909 年间从厦门和汕头前往新加坡的中国乘客人数逐年进行统计分析。对于人数逐年增加的情况，新加坡报纸报道和同期日本《领事报告》中“外出务工”“务工移民”记录一致。正如日本《领事报告》显示，中国人出洋务工地主要为新加坡、彼南、吕宋、暹罗、安南、爪哇、苏门答腊、西里伯斯、缅甸等东南亚国家和地区。《海峡时报》（*The Straits Times*）1909 年 2 月 23 日第七版“船讯”报道，当日上午，自厦门抵达新加坡的默拉皮号荷兰轮船上搭载了前往新加坡、槟城、三宝垄的 630 位乘客。此事清楚地印证了上述史实。

综上所述，依据新加坡发行的各种报纸可以发现一大史实，即中国厦门和汕

---

① 『汕頭事情』（在汕頭帝国領事代理副領事河西誠報告）1915 年（大正四年）12 月、61 頁。源自日本国会图书馆近代数据库资料。

头的乘客在 19 世纪上半叶搭乘中国帆船,至 19 世纪末 20 世纪则搭乘英国、德国和荷兰等各国轮船前往新加坡,并进一步以新加坡为起点,移居东南亚,诸如印度尼西亚、印度支那半岛各地。

第四节　清代中国出口欧美的扇子

一、绪言

清代中国,广州向欧美出口了各种各样的工艺品[①],扇子便是其中之一。中国扇子的大量出口鲜为人知。关于扇子的出口数量,在《中国旧海关史料(1859—1948)》[②]中有准确记录。1859年上半年从上海出口到英国等国的扇子数量如表2-2所示。1859年上半年,即从1月到6月的6个月时间里,从上海出口到包括英国在内的诸多国家的扇子超过了1000万把。而英国在1859年就从上海和广州进口了约267万把扇子。

表2-2　清代中国扇子的出口数量表

船只	1859年1月至6月　上海(把)	1859年10月24日—12月31日　广州(把)
英国船	1969000	702250
美国船		2373022

① 小林太市郎在《支那与法国的美术工艺》(京都:东方文化学院京都研究所,1937年)中的"荷兰及英国东印度公司对支那工艺品的进口"(第60—74页)里指出,荷兰东印度公司和英国东印度公司把大量的中国工艺品带到西欧,其中主要是瓷器和漆制品,并没有提及扇子。

② 中国第二历史档案馆、中国海关总署办公厅:《中国旧海关史料(1859—1948)》,北京:京华出版社,2001年,第1—36页。

(续表)

船只	1859 年 1 月至 6 月　上海(把)	1859 年 10 月 24 日—12 月 31 日　广州(把)
诸国船只	8774477	3979000
内河轮船和西洋型中国船		4000
总计	10743477	7058272

资料来源:中国第二历史档案馆、中国海关总署办公厅:《中国旧海关史料(1859—1948)》,北京:京华出版社,2001 年,第 1—36 页。

那么这些扇子是什么样的扇子呢？其详细情况如何均不清楚。笔者有幸在 2013 年 8 月参观了中国嘉兴博物馆展出的"扇之韵——广东民间工艺博物馆藏扇艺作品展"(展期自 2013 年 7 月 20 日至 8 月 30 日)及广东省博物馆举办的"异趣同辉——馆藏清代外销艺术精品展",得以了解各种各样的扇子。因此,本文试就清代中国从广东向欧美出口的扇子略作论述。

二、清代的扇子

扇子的历史在中国源远流长,并从最初的一种礼仪工具转变成具有纳凉、娱乐、欣赏等功能的生活用品和工艺品。《宋史》卷五"太宗本纪"记载道:"(淳化五年五月)庚辰,初伏,帝亲书绫扇赐近臣。"[①]意思是,太宗在淳化五年(994 年)初伏即夏天炎热的时候,将扇子作为祛暑的用具赐予近臣,并亲笔题字,以示礼遇。

到了清代,扇子作为出口海外的商品,一直是对外贸易的一部分。杞庐主人《时务通考》[②]中有如下记载:

> 广州一外洋贸易,进口洋货如匹头等货物情形,约有两节。一系洋布花色件数,来者较多;二系印度棉纱,所来较少。果系货物增多,自与贸易妥

---

① 〔元〕脱脱等:《宋史》卷五"太宗本纪",北京:中华书局,1977 年,第 94 页。

② 〔清〕杞庐主人:《时务通考》卷十七"商务八",清光绪二十三年(1897 年)上海点石斋石印本。

> 协,固不必论。若系数少……出口土货,本省土产,以及制造各物销流各处,年胜一年,如瓷器、扇子、地席、食物、丝糖各件。粤中所制瓷器,可赛泰西之物,内有精致极细者,亦有平常粗用者,只因工本较贱,善于营运商人贩至外洋各国,获利不少。扇子一项,本年出口件数约有一千一百万把之多,制造此货,所用物料,有棉、丝、毛、纸、竹、木等各项,概由人工精巧之故。

此处记述了光绪二十一年(1895年)中国的对外贸易,从广州出口到西欧各国的扇子的数量达到1100万把。制作扇子的原材料有棉线、动物的毛、纸、竹子等。这些原材料经由工人精巧加工即制成扇子。据颜世清辑录的《约章成案汇览》[①]载《荷国都城炫奇会章程》(光绪八年)云:

> 大荷驻扎中华便宜行事秉权大臣费为特行告白事,照得前于光绪七年九月三十日,即西历一千八百八十一年十一月二十一日,曾经颁发告白声明,本国设立炫奇公会于中国,光绪九年三月上旬开会起,至九月下旬止,即西历一千八百八十三年夏季起,至秋季止,此会设在本国都城亚摩斯德尔登地方,所有章程已具前告白内矣。……
>
> 南北省细琢各样玉器、各色宝石,广东金银文饰各物,牛庄蒲扇、油纸扇,汉口翠扇,上海各样绢扇、纸扇,宁波纸扇、油扇,台湾木叶扇,汕头蓬州竹制纱扇,广东羽毛扇、纸扇、绢扇、粗细葵扇。

可见从1881年11月21日到1883年夏,荷兰阿姆斯特丹举办的中国产品展览会上展示了中国的各种扇子。其间可见出产于牛庄、汉口、上海、宁波、台湾、汕头、广州等地的各式各样的扇子。

梁绍壬编撰的《两般秋雨盦随笔》[②]记有扇子的种类:

---

① 颜世清:《约章成案汇览》乙篇卷四十二上"章程",清光绪上海点石斋石印本。

② 〔清〕梁绍壬:《两般秋雨盦随笔》卷八,清道光十七年(1837年)振绮堂刻本。

> 广东新会县出葵扇,“葵”非“蕉”也。骚人诗词往往俱赋“蕉扇”。其实蕉不可以为扇,故并无是物,且古人亦止言蒲葵,不知何以讹为“蕉”耳。

由此可知广东省新会县出产葵扇,但自古以来很多人都把葵和芭蕉混淆了。

除了这些中国文献,在一些英语、日语的相关记录中也可看到有关扇子的记载。在卫三畏(Samuel Wells Williams,1812—1884)的《中国商业指南》(*A Chinese Commercial Guide*)中,对于扇子的种类也有详细的记载:

> 扇子:有羽扇、纸扇、绢扇、葵扇(细葵扇、粗葵扇)。由漆竹、根雕、沉香木、象牙、兽骨等制成的扇子主要是为了满足外销。烙画(校者按:烙画古称“火针刺绣”,近名“火笔画”“烫画”等)是一种非常精美的技艺,可以将同样的设计图案印在扇子的两面,就像《士师记》(*Judges*)卷三十中所提到的西西拉(Sisera)的母亲所说的“两面分布着不同色彩的刺绣”。纸扇和砂纸扇则是在扇面、扇骨的把手或是象牙处仿造刺绣工艺制作而成。雉、鹭、鹤、鹅以及其他海鸟、孔雀等鸟禽类的羽毛被用来编织成形状和大小各异、或是打开或是闭合的扇面。最好的烙画扇和羽扇被作为奢侈品销往海外,然而从广州出口到美国和南美洲的葵扇数量是非常大的,它们装在500个箱子中,每一千把价值在1.5—3美元不等。①

这里的扇子有羽扇、纸扇、绢扇、葵扇等。这些出口的扇子是由白檀、象牙、兽骨、竹子制作而成。用刺绣品或布料以及苍鹭、白鹭、鹅、海鸟的羽毛等制作的扇子作为奢侈品出口海外,使得从广东对美国和南美的出口贸易额大幅增加。这些扇子被装成500箱,每1000把的价值为1.5美元至3美元。

另外,日本驻中国领事上野专一整理归纳了《支那贸易物产字典》(又名《支那通商指南》),其中关于扇子的记载如下:

---

① Samuel Williams Wells, John Robert Morrison, *A Chinese Commercial Guide*, Charleston: BiblioLife Reproduction, 1863, p.119.

扇子

扇子在中国税目中分为四种，即羽扇（Fans, Feather）、细葵扇（Fans, Palm-leaf, Timmed）、粗葵扇（Fans, Palm-leaf, Untrimmed）和纸扇（Fans, Paper）。扇子制造著名的有江苏、浙江和广东三个地方。广州制作的有羽扇、绢扇、纸扇、细葵扇、粗葵扇等，其中羽扇是用莺鸡、苍鹭、白鹭、鹅及海鸟的羽毛制作而成并输送至美国、中国香港、上海等地。绢扇是用在广东省城的织造坊的纱，在嘉应州制作而成。此多被输送至南亚米利加及天津、上海、汉口等地。纸扇被输送至英国、美国、印度诸岛及香港、天津、汉口、芝罘等地。细葵扇是用出产于广东新会县的一种叫做薄葵的棕榈叶制作而成。要将此叶变得适合使用，需首先选择质量上乘的叶子，并将其置于冷水中浸泡14天，然后取出用文火干燥，此时叶子便会变得平滑而有光泽，再用绢丝包缝其边缘即可。它以每千把40两白银的价格被输送至英国、美国、欧洲大陆、印度、中国香港以及中国其他各港。粗葵扇每千把的价格在6两至7两白银。

1885年从广东港出口的各种扇子如下：

一　绣花扇　五千三百二十八把　原价关银七百九十六两

一　绢　扇　七万〇五百八十九把　原价关银五千二百七十三两

一　绢葵扇　二万八千五百二十一把　原价关银一千七百八十四两

一　羽扇　八千〇〇四把　原价关银二千六百六十六两

一　装饰羽扇　四千〇七十九把　原价关银八百五十两

一　细葵扇　一百三十三万七千〇八十一把　原价关银二万一千六百二十五两

一　粗葵扇　五百九十三万八千九百七十六把　原价关银一万一千八百七十九两

一　装饰葵扇　二万八千四百三十把　原价关银九百〇一两

一　纸　扇　九万七千四百〇四把　原价关银三千六百〇二两

一　装饰纸扇　三万〇六百六十九把　原价关银二千一百六十九两

江苏、浙江省制造的扇子有绢扇、纸扇、油纸扇等。绢扇每千把的价格为白银50两至60两,纸扇是15两,油纸扇是5两。另外,出产于湖北汉口的翠扇是将在江苏地区制造的绢扇装饰以翠鸟的羽毛而制成的,每把价格可达3两甚至4两白银。关于出口税,羽扇是每把银7钱5分,细葵扇每千把银3钱6分,粗葵扇银2钱,纸扇每百把银4分5厘。①

可见,《支那贸易物产字典》将中国产扇子大致分为羽扇、细葵扇、粗葵扇和纸扇,且对其产地也有详细记载。

关于出口至西欧的中国产扇子,卡尔·L. 克罗斯曼(Carl L. Crossman)指出:

在中国的贸易商品中,这些最受赞誉的扇子,在良好的条件下保存至今,商船贸易货品清单上、日记和账单中都提到制作精美的异国物品。西方市场上出现最早的扇子,开始于18世纪30年代以前,是由象牙镶嵌黄金制成。②

扇子作为独特的且蕴含东方味道的商品在西欧社会中有很大的需求,这从贸易数量等各种记录便可看出。西欧社会从18世纪30年代左右对扇子的需求开始增多。这些扇子中有的是用象牙和金子加工制成的。

三、清代中国出口欧美的扇子

关于扇子的研究,除了文献记录,实物展示同等重要。2013年夏天,笔者有幸参观了"扇之韵——广东民间工艺博物馆藏扇艺作品展",展会上展出了清代从广州出口至欧美的扇子(见图2-1—图2-5),这些扇子上有欧美人喜欢的绘画。

① 上野専一『支那貿易物産字典　一名支那通商案内』丸善書店、1888年、79—82頁。

② Carl L.Crossman, *The Decorative Arts of The China Trade: Paintings, Furnishings and Exotic Curiosities*, Woodbridge Suffolk: Antique Collectors' Club, 1991, p.322.

图 2-1　双面绣花卉雀蝶纹象牙扇(19 世纪)

图 2-2　描金漆骨纸面贴象牙彩绘人物故事图折扇(19 世纪)

图 2-3　红漆金钱纹彩绘花蝶图折扇(19 世纪)

图 2-4　彩绘西洋女图木扇

图 2-5 彩绘西洋情侣镶钿小姐扇

广东省博物馆编辑的《异趣同辉:广东省博物馆藏清代外销艺术精品集》[①]中刊载的“外销”扇子,多是以象牙、羽毛等为原材料制作的工艺扇(见图 2-6—图 2-21)。

图 2-6 象牙通雕亭园人物“LO”徽章纹折扇

图 2-7 玳瑁通雕花鸟人物徽章留白折扇

图 2-8 红漆骨纸本彩绘人物故事瑞兽风景折扇

图 2-9 檀香开光彩绘西洋人物纹折扇

① 广东省博物馆:《异趣同辉:广东省博物馆藏清代外销艺术精品集》,广州:岭南美术出版社,2013 年,第 201—235 页。

图 2-10　乌木骨绢本彩绘花卉纹折扇

图 2-11　金漆骨绢本彩绘人物广绣花卉折扇

图 2-12　象牙骨鹅毛彩绘花蝶折扇

图 2-13　象牙骨鹅毛描蓝填银仕女折扇

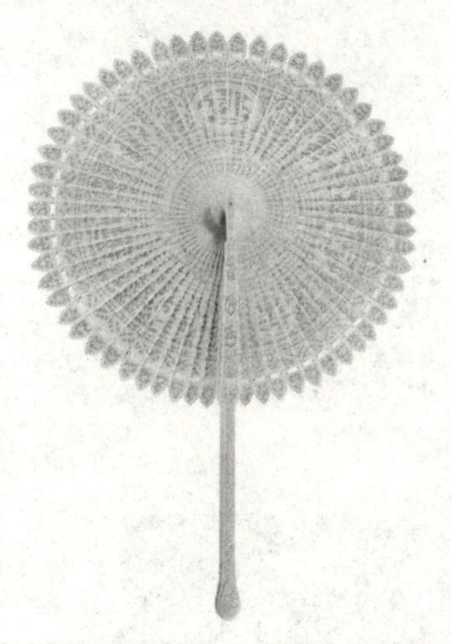

图 2-14　象牙骨通雕开光山水亭台花卉折扇(一对)

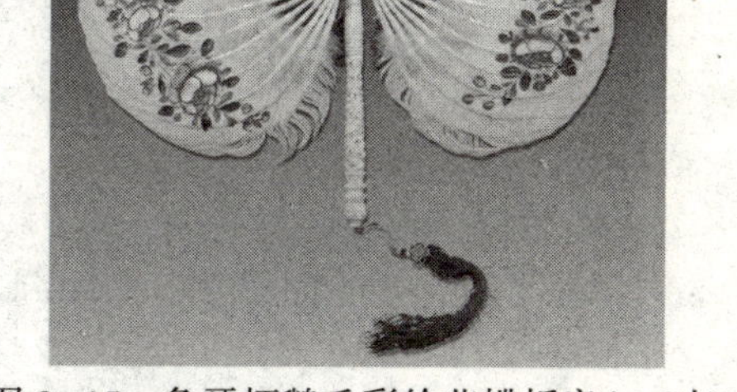

图 2-15　象牙柄鹅毛彩绘花蝶折扇(一对)

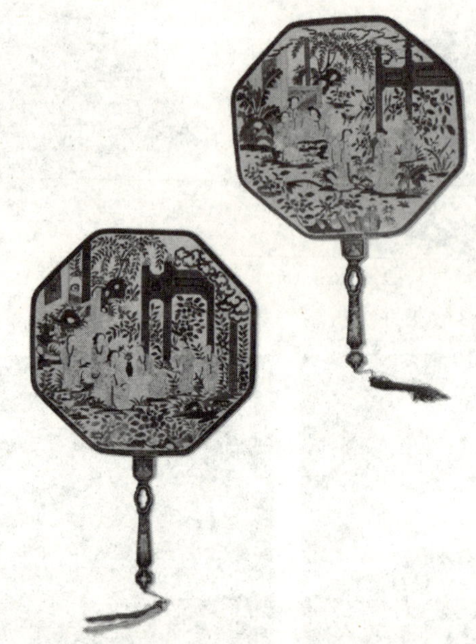

图 2-16　黑漆描金柄绒绣彩绘八角团扇(一对)

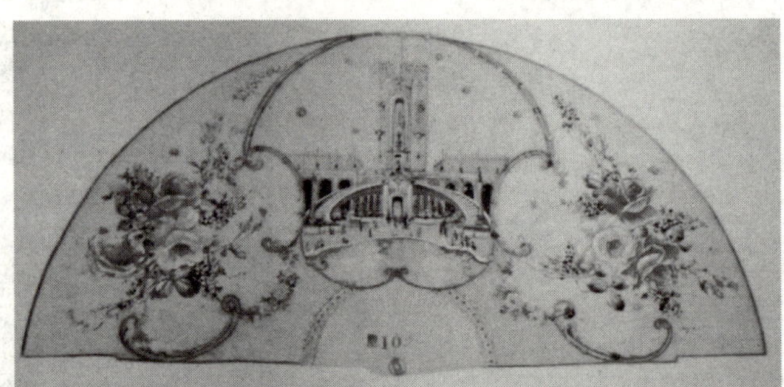

图 2-17　西洋建筑制扇画样

图 2-18　西洋人物制扇画样

图 2-19　玳瑁骨纸本彩绘人物折扇

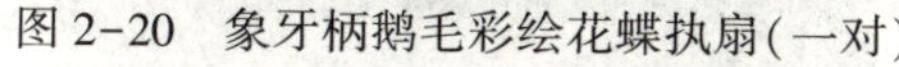

图 2-20　象牙柄鹅毛彩绘花蝶执扇(一对)

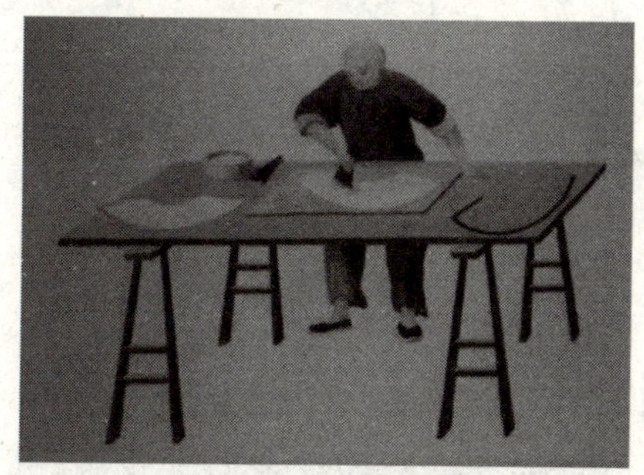

图 2-21　裱扇面图

克罗斯曼的《中国贸易的装饰艺术:绘画、陈设和异国情调》(*The Decorative Arts of the China Trade*:*Paintings*,*Furnishings and Exotic Curiosities*)[1]中,刊载的扇子大多数是出口到美国的商品。下面展示的扇子制作于 1855 年左右,是用一种叫螺纹水彩的手法将广州黄埔江的风景画在纸上,现由美国塞勒姆皮博迪美术馆收藏(见图 2-22—图 2-25)。[2]

描绘手持扇子的女性形象的作品也值得注意。图 2-26 中,左边是一位右手拿着用鸟的羽毛制作的扇子的中国女性形象,借用上野专一的表述,这种扇子即"羽扇",从其颜色是黑色来看,用的应该是鸬鹚的羽毛。右边是一位穿戴着中国

---

① Carl L.Crossman:*The Decorative Arts of the China Trade*:*Paintings*,*Furnishings and Exotic Curiosities*,Woodbridge Suffolk:Antique Collectors' Club,1991,Ch.12 Fans for a Western Market,pp.322-337.

② Ibid,p.324.

服饰的西欧容貌的女性,右手持一把扇子。这是美国画家乔治·钱纳利(George Chinnery,1774—1852)的作品。这位女性右手所持的也是“羽扇”。

图 2-22　描绘黄埔江风景的扇子

图 2-23　描绘广东十三行馆附近风景的扇子

图 2-24　描绘停泊在黄埔江的船舶的扇子

图 2-25　描绘广东十三行馆附近风景的扇子

图 2-26　左:大班;右:乔治·钱纳利作品,大班

资料来源：Anthony Lawrence, *The Taipan Traders: A Portrait of Hong Kong's Days of Youth from the Finest Collections of China Trade Paintings*, Hong Kong: FormAsia Books Limited, 1992, pp. 74-84。

四、小结

综上所述，在清代，扇子作为工艺品从中国广东大量出口至欧美。这些扇子大致分为羽扇、绢扇、葵扇和纸扇等。有的使用鸟类的羽毛，有的使用兽类的毛，有的是在各地特产的白檀等植物纤维或玳瑁、象牙、纸片上做漆艺加工，还有的在扇面上描绘西欧人喜欢的中国风景。通过这些手法将原材料加工制成的各种各样的扇子，成为吸引欧美人的充满异国情调的工艺品。尤其是描绘欧美船只来到广东的风景扇面，作为了解清代广东贸易情况的宝贵画像资料，值得特别关注。

第三章 海上丝绸之路与近代东亚海域的船舶

第一节 鸦片战争之前来广州的欧美船

一、绪言

清代的广州因西洋诸国船只的抵达而盛极一时。当时的繁荣景象,有图像资料留存至今。[①] 其实广州之繁荣始于 18 世纪前期。如《皇朝文献通考》卷二百九十八"四裔考六"的"英吉利"条下有如下记载:

> 我朝康熙间,英吉利始来通市,后数年不复来。雍正七年后互市不绝。

至于其他欧洲国家,同书中有关于"瑞国(瑞典)"的记载:

> 通市始自雍正十年后,岁岁不绝,每春夏之交,其国人以土产黑铅、粗绒、洋酒、葡萄干诸物来广,由虎门入口,易买茶叶、瓷器诸物,至初冬回国。[②]

《皇朝文献通考》还记述了与另一北欧国家嗹国,即丹麦的贸易状况:

---

① 香港市政局:《十八及十九世纪中国沿海商埠风貌》,香港:香港艺术馆,1987 年。

② 松浦章『清代海外貿易史の研究』朋友書店、2002 年、543—550 頁。

自雍正间，有夷商来广通市，后岁以为常，每夏秋之交，由虎门入口，至广东，易买茶叶、瓷器、丝斤。至冬初风信到时驾船而归。

可见上述北欧两国从雍正年间开始每年到广州进行商贸活动，从广州购入茶叶、瓷器及生丝等之后启程回国。

由上可知，18世纪之后欧洲船只大量来到广州，其中在抵达船只数量上，英国高居首位。

事实上英国东印度公司的贸易船几乎垄断了广东的对外贸易。但是曾经盛极一时的英国东印度公司也最终迎来了衰亡。对此在《粤海关志》卷二十七“夷商二”的“道光十四年”条下有相关记载：

道光十四年三月，总督卢坤咨粤海关监督中祥称，英吉利国公司散局，事关外夷商船在内地贸易重务，课税攸关，总不可散而无稽。其该国公司“散局”之故，该商等应向该大班详细询明，并应熟筹妥议具禀，相应咨会，一体饬谕该商，逐一查明，移覆察核，以便会奏。①

道光十四年（1834年），英国东印度公司“散局”，对华贸易的垄断全面终止。粤海关对此事的反应留有记载，从中可知该事件在中国方面引发的变化。而从英国方面来看，随着曾经享有对华贸易垄断权的英国东印度公司的退出，大量的英国自由贸易商开始抵达中国。六年之后鸦片战争爆发了。

本文依据鸦片战争爆发之前广州发行的当地报纸，试对当时欧美抵达广州的贸易船只的状况作一论述。

二、乾隆、嘉庆时期抵达广州的欧美船

《粤海关志》卷二十五“行商中”写道：“国朝设关初，番舶入市者，仅二十余

① 〔清〕梁廷枏总纂，袁钟仁校注：《粤海关志》，广州：广东人民出版社，2002年，第524页。

柁。”[①]可见当时有20余艘外国船只来到广州。

根据记录乾隆五十四年(1789年)九月至乾隆五十五年(1790年)广州十三行贸易征收税钞的“清单”,可知英国东印度公司船19只、英国东印度公司旗下从事印度与中国地方贸易的港脚船[②] 37只、美国船14只、荷兰船5只、丹麦船1只、法国船1只,合计77只。其中英国东印度公司的船只约占24.7%、英国港脚船约占48.1%、美国船约占18.2%,以上三类船舶所占比率超过90%。相关原文如下:

> 英吉利国进口公司船十九只,港脚船三十七只,米利坚国[③]进口船十四只,加贺兰国进口船五只,嗹国进口船一只,佛兰西进口船一只,以上七十七船系五十四年九月二十五日满关。[④]

相关记载另见于嘉庆十九年四月十九日两广总督蒋攸铦的奏折:

> 查贸易各国,有佛兰西、荷兰、吕宋、米利坚、英吉利、甚波立[⑤]、瑞国、嗹国等处货船每年多寡不济,自嘉庆七年以后,各国船只稀少,惟英吉利国租家船、港脚船、米利坚国船为多。此外只吕宋国间有船一二只来粤,近闻英吉利与米利坚彼此构衅。[⑥]

《粤海关志》卷二十四“市舶”中记录有乾隆十四年之后抵达广州的外国船只数量。[⑦] 表3-1、图3-1便是据此整理而成。

---

① 〔清〕梁廷枏总纂,袁钟仁校注:《粤海关志》,广州:广东人民出版社,2002年,第491页。

② 港脚船:往来于中国、印度间进行贸易的私商所拥有的中印间贸易货船。——译者注

③ 米利坚:美国。加贺兰:荷兰。佛兰西:法国。——译者注

④ 中国第一历史档案馆:《清宫粤港澳商贸档案全集》第六册,北京:中国书店,2002年,第3057—3058页。

⑤ 甚波立:汉堡。——译者注

⑥ 《清代外交史料·嘉庆朝》二十二丁表,台北:成文出版社,1968年。

⑦ 〔清〕梁廷枏总纂,袁钟仁校注:《粤海关志》,广州:广东人民出版社,2002年,第484—488页。

表 3-1　1750—1838 年广州抵达外国船只数

公历(年)	年号纪年(年)	只数(艘)	公历(年)	年号纪年(年)	只数(艘)	公历(年)	年号纪年(年)	只数(艘)
1750	乾隆十五	18	1781	乾隆四十六	35	1812	嘉庆十七	73
1751	乾隆十六	19	1782	乾隆四十七	38	1813	嘉庆十八	51
1752	乾隆十七	25	1783	乾隆四十八	36	1814	嘉庆十九	99
1753	乾隆十八	26	1784	乾隆四十九	35	1815	嘉庆二十	73
1754	乾隆十九	27	1785	乾隆五十	46	1816	嘉庆二十一	104
1755	乾隆二十	22	1786	乾隆五十一	68	1817	嘉庆二十二	101
1756	乾隆二十一	15	1787	乾隆五十二	73	1818	嘉庆二十三	88
1757	乾隆二十二	7	1788	乾隆五十三	65	1819	嘉庆二十四	90
1758	乾隆二十三	12	1789	乾隆五十四	83	1820	嘉庆二十五	96
1759	乾隆二十四	23	1790	乾隆五十五	59	1821	道光一	94
1760	乾隆二十五	13	1791	乾隆五十六	38	1822	道光二	84
1761	乾隆二十六	13	1792	乾隆五十七	55	1823	道光三	65
1762	乾隆二十七	10	1793	乾隆五十八	44	1824	道光四	71
1763	乾隆二十八	17	1794	乾隆五十九	43	1825	道光五	112
1764	乾隆二十九	24	1795	乾隆六十	59	1826	道光六	89
1765	乾隆三十	31	1796	嘉庆一	53	1827	道光七	103
1766	乾隆三十一	30	1797	嘉庆二	51	1828	道光八	86
1767	乾隆三十二	20	1798	嘉庆三	63	1829	道光九	76
1768	乾隆三十三	23	1799	嘉庆四	50	1830	道光十	99
1769	乾隆三十四	23	1800	嘉庆五	59	1831	道光十一	77
1770	乾隆三十五	29	1801	嘉庆六	64	1832	道光十二	87
1771	乾隆三十六	26	1802	嘉庆七	70	1833	道光十三	105
1772	乾隆三十七	30	1803	嘉庆八	84	1834	道光十四	143
1773	乾隆三十八	28	1804	嘉庆九	77	1835	道光十五	149
1774	乾隆三十九	31	1805	嘉庆十	85	1836	道光十六	197
1775	乾隆四十	34	1806	嘉庆十一	97	1837	道光十七	213
1776	乾隆四十一	26	1807	嘉庆十二	96	1838	道光十八	129
1777	乾隆四十二	39	1808	嘉庆十三	87			
1778	乾隆四十三	33	1809	嘉庆十四	66			
1779	乾隆四十四	28	1810	嘉庆十五	77			
1780	乾隆四十五	25	1811	嘉庆十六	51			

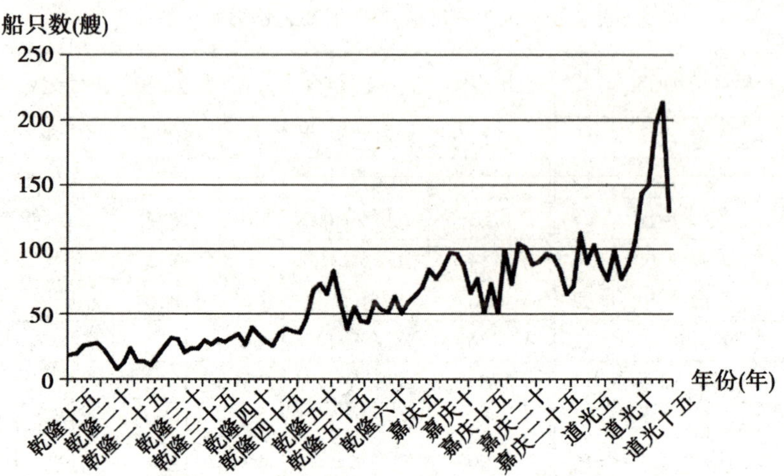

图 3-1 1750—1838 年广州抵达外国船只数

根据道光二十年四月二十一日豫堃的奏折,可知 1840 年抵达广州的贸易船达到 138 只。原文如下:

> 伏查粤海关税课,向以进口夷船为大宗,上年收缴蚕烟英吉利港脚未奉封港以前进口夷船二只,米利坚等八处报验夷船九十一只,较上年三月前届关满共到夷船一百三十八只,计征税银一百四十四万八千五百余两船数税数,均属减少相应据实造报至粤海关税饷银两,向于满关六个月,收斋起解,嗣于道光十年前。①

但是《粤海关志》中关于道光十九年之后抵达广州的船只数的记录却不明确。

抵达广州的欧洲一些国家的贸易船在中国求购的物品见于下文:

> 查向来外夷入口之货五十余种,内地出口之货二十余种,以茶叶、丝斤为大宗。每年出洋茶叶自四千万至五千万斤,丝斤自六七十万至一百余万

① 中国第一历史档案馆:《清代朱批奏折财政类目录》,1990 年,21-2045 文书。

斤，大黄自十万至十余万斤不等。①

下一节中将依据广州发行的报纸的报道展开论述。

三、鸦片战争前夕前来广州之欧美船

两广总督卢坤在道光十四年八月二十八日的奏折中写道：

> 英吉利国在广东贸易，在该国向设有公班衙名目，管理通国买卖，谓之公司。该公司派有大、二、三、四班来粤，总理贸易事务，约束夷商。道光十年据洋商等禀知，该国公司至道光十三年期满，该国夷人各自贸易，恐事无统摄。②

从中可知，当时英国在广东的贸易由东印度公司全权管理，东印度公司派遣的管理人员，即所谓"大班"在广州负责管理对华贸易业务。但是道光十年（1830年），抵达广州的欧洲商人宣称英国东印度公司的垄断将于道光十三年终止，之后英国商人将各自贸易，恐引发混乱。

这样的担心日后成了现实。粤海关监督彭年在道光十四年八月二十三日呈上奏折，内称：

> 查本年英吉利国公司期满散局。该国夷人各自贸易，前因新来夷目律唠啤至省外夷馆居住，不知法度，并带护货兵船进口。③

英国东印度公司的对华贸易特权一停止，英国商人便开始抵达广州自由从事商贸活动。名叫律唠啤（William John Napier，1786—1834）的新来的英国商人

---

① 道光十八年七月十六日广州巡抚怡良等的奏折。中国第一历史档案馆：《清宫粤港澳商贸档案全集》第八册，北京：中国书店，2002年，第1692页。

② 中国第一历史档案馆：《清宫粤港澳商贸档案全集》第八册，北京：中国书店，2002年，第4447页。

③ 同上，第4435页。

居住在十三行的夷馆,无视中国法律,行为违规,甚至让护航兵船入港。

关于英国人律嘮啤的行踪,另见于卢坤在道光十四年八月二十八日上呈的奏折中:

> 六月内,有英吉利兵船载送夷目律嘮啤一名来粤,称系查理贸易事务,携带女眷幼孩共五口,寄住澳门兵船,查有番梢一百九十名,停泊外洋,该夷目换船,至省外夷馆居住。①

清朝史书中留存有许多关于英国东印度公司停止广州贸易的相关记录。如梁廷枏《夷氛闻记》卷一中写道:

> 道光十三年,公司以连岁失利,期已久逾,听臣民请散局,而还其原资于国,散商来舶益多,常货无以遂其垄断,故即以所分资载运鸦片。光禄寺卿许乃济之观察东粤也,……②

道光十三年,英国东印度公司因长年负债而步入困境,然而促使其状况进一步恶化的是相对于东印度公司而言被称为“散商”的人,即自由贸易商来到广州。这些贸易商导致了鸦片贸易额的激增。

林则徐《林文忠公政书 · 使粤奏稿》卷一“会奏夷人趸船鸦片尽数呈缴折”中有以下一段记载:

> 查各国买卖以英吉利为较大。该国自公司散局以后,于道光十六年,派有四等职夷人义律到澳门经管商梢,谓之领事,臣等发谕之后,各国则皆观望于英夷,又皆推诿于义律,其中有通晓汉语之夷人噡等四名,经司道暨广

---

① 中国第一历史档案馆:《清宫粤港澳商贸档案全集》第八册,北京:中国书店,2002 年,第 4448 页。

② 〔清〕梁廷枏著,邵循正校注:《夷氛闻记》,北京:中华书局,1985 年,第 7 页。

州府等……①

林则徐在奏折中禀称，自英国东印度公司停止广州贸易之后，尤其在道光十六年（1836年）以后，各国商人积极抵达从事贸易活动。

《宣宗成皇帝实录》卷二五五“道光十四年八月庚申（二十八日）”条下有如下记载：

> 谕军机大臣等：卢坤等奏，英吉利国弁目谬妄，请旨办理，并现在筹备情形；据称该国商人自公司散局，各自贸易，事无统摄。本年六月内，有该国夷目律劳啤来粤，称系查理贸易事务，携带眷属，寄住澳门兵船，该弁目换船至省外夷馆居住，当即饬令该洋商查讯，该弁目不肯接见，旋即呈递致卢坤信一函，系平行款式，上写“大英国”等字样。卢坤等以体制攸关，申明例禁，俾该国人遵守旧章，反复晓谕，该弁目违抗不遵，随饬委员等面加查询。该弁目总不将办理何事说明原委，又不将兵船开行回国，历次违抗不法，请照例封舱，将该国买卖暂行停止，量加惩抑。如果弁目改悔，遵守旧制，即准其奏请开舱。该国人除炮火外，一无长技。现在密派员弁在省城内外及澳门一带分投布置，镇静防范。仍饬该府县访查汉奸，严拿惩办，并查明该商等有无情弊，严参究处。其澳门附近洋面等处，所有密派弁兵，豫为筹备，俟察看“洋情安静，即行撤回”等语。②

可见由于英国东印度公司的撤出，广州对外贸易出现了种种问题，呈现出混乱局面。

《宣宗成皇帝实录》卷二九三“道光十七年正月丙申（十八日）”条下写道：

> 谕军机大臣等：据邓廷桢奏称，英吉利国公司散局以后，大班不来。上

① 〔清〕林则徐：《林文忠公政书》，北京：中国书店，1991年，第109—110页。

② 《清实录·第三六册·宣宗成皇帝实录（四）》，北京：中华书局，1986年，第896—897页。

年十一月内,该国特派远职来粤,总管本国前来贸易之商贾、水手等语。该国来船络绎,自应钤束得人,以期绥静。今该夷既领有公书文凭,派令经管商梢事务,虽与向派大班名目不同,其为钤束则一,著准其依照从前大班来粤章程,至省照料,并饬令粤海关监督,给领红牌进省。以后住澳住省,一切循照旧章,不准逾期逗留,致开盘踞之渐,该督等正可藉此责成该夷小心弹压,不准干预滋事,仍应密饬该管文武及洋商等,随时认真访察,傥该夷越分妄为,或有勾结汉奸,营私骨风法情事,立即驱逐回国,以绝弊源。将此谕令知之。①

文中详细叙述了当时广州贸易变化的情形,在英国东印度公司退出对华贸易之后,英国政府派遣使节前来管理商贸。

魏源《海国图志》卷五十一“大西洋”下“外国史略”中的相关记载如下:

各国通商之数不在此,惟论中国而已。与中国贸易二百余年,起于前明,其始最微,每年不过几万两。近始饮茶,而茶日加增,昔设大公班衙为贸易之总,于道光十四年散局,贸易更旺。自与中国结好以后,尤有增益。于道光二十五年,粤省进口船共一百八十二只。运货银一千七十一万五千两,运出货价过于运进货(一)[二]倍,往往以现银交易。所纳船钞税项,是年共计银一百六十六万四千两。

上文提及中国与欧洲的商贸日益扩大的状况。道光十四年,随着英国东印度公司垄断权的停止,贸易进一步扩大。至《南京条约》缔结之后的道光二十五年(1845 年),抵达广州的贸易船达 182 只,贸易额高达 10715000 元,并且有继续增长的趋势。

由此可见,自英国东印度公司停止在广州的垄断贸易之后,欧洲等海外抵达广州的船只激增。

---

① 《清实录·第三七册·宣宗成皇帝实录(五)》,北京:中华书局,1986 年,第 541 页。

海外船只激增的具体情况,可以从在中国发行的英文报刊中的记录得到佐证。

19 世纪以来,由在华洋人创办的英文报纸开始大量出版。[①] 其中有一份报纸,名为 *The Canton Press*(《广州周报》),是在 1835 年由富兰克林(W. H. Franklyn)创刊并主笔的。

该报上刊载有题为“黄埔船运(Shipping at Whampo)”的记事栏,其中列有黄埔港停泊船舶一览表,从中可知当时海外船舶的相关信息。

以下史料出自《广州周报》第四卷第 31、35、41 期上刊登的“黄埔船运”[②]。

表 3-2 即依据《广州周报》第四卷第 31 期中的“黄埔船运”[③]制作而成。

表 3-3 是依据《广州周报》第四卷第 35 期中的“黄埔船运”[④]整理而成。

表 3-4 据《广州周报》第四卷第 41 期中的“黄埔船运”[⑤]整理。

表 3-2　1839 年 4 月 6 日当日黄埔港停泊船舶

船名	船籍	船长[⑥]	吨位	出港地	货主
加拿大号(Canada)	美国	Hicks		利物浦	哗地玛洋行
卡温顿号(Covington)	美国	Holbrook		利物浦	哗地玛洋行
赫瑞修号(Horatio)	英国			利物浦	哈巴维
伊莉莎号(Eliza)	英国	Lav	682	加尔各答	颠地洋行
雷利安斯号(Reliance)	英国	Marquis	1515	马德拉斯	马奎斯船长
艾斯佩兰号(L'Esperance)	荷兰	Lindstedt		巴达维亚	拉尔公司
奥威尔号(Orwell)	英国	Collard		马德拉斯	怡和洋行
帕洛克号(Parrock Hall)	英国	Canney		孟买	丹拿公司

---

① Frank H. H. King and Prescott Clarke ed., "A Research Guide to China-Coast Newspapers, 1822-1911," *Harvard East Asian Monographs*, 18, Cambridge: Harvard University Press, 1965.

② 广西师范大学出版社组织整理,程焕文审订:《美国驻中国广州领事馆领事报告(1790—1906)》(第 2 册),桂林:广西师范大学出版社,2007 年,第 510、570 页。

③ 同上,第 510 页。

④ 同上,第 570 页。

⑤ 同上,第 72 页。

⑥ 本节所梳理内容与船长几无关系,故船长英文名不再一一翻译成中文。——编者注

(续表)

船名	船籍	船长	吨位	出港地	货主
温哥华号(Van Couver)	美国	Hallet		波士顿	旗昌洋行
吉拉德号(Girand)	美国	Drinker		费城	蒂尔斯
底格里斯号(Tigris)	英国	Titherington	422	利物浦	颠地洋行
英格尔伯勒号(Ingleborough)	英国	Buckle		利物浦	利德洋行
罗莎琳号(Rosalind)	英国	Coruch		伦敦	丹拿公司
圣文森特号(St.Vincent)	英国	Muddle	410	伦敦	广隆洋行
伊莎贝拉号(Isabella)	英国	Robertson		利斯	怡和洋行
弗朗西斯·斯坦顿号(Francis Stanton)	美国	Lefavour	392	马尼拉	旗昌洋行
奈安蒂克号(Niantic)	美国	Grtswold		纽约	旗昌洋行
乔治四世号(George Ⅳ)	英国	Drayner		巴达维亚	怡和洋行
威廉·本廷克勋爵号(Ld.Wm,Bentinck)	英国	Stockey	560	悉尼	塞克
特拉斯提号(Trusty)	英国	Jamieson		龙目岛	塞克
首相号(Premier)	英国	Were		伦敦	颠地洋行
大卫·斯各特号(David Scott)	英国	Spence		加尔各答	怡和洋行
奥利萨号(Orixa)	英国	Ager		利物浦	丹拿公司
伊利斯·巴克姆号(Elisth. Buckham)	英国	Scott		槟城	麦克维卡公司

表 3-3 1839 年 5 月 4 日当日黄埔港停泊船舶

船名	船籍	船长	吨位	出港地	货主
加拿大号	美国	Hicks		利物浦	哗地玛洋行
卡温顿号	美国	Holbrook		利物浦	哗地玛洋行
赫瑞修号	英国	Howland		利物浦	哈巴维
伊莉莎号	英国	Lav	682	加尔各答	颠地洋行
雷利安斯号	英国	Marquis	1515	马德拉斯	马奎斯船长
艾斯佩兰号	荷兰	Lindstedt		巴达维亚	拉尔公司
奥威尔号	英国	Collard		马德拉斯	怡和洋行
帕洛克号	英国	Canney		孟买	丹拿公司

（续表）

船名	船籍	船长	吨位	出港地	货主
温哥华号	美国	Hallet		波士顿	旗昌洋行
吉拉德号	美国	Drinker		费城	蒂尔斯
底格里斯号	英国	Titherington	422	利物浦	颠地洋行
英格尔伯勒号	英国	Buckle		利物浦	利德洋行
罗莎琳号	英国	Coruch		伦敦	丹拿公司
圣文森特号	英国	Muddle	410	伦敦	广隆洋行
伊莎贝拉号	英国	Robertson		利斯	怡和洋行
弗朗西斯·斯坦顿号	美国	Lefavour	392	马尼拉	旗昌洋行
奈安蒂克号	美国	Grtswold		纽约	旗昌洋行
乔治四世号	英国	Drayner		巴达维亚	怡和洋行
威廉·本廷克勋爵号	英国	Stockey	560	悉尼	塞克
特拉斯提号	英国	Jamieson		龙目岛	塞克
首相号	英国	Were		伦敦	颠地洋行
大卫·斯各特号	英国	Spence		加尔各答	怡和洋行
奥利萨号	英国	Ager		利物浦	丹拿公司
伊利斯·巴克姆号	英国	Scott		槟城	麦克维卡公司
安妮·简号(Anne Jane)	英国			利物浦	永福和洋行

表 3-4　1839 年 6 月 12 日当日黄埔港停泊船舶

船名	船籍	船长	出港地	货主
巴黎号(Paris)	美国	King	美国	旗昌洋行
南塔克特号(Nantaeket)	美国	Remmonds	美国	旗昌洋行
喀什米尔号(Cashmere)	美国		美国	旗昌洋行
萨宾娜号(Sbina)	美国		美国	哗地玛洋行
马礼逊号(Morrison)	美国	Banson	美国	同孚洋行
富尔顿号(R.Fulton)	美国	MacDongall	美国	菲亚德
辛西娅号(Cynthia)	美国	Jonacn	美国	戈登和泰罗特

(续表)

船名	船籍	船长	出港地	货主
卢布号(Rouble)	美国	Bennour	美国	罗素·史特吉斯洋行
那不勒斯号(Naples)	美国	Arelger	美国	罗素·史特吉斯洋行

统计以上三表中的船只数,共计 34 只。按国籍划分,英国船 18 只,美国船 15 只,荷兰船 1 只。按比率来看,英国船约占 53%,美国船约占 44%,荷兰船约占 3%。

从出港地来看,上述 34 只船中,最多的是英国的利物浦,有 7 只,伦敦 3 只、爱丁堡的利斯 1 只,英国出港共计有 11 只。标记为美国的有 9 只、纽约 1 只、波士顿 1 只、费城 1 只,即美国出港船只共计 12 只。此外,印度合计 5 只,其中孟买 1 只、加尔各答 2 只、马德拉斯[①] 2 只。菲律宾马尼拉 1 只、马来半岛槟城 1 只、澳大利亚悉尼 1 只、巴达维亚 2 只。按比率统计的结果是,英国约占 32. 3%,美国约占 35. 3%,印度约占 14. 7%,其他则约占 17. 7%。从出港地来看,美国居首位,英国位居其后,形成对峙局面。追随美、英两国之后的是印度。印度名列前茅的原因,或许是鸦片从印度大量流入之故。

以下试对“1839 年 4 月 6 日当日黄埔港停泊船舶”一览表中出现的公司进行分析。表 3-5 是将该表中的船只按照公司进行整理归纳而成。

表 3-5　1839 年 4—6 月抵达广州外国船只公司分类表

年/月/日	船名	船籍	抵达地	公司名
1839/05/04	安妮·简号	英国	利物浦	永福和洋行
1839/04/06	雷利安斯号	英国	马德拉斯	马奎斯船长
1839/05/04	雷利安斯号	英国	马德拉斯	马奎斯船长
1839/04/06	伊莉莎号	英国	加尔各答	颠地洋行
1839/05/04	伊莉莎号	英国	加尔各答	颠地洋行
1839/04/06	首相号	英国	伦敦	颠地洋行
1839/05/04	首相号	英国	伦敦	颠地洋行

① 马德拉斯:即钦奈,印度城市。——译者注

（续表）

年/月/日	船名	船籍	抵达地	公司名
1839/04/06	底格里斯号	英国	利物浦	颠地洋行
1839/05/04	底格里斯号	英国	利物浦	颠地洋行
1839/05/04	吉拉德号	美国	费城	蒂尔斯
1839/04/06	吉拉德号	美国	费城	蒂尔斯
1839/05/04	赫瑞修号	美国	利物浦	哈巴维
1839/04/06	赫瑞修号	英国	利物浦	哈巴维
1839/05/04	英格尔伯勒号	英国	利物浦	利德洋行
1839/04/06	英格尔伯勒号	英国	利物浦	利德洋行
1839/06/12	辛西娅号	美国	美国	戈登和泰罗特
1839/06/12	富尔顿号	美国	美国	菲亚德
1839/04/06	威廉·本廷克勋爵号	英国	悉尼	塞克
1839/05/04	威廉·本廷克勋爵号	英国	悉尼	塞克
1839/04/06	特拉斯提号	英国	龙目岛	塞克
1839/05/04	特拉斯提号	英国	龙目岛	塞克
1839/04/06	大卫·斯各特号	英国	加尔各答	怡和洋行
1839/05/04	大卫·斯各特号	英国	加尔各答	怡和洋行
1839/04/06	乔治四世号	英国	巴尔维亚	怡和洋行
1839/05/04	乔治四世号	英国	巴尔维亚	怡和洋行
1839/04/06	伊莎贝拉号	英国	利斯	怡和洋行
1839/05/04	伊莎贝拉号	英国	利斯	怡和洋行
1839/04/06	奥威尔号	英国	马德拉斯	怡和洋行
1839/05/04	奥威尔号	英国	马德拉斯	怡和洋行
1839/04/06	圣文森特号	英国	伦敦	广隆洋行
1839/05/04	圣文森特号	英国	伦敦	广隆洋行
1839/04/06	伊利斯·巴克姆号	英国	槟城	麦克维卡公司
1839/05/04	伊利斯·巴克姆号	英国	槟城	麦克维卡公司

(续表)

年/月/日	船名	船籍	抵达地	公司名
1839/06/12	马礼逊号	美国	美国	同孚洋行
1839/06/12	喀什米尔号	美国	美国	旗昌洋行
1839/04/06	弗朗西斯·斯坦顿号	美国	马尼拉	旗昌洋行
1839/05/04	弗朗西斯·斯坦顿号	美国	马尼拉	旗昌洋行
1839/06/12	南塔克特号	美国	美国	旗昌洋行
1839/04/06	奈安蒂克号	美国	纽约	旗昌洋行
1839/05/04	奈安蒂克号	美国	纽约	旗昌洋行
1839/06/12	巴黎号	美国	美国	旗昌洋行
1839/04/06	温哥华号	美国	波士顿	旗昌洋行
1839/05/04	温哥华号	美国	波士顿	旗昌洋行
1839/06/12	那不勒斯号	美国	美国	罗素·史特吉斯洋行
1839/06/12	卢布号	美国	美国	罗素·史特吉斯洋行
1839/04/06	艾斯佩兰号	荷兰	巴达维亚	拉尔公司
1839/05/04	艾斯佩兰号	荷兰	巴达维亚	拉尔公司
1839/04/06	奥利萨号	英国	利物浦	丹拿公司
1839/05/04	奥利萨号	英国	利物浦	丹拿公司
1839/04/06	帕洛克号	英国	孟买	丹拿公司
1839/05/04	帕洛克号	英国	孟买	丹拿公司
1839/04/06	罗莎琳号	英国	伦敦	丹拿公司
1839/05/04	罗莎琳号	英国	伦敦	丹拿公司
1839/04/06	加拿大号	美国	利物浦	哗地玛洋行
1839/05/04	加拿大号	美国	利物浦	哗地玛洋行
1839/05/04	卡温顿号	美国	利物浦	哗地玛洋行
1839/04/06	卡温顿号	美国	利物浦	哗地玛洋行
1839/06/12	萨宾娜号	美国	美国	哗地玛洋行

Russel & Co.是以旗昌洋行[①]而闻名的美国公司。Jardine Matheson & Co.即怡和洋行,也称渣颠公司、义和洋行[②]。至于Dent & Co.的中国名称,在香港和广州一带被称为颠地洋行,在上海则被称作宝顺洋行[③]。Turner & Co.即丹拿公司,在上海、福州、汉口则被称作华记洋行[④]。Wetmore & Co.的中国名称是哔地玛洋行[⑤]。表3-5中除了上述5家公司,另有两家有名的公司。其一为Lindsay & Co.,在上海被称作广隆洋行,在香港和广州则被称作连治加行,在福州名为连利洋行[⑥]。其二为Olyphant & Co.,即同孚洋行[⑦]。

其中怡和洋行和颠地洋行因从事鸦片贸易而闻名。

将1839年4月到6月间抵达广州的船只按照公司类别进行整理,最多的为美国旗昌洋行6只,其次是英国的怡和洋行4只,之后依次为英国的颠地洋行3只,丹拿公司3只,美国的哔地玛洋行3只。可以想见上述5家公司当时在广州竞争之激烈。

《夷氛闻记》卷一中有以下记载:

> 时夷商闻中国法在必行,往日售私最多者曰喳嚩,已先遁出伶仃。次则颠哋,尚徘徊未去。(林)则徐以义律领袖诸夷,预示以将来缴尽……[⑧]

文中明确指出将鸦片输入广州的最大商社是喳嚩,即怡和洋行,其次是颠哋,即颠地洋行。可见怡和洋行与颠地洋行作为从事鸦片贸易的商社而出名。

怡和洋行是1832年(道光十二年,天保三年)由两名苏格兰人渣甸(William Jardine 1784—1843)与马地臣(James Matheson,1796—1878)在广东创立的。

---

① 黄光域:《近代中国专名翻译词典》,四川人民出版社,2001年,第300页。

② 同上,第183页。

③ 同上,第101页。

④ 同上,第371页。

⑤ 同上,第390页。

⑥ 同上,第210页。

⑦ 同上,第264页。

⑧ 〔清〕梁廷枏著,邵循正校注:《夷氛闻记》,北京:中华书局,1985年,第18页。

1859 年(咸丰九年,日本安政六年),该公司将贸易范围进一步扩展到日本,从而展开亚洲区域的贸易活动。[①]

颠地洋行同样也在 19 世纪 60 年代把贸易范围从中国扩展到了日本。[②]

亨特在《广州"番鬼"录——1825—1844 缔约前"番鬼"在广州的情形》中提到怡和洋行,1838 年 11 月,威廉·渣甸离开了广州。他在 1832 年接手霍林沃斯·马格尼亚克经营的马格尼亚克公司,建立了渣甸-马地臣合股公司(怡和洋行)。渣甸早年在东印度公司的船上当外科医生,几次航行到过孟买与中国。[③]

该书也提到旗昌洋行,书中设有"广州的旗昌洋行,1823—1844"一节,其中说,罗素洋行建于 1824 年 1 月 1 日,前身是创立于 1818 年 12 月 26 日、于 1823 年 12 月 26 日结束的塞缪尔·罗素合股公司。中国人称之为"旗昌行"。其有严格规定,只经营代理业务。在 1824 年 1 月 1 日到 1830 年中期,公司合伙人只有罗素和安米登。到 1829 年 9 月,洛先生乘"苏门答腊号"(船长为朗迪)从塞勒姆到来;1830 年 11 月,老赫德乘三桅船"伶仃号"(船长为罗伯特·福布斯)从波士顿到来。这两位先生(洛和赫德)都成为行号的合伙人。[④]

依据粤海关监督等上呈的奏折,整理出粤海关征收银两的一览表,即表 3-6。从表 3-6、图 3-2 可知,自东印度公司撤出对华贸易之后,税收逐渐呈现增长趋势。经过鸦片战争之后,税收有所减少。这之后税收持续减少,主要原因很可能是因为当时除广州之外新增了四个开放港口,即厦门、福州、宁波、上海,贸易随之转向这 4 个新开放的港口城市。

---

① 『日本に於ける百年 英一番館 安政六年一昭和三十四年』ジャーディン・マセソン アンド カンパニー(ジャパン)リミテッド、東京、1959 年、11 頁。

② W. C. Hunter, '*Fan Kwae' at Canton*: *before Treaty Days 1825-1844*, London: Kegan Pard, Trench, &Co., 1882, p.134.

③ Ibid, p.156.

④ Robert Fortune, *Yedo and Peking*: *A Narrative of A Journey to the Capitals of Japan and China*, London: J. Murray, 1863, p.18.

表 3-6　道光五年至道光二十二年粤海关征银两推移表

年号纪年(年)	公历(年)	各口征银两(两)	第八册①(页)
道光五	1825	1576637	4239
道光七	1827	1441925	4262
道光八	1828	1499581	4294
道光九	1829	1663635	4327
道光十	1830	1461806	4366
道光十一	1831	1532933	4379
道光十三	1833	1669713	4501
道光十四	1834	1424944	4597
道光十五	1835	1674852	4620
道光十六	1836	1789424	4658
道光十九	1839	1186552	4758
道光二十	1840	864232	4805
道光二十二	1842	1182489	4852

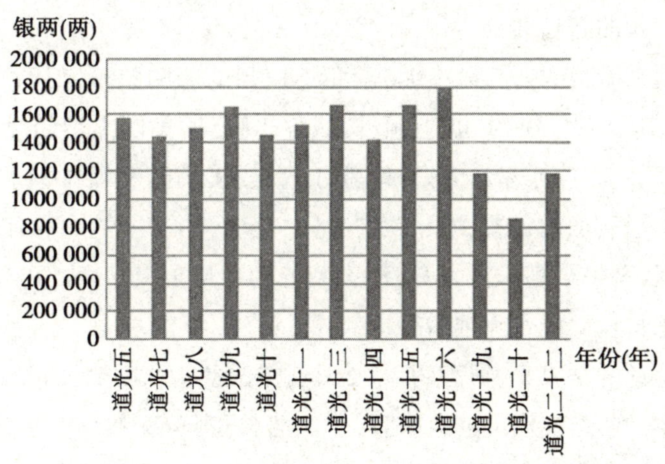

图 3-2　道光五年至道光二十二年粤海关征银两图

① 中国第一历史档案馆:《清宫粤港澳商贸档案全集》第八册中的显示页码。关于各年的银两数,两以下进行了四舍五入。

鸦片战争爆发之前,每年有 100 只至 200 余只各国贸易船抵达广州。[1] 在道光二十三年闰七月十二日的耆英等奏折中有以下一段文字:

> 臣等伏查,各国来粤贸易船只,惟英吉利及其所属之港脚为最多。其次则米利坚几与相埒,此外止荷兰国,每年有货船自三四只至十余只不等,尚有咈唎哂国、吕宋国、连国、瑞国、单鹰国、双鹰国、甚波立国来船,或有或无,或多或少,大约每国一二只,至多亦不过五六只。[2]

这样的排名可以说与前文中分析的 1833 年 4 月到 6 月抵达船只的情况相一致。

四、小结

如上所述,自从英国东印度公司于道光十三年撤出在广州的对华贸易垄断之后,大量的自由贸易商抵达广州。这一史实从本论文整理归纳的 1839 年 4 月到 6 月抵达广州的船舶记录中可以得到明证。这些船舶的货主大多来自 19 世纪前期抵达广州的新建商社。

从出港地来看,1839 年 4 月到 6 月抵达广州的船舶数量,美国居首位,标记为美国 9 只,其他来自纽约、波士顿、费城各 1 只,即美国出港船只共计 12 只。英国合计 11 只,其中利物浦 7 只、伦敦 3 只、爱丁堡的利斯 1 只。印度合计 5 只,其中孟买 1 只、加尔各答 2 只、钦奈 2 只。菲律宾马尼拉 1 只,印度尼西亚的巴达维亚 2 只,马来半岛槟城 1 只,澳大利亚的悉尼 1 只。由此可见,抵达广州的外国船舶来自世界的各大港口城市。

按比率统计的结果是,英国约占 32.3%,美国约占 35.3%,印度约占 14.7%,其他则约占 17.7%。仅从出港地来看,美国居首位,英国位居其后。追随美、英两国之后的是印度。印度名列前茅的原因,或许是鸦片从印度大量流入之故。

---

① 道光二十一年闰三月初六日靖逆将军奕山等的奏折。中国第一历史档案馆:《清宫粤港澳商贸档案全集》第八册,北京:中国书店,2002 年 7 月,第 4791 页。

② 中国第一历史档案馆:《清宫粤港澳商贸档案全集》第八册,北京:中国书店,第 4905—4906 页。

总而言之，随着英国东印度公司撤出对华贸易业务，大量欧美洋行开始打入中国市场，其中活动最多的是美国公司。

第二节 五口通商后上海、宁波的入港船舶变化

一、绪言

根据 1842 年的《南京条约》,中国相继对外开放了广州、厦门、福州、宁波及上海五个口岸,于是大量外国船舶驶往中国的这五个港口。然而,以往并没有人具体研究过这些外国船舶。

五港之一的宁波也是受到关注的港口。关于其开埠之后的状况,根据道光三十年(1850 年)七月乙未(初五)吴文镕奏折中"宁波府地方为通商口岸,夷船出入靡常,兼之定海孤悬海外,不可不加意防范"[①],可见五口通商后,外国船舶开往宁波的频率并不稳定。

有关宁波的情况,可参见西欧文献,即卫三畏于 1856 年出版的著作《中国商业指南》,其中对宁波港的记述如下:

> 宁波是五口中目前贸易量最小的一口,但自从 1843 年开埠以来一直在稳步增长。然而在 1855 年,由于海盗活动以及江浙一带的内战[②],宁波的合法贸易受到了极大影响。[③]

---

① 〔清〕贾祯等:《筹办夷务始末》(咸丰朝)一,北京:中华书局,1979 年,第 40 页。

② 即太平天国运动。——译者注

③ 卫三畏:《中国商业指南》(第四版),广州:《中国丛报》社,1856 年,第 247 页。

由于对进入宁波的外国船舶的具体史料记载很少，因此本文同时参考上海出入船舶情况进行阐述。

二、1850年8月上海的入港船舶

《北华捷报》(*North-China Herald*)刊载了五口通商八年后进入上海的外国船舶清单。该报创刊于1850年8月3日。[①] 将该报创刊后一个月，即8月份的上海入港外国船舶进行整理可知共计21艘，如表3-7所示。

表3-7 1850年8月上海入港船舶一览表

序号	日期	船名	船籍船型	吨位	船长	出发地	出港日期(月/日)	货物种类	货主
1	02	玛丽·伍德女士号(Lady Mary Wood)	英国蒸汽船	630	Tronson	香港	7/26	鸦片	半岛东方轮船公司代理商
2	02	恒河号(Ganges)	英国帆船	243	Smith	原处		压舱物	士美洋行
3	08	阿莱尼斯号(Arienis)	英国货船			孟买		鸦片	广隆洋行
4	03	女王岛号(Island Queen)	英国帆船	195	Macfarlane	香港	7/26	鸦片	颠地洋行
5	08	阿莱尼斯号	英国货船		Rimington	孟买	6/00	鸦片	广隆洋行
6	09	伊丽莎白·摩尔号(Elizabeth Moors)	英国帆船	242	Patrickson	厦门		大米	禅臣洋行
7	11	安妮·巴克姆号(Annie Buckman)	美国帆船	530	Barber	香港	8/03	一般货物	士美洋行

① 王桧林、朱汉国:《中国报刊辞典(1815—1949)》，太原:书海出版社，1992年，第3页。

(续表)

序号	日期	船名	船籍船型	吨位	船长	出发地	出港日期(月/日)	货物种类	货主
8	11	格尔达号(Gerda)	瑞典帆船	709	Ohlson	新加坡	7/00	其他杂物	森和洋行
9	12	安·洛克白号(Ann Lockerby)	英国帆船	465	Beverley	新加坡	7/18	木材	隆茂洋行
10	12	伊诺卡洛号(Ylocano)	西班牙货船	227	Martinez	马尼拉	7/15	其他杂物	旗昌洋行
11	14	舰船号(Mooltan)	英国帆船	330	Stwart	宁波		大米	怡和洋行
12	15	宁芙号(Nymph)	英国帆船	106	Wilson	香港	8/10	鸦片	颠地洋行
13	15	西尼恩号(Cnion)	西班牙帆船		Paradp	马尼拉	7/00	其他杂物	旗昌洋行
14	16	马捷帕号(Mazeppa)	英国帆船	163	Dowman	香港	8/10	鸦片	怡和洋行
15	16	伊莉莎·佩内洛普号(Eliza Penelope)	英国帆船		Roberts	加尔各答和香港		鸦片	广隆洋行
16	16	施勒索夫号(Schillersoff)	俄国帆船		Lindenberg	美国		皮毛	预订
17	17	皮列号(Pilet)	英国巡航船		Ince	英国			
18	20	罗伯特·普尔斯托得号(Robert Pulstord)	美国帆船	300	Crooke	香港		其他杂物	琼记洋行
19	20	雷利安斯号	英国帆船	243	Harrower	厦门		大米	怡和洋行
20	22	斯佩克号(Spec)	英国帆船	104	Robinson	宁波	8/19	大米	哈格里夫斯公司
21	26	艾米丽号(Emily)	英国帆船	253	Valentine	利物浦	4/11	零售货物	哈格里夫斯公司

从船籍来看,21艘船中15艘为英籍,其中军舰1艘、轮船1艘、帆船13艘。

2 艘为美籍,2 艘为西班牙籍,1 艘为瑞典籍,1 艘为俄籍。[①] 这 21 艘船几乎都是帆船,只有英国半岛东方轮船公司的玛丽·伍德女士号为轮船。[②]

这仅是 1850 年 8 月的情况,但从中可见受开埠影响外国船舶的抵达情况。至于类似的状况是否同样出现在上海以外的四港,尤其是最接近上海的宁波港,是本文的主要论述内容。

三、宁波的开埠

1923 年的日本外务省《宁波情况记录》中记载了开埠之后宁波的地位和交通等情况。该记录具体如下:

> 宁波的地位
>
> 宁波为 1843 年因《南京条约》开埠的港口。位于姚江、甬江的汇流处,距江口镇海 13 里,距上海 124 里,可航行约 2 千吨级的轮船。旧宁波市周围 15 华里,被城墙包围,共城门 6 座,通往城外。轮船公司、银行、海关、其他大商店位于江北……
>
> 宁波位于中国中部的交通要道,与中国南部的广东相同,自古以来与外国通商,经济繁荣。然而随着上海的开埠,被其后来居上。现在的宁波,如同广东之于香港,只是上海的附属港口之一,仅作为浙南之一商港勉强存续。[③]

由此可见,宁波在《南京条约》缔结后开埠,其位置的最大优势是其位于中国沿海的中枢要道。但就开埠 70 年后的情况而言,相比上海的繁荣,宁波只是上海的附属商港而已。

---

① 松浦章「近代東アジア海域の汽船航運に関する航運データ」『関西大学アジア文化研究センターディスカッションペーパー』Vol.1、2012 年 6 月、27—29 頁。

② 松浦章「19 世紀後半東アジア海域における英国 P.&O.汽船会社の航運」『東アジア文化交渉学研究』第 5 号、2012 年 2 月、327—342 頁。

③ 「寧波事情ニ係ル件」、外務省外交史料館、一頁、B-1-6-279。

该书就宁波交通叙述如下：

> 以宁波为中心的交通,陆路仅开通了沪杭甬铁路的其中一段。与此相对,水路极为发达。通往上海的主干线自不必言,还有通往定海、象山、台州、温州等浙江沿岸城市以及福建省、福门、广东省、厦门等地的轮船和民船航道,极为便利。特别是民船贸易自古以来为宁波船主独占,即所谓的"宁波船"。其活动范围北起山东,南至福建、广东,历来与宁波商人一起名扬四海。①

由此可见,相较陆路,宁波的水运交通条件得天独厚。水上航线连通上海、浙江沿海乃至福建沿海、广东、香港。利用海上航线开展商业活动的宁波商人因而得以发展。

该书的水运部分还记载了1921 年出入宁波的轮船情况,具体如下：

远洋船		
其他轮船	1570 艘	1855707 吨
内河航行船	7317 艘	560549 吨
民船	11629 艘	504000 吨
合　计	20516 艘	2920256 吨

即一年内出入宁波港的船舶约达300 万吨。对航线的说明如下：

> 上海线　太古洋行一周三次,招商局上海宁波温州线一周一次,宁波轮船公司每日一次定期航线,怡和洋行有香港始发至宁波、上海、大连、牛庄的不定期航线。太古洋行轮船船票一等舱 7 元、官仓 1 元、房舱 80 分、统舱 60 分。

---

① 「寧波事情ニ係ル件」、外務省外交史料館、二頁。

温州厦门线　中国实业局有宁波始发经温州、兴化、泉州、福州至厦门的不定期航线，宁海商轮公司、宁象轮船局等有宁波始发至象山的定期航线。

其他沿岸小型蒸汽轮船航线如下所示：

永水公司　至岱山
永川公司　石浦、普陀山之间
通济鸿庆顺安各公司　镇海及西坞之间
永安利运美益各公司　余姚等地之间
各条航线的运行均取得相当业绩。①

可见1921年出入宁波的船舶中，有轮船1570艘，计1855707吨；行驶于姚江和甬江等内流河的船舶7317艘，计560549吨；远洋民船11629艘，计504000吨。

1864—1868年宁波的入港船舶记录被保留在海关史料中。“1864—1868年宁波入港船舶数量表”（表3-8）②是根据清朝海关记录中的“宁波港贸易统计”制成的。该表只整理列出宁波的入港船舶。

① 「寧波事情ニ係ル件」、外務省外交史料館、3—5頁。

② *Returns of Trade at The Port of Ningpo, for the year 1865*, pp.44-45. *Returns of Trade at the Port of Ningpo, for the year 1866*, pp.48-49. *Returns of Trade at The Port of China open by Treaty to Foreign Trade for the year 1867*, p.95. *Returns of Trade at The Port of China open by Treaty to Foreign Trade for the year 1869*, p.109. 中国第二历史档案馆、中国海关总署办公厅：《中国旧海关史料（1859—1948）》，北京：京华出版社，2001年10月，第2册，第3、111、208—209、692—693页；第4册，第133页。

表 3-8　1864—1868 年宁波入港船舶数量表

公历(年) 船只数 所属国	1864	1865	1866	1867	1868
美国	228	260	140	136	213
英国	652	383	299	285	114
丹麦	70	21	2	5	7
法国	11	8	2	4	3
德意志、普鲁士	146	69	52		
普鲁士		6	10		
俄国	2	1	1		1
北德意志				68	57
其他国家	46	28	23		
中国	254	134	125	142	122
挪威				1	
荷兰				4	
暹罗				20	11
葡萄牙					2
合计	1409	910	654	665	530

据表 3-8 可知,船只数量最多的是英国和美国。

但该海关史料并未记明宁波入港船舶的详情。下文试依据 1867 年(同治六年)数月间刊登于《北华捷报与市场报道》(*North-China Herald and Market Report*)上的船舶记录进行阐述。

四、1867 年抵达宁波的船舶

1867 年(同治六年)4、5、7、11 这四个月宁波的船舶入港记录刊载于《北华捷报与市场报道》1867 年 5 月 23 日第 7 期、1867 年 8 月 5 日第 16 期、1867 年 12

月14日第31期上。1867年4月8日改名自创刊于1850年8月3日的《北华捷报》①。这可能是为了适应飞速发展的上海经济所做的变更。《北华捷报与市场报道》刊登了如下的报道。

每份宁波货运清单均分为"到达"(Arrivals)和"出发"(Departures)两部分,依此制成一览表,如表3-9所示。

表3-9　1867年4、5、7、11月宁波货运清单

月/日	船名	始发地	船籍船型	吨位	货物	收货人	《北华捷报》期号
4/24	快运号(Express)	上海	英国蒸汽船	290	鸦片和包装货物	沙逊洋行	7
4/25	山西号(Shanse)	上海	美国蒸汽船	561	包装货物、鸦片、油及杂物	尼逊和罗伯逊	7
4/25	安妮·玛利亚号(Annie Maria)	高雄	英国货船	271	砂糖	沙逊洋行	7
4/26	快运号	上海	英国蒸汽船	290	鸦片、无包装货物、蜡及杂物	沙逊洋行	7
4/29	希瑟·贝拉号(Heather Belle)	上海	英国帆舰	80	油、铅、兽皮及杂物	沙逊洋行	7
4/29	快运号	上海	英国蒸汽船	290	鸦片、包装货物及杂物	沙逊洋行	7
4/29	英格尔伯勒号(Ingeburg)	台湾	普鲁士帆船	184	砂糖及杂物	柯伊塔·特鲁森公司	7

① 王桧林、朱汉国:《中国报刊辞典(1815—1949)》,太原:书海出版社,1992年,第4页。

(续表)

月/日	船名	始发地	船籍船型	吨位	货物	收货人	《北华捷报》期号
4/29	海王星号(Neptune)	香港	比利时蒸汽船	294	藤条、扇子、龙眼等	沙逊洋行	7
4/29	威廉号(Wilhelm)	台湾	英国帆船	266	砂糖和落花生	中国人	7
4/30	山西号(Shanse)	上海	美国蒸汽船	561	包装货物、鸦片、油及杂物	尼逊和罗伯逊	7
4/30	幸福号(Felicie)	台湾	比利时帆船	365	砂糖、龙眼及杂物	中国人	7
4/30	格拉纳达号(Vills de Granade)	台湾	法国帆船	269	砂糖、龙眼及杂物	中国人	7
5/01	快运号	上海	英国蒸汽船	290	鸦片、包装货物、蜡及杂物	沙逊洋行	7
5/01	北河号(Peiho)	上海	英国帆船	50	铅、铁和油	G. M. 哈特	7
5/02	山西号	上海	美国蒸汽船	561	鸦片、包装货物、油及杂物	尼逊和罗伯逊	7
5/03	敏娜号(Minna)	汉口	英国帆船	75	石膏、油、草席及杂物	沙逊洋行	7
5/04	山西号	上海	美国蒸汽船	561	鸦片、包装货物、油及杂物	尼逊和罗伯逊	7

（续表）

月/日	船名	始发地	船籍船型	吨位	货物	收货人	《北华捷报》期号
5/06	快运号	上海	英国蒸汽船	290	鸦片、包装货物、大麻及杂物	沙逊洋行	7
5/06	斯特拉号(Stella)	台湾	英国帆船	265	砂糖、龙眼及杂物	J. H. 皮里	7
5/07	马尔维纳号(Malvina)	高雄	比利时帆船	234	砂糖	沙逊洋行	7
5/07	阿勒塔号(Alerta)	台湾	汉堡货船	209	砂糖	中国人	7
5/07	美塔号(Meta)	台湾	比利时帆船	274	砂糖	中国人	7
5/08	快运号	上海	英国蒸汽船	290	鸦片、包装货物及杂物	沙逊洋行	7
5/08	卡洛琳号(Caroline)	香港	普鲁士帆船	280	砂糖、藤条及杂物	柯伊塔·特鲁森公司	7
5/10	快运号	上海	英国蒸汽船	290	包装货物及杂物	沙逊洋行	7
5/10	恭亲王号(Prince Kung)	福州	英国蒸汽船	135	水果	沙逊洋行	7
7/27	斯泰林号(Staeling)	英国	巡航船				16

(续表)

月/日	船名	始发地	船籍船型	吨位	货物	收货人	《北华捷报》期号
7/27	艾洛蒂号(Ell-odie)	悉尼	法国帆船	277	煤	沙逊洋行	16
7/29	菲黛里奥号(Fi-delio)	汕头	汉堡帆船	329	砂糖	中国人	16
7/29	不莱梅号	香港	比利时帆船	380	大米、锡及杂物	尼逊和罗伯逊	16
7/29	厦门号(Amoy)	曼谷	暹罗帆船	262	砂糖、大米、药品等	中国人	16
7/29	本廷克号(Ben-tik)	曼谷	暹罗帆船	537	砂糖、大米、树皮等	中国人	16
7/29	流星号(Meteor)	香港	暹罗帆船	395	砂糖、大米、苏木等	中国人	16
7/30	施密特号(Jubann Smidt)	香港	比利时帆船	400	大米和红木	尼逊和罗伯逊	16
7/31	飞云号(Flying Cloud)	福州	英国蒸汽船	21	压舱物	沙逊洋行	16
11/29	约翰娜号(Johan-na)	香港	比利时帆船	238	一般货物	中国人	31

1867 年 4、5、7、11 月的记录中记载了 36 艘轮船的入港情况。这些船的始发地的情况如下所示。

上海始发至宁波的船舶 13 艘,占 35.1%;台湾始发 7 艘,占 19.4%;香港始发

6 艘，占 16.7%；福州始发 2 艘，占 5.7%；高雄始发 2 艘；曼谷始发 2 艘；汉口始发 1 艘；悉尼 1 艘；汕头 1 艘；英国 1 艘。从地理关系来看，上海的比例最高。正如上文引用的《宁波情况记录》中关于水运的记载"通往上海的主干线自不必言"，五口通商之后，宁波与上海的关系极为密切。不仅是物流，人员交流也极为频繁。宁波及其周边地区的许多人进入开埠后的上海。① 为了便于人员流动，宁波商人虞洽卿等人设立了定期轮船航线。②

就船舶种类而言，除 1 艘英国军舰外，有 10 艘为英国轮船，4 艘美国蒸汽船，其余全是外国产帆船，包括 7 艘比利时帆船，2 艘法国帆船，2 艘汉堡帆船，2 艘普鲁士帆船，3 艘泰国帆船。

就运输的货物而言，10 艘运载鸦片的船舶均由上海始发至宁波。

运输砂糖的 14 艘船为南方始发至宁波。其中，台湾 7 艘，高雄 2 艘，香港 2 艘，曼谷 2 艘，汕头 1 艘。

《宁波情况记录》中记录了宁波与台湾的航运关系，尤其是台湾与宁波的民船贸易关系，如表 3-10 所示：

表 3-10　宁波与台湾航运关系表③

公历(年)	船只数(艘)	运输货物数(担)
1912	53	55600
1913	34	32600
1914	26	24500
1915	23	20000
1916	22	17000
1917	29	28000
1918	87	75000

① 宁波市政协文史委员会、上海市宁波经济建设促进协会：《上海买办中的宁波帮》，北京：中国文史出版社，2009 年。

② 松浦章「寧波商人虞洽卿による寧波・上海航路の開設—寧紹輪船公司の創業—」『清代帆船沿海航運史の研究』関西大学出版部、2010 年 1 月、422—449 頁。

③ 「寧波事情ニ係ル件」、外務省外交史料館、5—6 頁。

(续表)

公历(年)	船只数(艘)	运输货物数(担)
1919	34	29600
1920	21	19600
1921	16	9000

图 3-3　台湾海岸的中国帆船(引用自 20 世纪前期的明信片)

由此可知,台湾与宁波的民船贸易关系逐年衰退。某业内人士认为,这除与台湾的直接贸易往来部分途经上海有关外,也可能与近年台湾和福建的交通往来更为密切有关。

《宁波情况记录》成书时,台湾已处于日本的统治之下。即便如此,在 1912 年至 1921 年的 10 年间,每年最多有 87 艘,最少也有 16 艘民船在宁波与台湾之间往来贸易。可见台湾被日本统治之前,通过上表所示的中国帆船曾频繁进行贸易活动。

特别是台湾特产的砂糖被大量运往宁波。如表 3-9 所示,所有台湾开往宁波的船舶均装有砂糖。

从宁波货运清单也可看出,台湾是宁波重要的砂糖供给地。

五、小结

如上所述,《北华捷报与市场报道》于 1867 年刊载的“宁波货运清单”留下了宁波因《南京条约》开埠后的入港船舶记录，由此可知宁波的部分贸易情况。海关史料等记载的相对统计数据，也揭示了与宁波来往的国家、地区的具体情况，由此可知宁波贸易实况的只鳞片爪。

同时，1867 年《北华捷报与市场报道》的“宁波货运清单”也表明，五口通商 20 多年后，宁波也直接受到由五口通商引起的外国贸易浪潮的影响。

第三节 19世纪后期英国半岛东方轮船公司之东亚海域航运

一、绪言

英国的半岛东方轮船公司(Peninsular and Oriental and Steam Navigation Company)创立于1840年。该公司在进行英国和地中海航路以及横跨大西洋的邮递业务的同时,还在亚洲拓展轮船业务。[1]

但是关于半岛东方轮船公司在东亚海域的航运活动,至今很少有人关注。

本文主要依据清代上海、香港及日本横滨刊行的报纸,阐述半岛东方轮船公司在东亚海域的航运活动。

本文主要参考了下列英文报刊:1850年8月创刊于上海的《北华捷报》、1863年香港发行的《中国邮报》(*The China Mail*,又译《德臣西报》)、1870年横滨发行的《日本新闻周刊》(*Japan News Weekly*)。

二、1850年8月至12月半岛东方轮船公司的航运

半岛东方轮船公司最初送往东亚海域的是玛丽·伍德女士号(Lady Mary

---

① David Howarth and Stephen Howarth ed., *The Story of P.& O.: The Peninsular and Oriental Steam Navigation Company*, London: Weidenfeld and Nicolson, 1986;後藤伸『イギリス郵船企業P&Oの経営史1840—1914』勁草書房、2001年、19—74頁。

Wood)。该船从伦敦出发,在海上航行了41日,于1845年8月4日出现在新加坡。[①] 此后该船就在东亚海域活动。

《北华捷报》每期都登载有"上海船务信息(Shanghai Shipping Intelligence)"一栏。依据该报创刊之后半年间有关半岛东方轮船公司的报道,整理制成表3-11。

表3-11 1850年8月—1851年2月半岛东方轮船公司玛丽·伍德女士号上海、香港航运表

序号	年/月/日	到达/出发	吨位	船长	始发地	到达时间(月/日)	货物	收货人
1	1850/08/02	到达	630	Tronson	香港	7/26	鸦片	半岛东方轮船公司代理商
3	1850/08/12	出发	630	Tronson	香港		丝绸和珠宝	半岛东方轮船公司代理商
6	1850/09/03	到达	630	Tronson	香港	8/27	鸦片	半岛东方轮船公司代理商
8	1850/09/14	出发	700	Tronson	香港		丝绸	半岛东方轮船公司代理商
10	1850/09/28	到达	295	Tronson	香港	9/23	鸦片	半岛东方轮船公司代理商
11	1850/10/07	出发	296	Tronson	香港		丝绸等	半岛东方轮船公司代理商
13	1850/10/22	到达	296	Tronson	香港	10/16	杂物	半岛东方轮船公司代理商
15	1850/11/05	出发	296	Tronson	香港		杂物	半岛东方轮船公司代理商
18	1850/11/30	到达	296	Tronson	香港	11/16	鸦片	半岛东方轮船公司代理商
19	1850/12/07	出发	296	Tronson	香港		丝绸等	半岛东方轮船公司代理商
23	1850/12/29	到达	650	Tronson	香港	12/21	鸦片	半岛东方轮船公司代理商
24	1851/01/05	出发	650	Tronson	香港		一般货物	半岛东方轮船公司代理商
28	1851/02/05	到达	650	Tronson	香港	1/25	鸦片	半岛东方轮船公司代理商
28	1851/02/07	出发	650	Tronson	香港		杂物	半岛东方轮船公司代理商

依据1850年8月刊行的《北华捷报》上登载的船务信息,8月上旬至2月上旬的半年间,半岛东方轮船公司拥有的630吨轮船只有玛丽·伍德女士号一艘。该船自1850年7月26日从香港出港,于8月2日进入上海港。当时在香港的

① David Howarth and Stephen Howarth ed., *The Story of P.& O.: The Peninsular and Oriental Steam Navigation Company*, London: Weidenfeld and Nicolson, 1986, p.78.

载货主要是鸦片。在上海港停泊 10 日之后,装载丝绸等货物于 8 月 12 日驶往香港。8 月 27 日再次从香港运载鸦片,于 9 月 3 日驶入上海港。9 月 14 日装载丝绸从上海港出发驶往香港。9 月 23 日再次离开香港,9 月 28 日抵达上海。10 月 7 日从上海返航香港,10 月 16 日离开香港,10 月 22 日抵达上海。在半年中,玛丽·伍德女士号往返于香港和上海两地之间,航行次数达 7 次。从香港至上海的航海日数,快则 6 日,慢则 15 日,7 次航行共计 64 日,平均航海日数为 9.14 日。一般认为从香港至上海的所需航行日数为 7 到 8 日。

玛丽·伍德女士号的航运目的在于进行香港与上海之间的沿海贸易。从《北华捷报》上登载的船舶信息中,可以得知从香港运往上海的货物主要是鸦片,而从上海运往香港的则主要是丝绸。

三、1863 年 1 月至 4 月半岛东方轮船公司以香港为中心的航运

《中国邮报》是 1845 年(道光二十五年)2 月 20 日在香港创刊的英文报纸。依据该报 1864 年 1 月至 4 月的“船务信息(Shipping Intelligence)”一栏,制成半岛东方轮船公司的航运表,即表 3-12。

表 3-12　1863 年 1—4 月进出香港的半岛东方轮船公司航运表

序号	月/日	到达/出发	船名	吨位	船长	始发地	目的地	货物
933	1/01	出发	马耳他号(Malta)	900	King		孟买	邮寄物品等
934	1/07	到达	碧娜丝号(Benars)		Wright	孟买		邮寄物品等
935	1/14	到达	北京号(Pekin)	750	Soumens	上海		茶等
936	1/18	出发	北京号	1210	Soumens		上海	杂物
937	1/26	出发	恒河号	1190	Wilkinson		上海等	邮寄物品等
937	1/27	出发	亚丁号(Aden)	800	Gillson		汕头等	杂物
938	2/04	到达	亚丁号	800	Gillson		福州等	茶等
939	2/10	到达	哥伦比亚号(Columbian)	2112	Skottowe	孟买等		邮寄物品等
939	1/12	到达	恒河号		Wilkinson	上海		邮寄物品等

（续表）

序号	月/日	到达/出发	船名	吨位	船长	始发地	目的地	货物
941	1/20	到达	鸸鹋号（Emeu）		Rennoden	孟买等		邮寄物品等
942	3/01	出发	哥伦比亚号（Columbian）	2112	Skottowe		孟买等	邮寄物品等
942	3/04	出发	奥莲号（Orient）	508	Giiflan		马尼拉	杂物
942	3/04	出发	加的斯（Cadiz）	700	Hazelwood		上海	杂物
943	3/10	到达	马耳他号		Hyde	孟买等		邮寄物品等
943	3/12	到达	恒河号	1300	Wilkinson	上海		丝绸等
943	3/12	出发	北京号	1020	Soames		上海	邮寄物品等
945	3/25	到达	新加坡号（Shingapore）	1100	Gribbie	孟买等		邮寄物品等
945	3/26	出发	亚丁号（Aden）	800			上海	杂物
946	3/29	到达	加的斯号（Cadiz）	700	Gillson	福州等		茶等
946	3/29	到达	北京号	1210	Soames	上海		邮寄物品等
946	3/27	出发	恒河号	707	Wilkinson		上海	杂物
947	4/04	到达	亚丁号	800	斯基	福州等		一般货物
947	4/02	出发	加的斯号	480	Gillson		汕头等	杂物
948	4/10	到达	挪拿号（Norna）		Bain	孟买等		邮寄物品等
948	4/12	到达	恒河号	707	Wilkinson	上海		压舱物
948	4/12	出发	亚丁号	500	Skey	福州		邮寄物品等
948	4/12	出发	北京号	1200	Soames	上海等		邮寄物品等
948	4/15	出发	新加坡号	1100	Gribbie	孟买等		邮寄物品等
949	4/20	到达	亚丁号	800	Skey	福州等		杂物
949	4/17	出发	加的斯号	480	Gillson		汕头等	杂物
950	4/24	到达	哥伦比亚号	2112	Bensley	孟买等		邮寄物品等
950	4/26	到达	加的斯号	480	Gillson	福州等		杂物
950	4/26	到达	北京号	736	Soames	上海		邮寄物品等
950	4/25	出发	亚丁号	800	Skey		汕头等	杂物

(续表)

序号	月/日	到达/出发	船名	吨位	船长	始发地	目的地	货物
950	4/26	出发	恒河号	707	Wilkinson		上海	邮寄物品等
950	4/29	出发	挪拿号	969	Bain		孟买等	邮寄物品等

从上表可知,1863年1月至4月的四个月间从香港驶往其他港口的半岛东方轮船有马耳他号、碧娜丝号、北京号、恒河号、亚丁号、哥伦比亚号、鸸鹋号、奥莲号、加的斯号、新加坡号、挪拿号等13艘船只。超出2000吨位的只有2112吨的哥伦比亚号,超出1000吨位的有1210吨的北京号和1100吨的新加坡号两艘,而恒河号的吨位因入港时间而有所不同,最大1300吨,有时则为1190吨或707吨。余下9艘均为1000吨位以下,从480吨的加的斯号到969吨的挪拿号不等。

关于以上13艘轮船的航线,依据表3-12中显示出入香港的记录来看,除奥莲号曾一度航行至菲律宾的马尼拉之外,可大致分为两大区域。

航行最多的区域为连接香港与上海的海域,即广东省、福建省、浙江省、江苏省的周边海域。最北点为上海,途中停靠福州、汕头。从福州运往香港的主要货物为茶叶。而从事华南沿海航路的主要是亚丁号、北京号、加的斯号、恒河号等4艘轮船。

与此相对,从香港出发航行在西方海域的则是碧娜丝号、哥伦比亚号号、鸸鹋号、马耳他号、新加坡号、挪拿号等6艘轮船。这6艘船航行的最西处均为西印度的孟买,载货均只注明为邮寄物品,具体内容不得而知。

四、1867—1868年间半岛东方轮船公司在上海港的航运

1868年(明治元年,同治七年)日本发生了巨大的政治体制变革,开始积极深化与海外的交流。当时最为密切促进这种海外交流的是在东亚海域活动的欧美轮船。而上海可谓是东亚轮船航运的中心港口。因此有必要对半岛东方轮船公司于1867—1868年间在上海的航运活动作一考察。表3-13是依据《北华捷报》上登载的1867—1868年间的船舶信息整理而成。

表 3-13　1867—1868 年出入上海港半岛东方轮船公司航运表

年/月/日	船名	到达/出发	吨位	船长	始发地/目的地	货物	《北华捷报》期号
1866/12/26	马六甲号（Malacca）	到达	1237	Tomlin	香港		857
1866/12/26	恒河号	出发	742	Bernard	香港	丝绸等	857
1867/01/01	亚丁号	到达	507	Andrews	香港	一般货物	858
1867/01/04	马六甲号	出发	1237	Tomlin	横滨并经过长崎	杂物和重新出口的货物	858
1867/01/06	尼泊尔号（Nepal）	到达	541	Hector	横滨	一般货物	859
1867/01/06	日本号（Niphon）	到达	529	Peake	香港	一般货物	859
1867/01/09	亚丁号	出发	507	Andrews	香港	丝绸等	859
1867/01/14	新加坡号	到达	784	Willinson	宁波	一般货物	860
1867/01/13	日本号	出发	529	Peake	香港和港口	杂物和重新出口的货物	860
1867/01/16	尼泊尔号	出发	541	Hector	横滨	杂物和重新出口的货物	860
1867/01/21	恒河号	到达	742	Bernard	香港	一般货物	861
1867/01/25	马六甲号	到达	1237	Tomlin	横滨	一般货物	861
1867/01/20	新加坡号	出发	784	Willinson	香港	茶等	861
1867/01/27	兰道号（Landore）	到达	860	Howard	桑德兰	煤	862
1867/01/28	亚丁号	到达	507	Andrews	香港	一般货物	862
1867/01/26	马六甲号	出发	1234	Tomlin	香港	丝绸等	862
1867/01/31	恒河号	出发	742	Bernard	横滨	杂物和重新出口的货物	862
1867/02/02	新加坡号	到达	784	Willinson	香港	鸦片等	863
1867/02/06	尼泊尔号	到达	541	Hector	横滨	一般货物	863
1867/02/03	亚丁号	出发	507	Andrews	香港	茶等	863

(续表)

年/月/日	船名	到达/出发	吨位	船长	始发地/目的地	货物	《北华捷报》期号
1867/02/15	巽他号(Sunda)	到达	1200	Soames	香港	邮寄物品等	864
1867/02/09	新加坡号	出发	784	Wilkinson	香港	茶等	864
1867/02/19	恒河号	到达	742	Bernard	横滨	一般货物	865
1867/02/19	亚丁号	到达	507	Andrews	香港	鸦片等	865
1867/02/19	巽他号	出发	1260	Soames	香港	茶等	865
1867/02/31①	亚丁号	出发	507	Andrews	香港	茶等	865
1867/02/28	马六甲号	到达	1237	Tomlin	香港	一般货物	866
1867/03/06	尼泊尔号	到达	541	Hector	横滨	一般货物	867
1867/03/07	新加坡号	到达	784	Wilkinson	香港	一般货物	867
1867/03/03	恒河号	出发	742	Bernard	横滨	杂物和重新出口的货物	867
1867/03/15	亚丁号	到达	507	Andrews	香港	鸦片等	868
1867/03/09	马六甲号	出发	1237	Tomlin	香港	丝绸等	868
1867/03/15	尼泊尔号	出发	541	Hector	长崎	棉花等	868
1867/03/21	马六甲号	到达	1237	Tomlin	香港	杂物	869
1867/03/17	新加坡号	出发	784	Wilkinson	横滨	杂物和重新出口的货物	869
1867/03/21	亚丁号	出发	507	Andrews	香港	茶等	869
1867/03/24	尼泊尔号	到达	541	Hector	长崎	一般货物	1
1867/03/28	巽他号	到达	1260	Soames	香港	邮寄物品等	1
1867/04/03	加的斯号	到达	481	Edmond	香港	一般货物	1
1867/04/04	新加坡号	到达	784	Wilkinson	横滨	一般货物	1
1867/04/07	尼泊尔号	到达	540	Hector	长崎	一般货物	1

① 原文如此。——编者注

（续表）

年/月/日	船名	到达/出发	吨位	船长	始发地/目的地	货物	《北华捷报》期号
1867/03/26	马六甲号	出发	1237	Tomlin	香港	茶等	1
1867/03/27	尼泊尔号	出发	541	Hector	长崎	杂物和重新出口的货物	1
1867/03/31	恒河号	出发	742	Bernard	横滨	杂物等	1
1867/04/04	巽他号	出发	1260	Soames	香港	茶等	1
1867/04/13	马六甲号	到达	1237	Tomlin	香港	邮寄物品等	2
1867/04/09	加的斯号	出发	481	Edmond	香港	丝绸等	2
1867/04/14	尼泊尔号	出发	541	Hector	长崎	杂物和重新出口的货物	2
1867/04/16	新加坡号	出发	784	Wilkinson	横滨	棉花等	2
1867/04/17	巽他号	到达	1260	Soames	香港	一般货物	3
1867/04/19	恒河号	到达	743	Bernard	横滨	一般货物	3
1867/04/18	马六甲号	出发	1237	Tomlin	香港	棉花等	3
1867/04/22	尼泊尔号	到达	541	Hector	长崎	一般货物	4
1867/04/24	亚丁号	到达	507	Andrews	香港	邮寄物品等	4
1867/04/22	巽他号	出发	1260	Soames	香港	丝绸等	4
1867/04/25	恒河号	出发	742	Bernard	横滨	一般货物	4
1867/04/26	尼泊尔号	出发	541	Hector	长崎	杂物和重新出口的货物	4
1867/05/01	马六甲号	到达	1237	Tomlin	香港	一般货物	5
1867/05/04	新加坡号	到达	784	Wilkinson	横滨	丝绸等	5
1867/04/30	亚丁号	出发	507	Andrews	香港	茶等	5
1867/05/06	尼泊尔号	到达	541	Hector	长崎	一般货物	6

(续表)

年/月/日	船名	到达/出发	吨位	船长	始发地/目的地	货物	《北华捷报》期号
1867/05/10	巽他号	到达	1260	Soames	香港	邮寄物品等	6
1867/05/15	亚丁号	到达	507	Andrews	香港	一般货物	6
1867/05/07	马六甲号	出发	1237	Tomlin	香港	茶等	6
1867/05/12	新加坡号	出发	784	Wilkinson	横滨	棉花等	6
1867/05/12	尼泊尔号	出发	541	Hector	长崎	杂物和重新出口的货物	6
1867/05/16	巽他号	出发	1260	Soames	香港	茶等	6
1867/05/20	恒河号	到达	742	Bernard	横滨	一般货物	7
1867/05/25	马六甲号	到达	1237	Tomlin	香港	一般货物	8
1867/05/23	亚丁号	出发	507	Andrews	香港	丝绸等	8
1867/05/28	恒河号	出发	742	Bernard	横滨	杂物和重新出口的货物	8
1867/05/31	马六甲号	出发	1237	Tomlin	香港	杂物和重新出口的货物	8
1867/06/01	巽他号	到达	1260	Soames	香港	一般货物	9
1867/06/03	新加坡号	到达	784	Wilkinson	横滨	一般货物	9
1867/06/15	加的斯号	到达	481	Edmond	香港和港口	一般货物	10
1867/06/09	亚丁号	到达	507	Andrews	香港	一般货物	10
1867/06/06	巽他号	出发	1260	Soames	香港	茶等	10
1867/06/10	新加坡号	出发	784	Wilkinson	横滨	棉花等	10
1867/06/11	加的斯号	出发	481	Edmond	长崎	棉花等	10
1867/06/15	马六甲号	到达	1237	Tomlin	香港	一般货物	11
1867/06/20	恒河号	到达	742	Bernard	横滨	一般货物	11

（续表）

年/月/日	船名	到达/出发	吨位	船长	始发地/目的地	货物	《北华捷报》期号
1867/06/15	亚丁号	出发	507	Andrews	香港	杂物和重新出口的货物	11
1867/06/23	加的斯号	到达	481	Edmond	长崎	一般货物	12
1867/06/23	巽他号	到达	1260	Soames	香港	一般货物	12
1867/06/23	马六甲号	出发	1237	Tomlin	香港	丝绸等	12
1867/06/25	恒河号	出发	742	Bernard	横滨	杂物和重新出口的货物	12
1867/06/26	加的斯号	出发	481	Edmond	长崎	重新出口的货物	12
1867/06/29	亚丁号	到达	507	Andrews	香港	一般货物	13
1867/07/02	新加坡号	到达	784	Wilkinson	横滨	煤	13
1867/07/04	加的斯号	到达	481	Edmond	长崎	一般货物	13
1867/07/02	亚丁号	出发	507	Andrews	香港	丝绸等	13
1867/07/08	马六甲号	到达	1237	Tomlin	香港	一般货物	14
1867/07/15	亚丁号	到达	507	Andrews	香港	一般货物	14
1867/07/18	恒河号	到达	742	Bernard	横滨	一般货物	14
1867/07/06	巽他号	出发	1260	Soames	香港	茶等	14
1867/07/12	新加坡号	出发	784	Wilkinson	横滨	棉花等	14
1867/07/12	加的斯号	出发	481	Edmond	长崎	杂物和重新出口的货物	14
1867/07/13	马六甲号	出发	1237	Tomlin	香港	杂物和重新出口的货物	14
1867/07/28	马六甲号	到达	1237	Tomlin	香港	一般货物	16
1867/08/01	新加坡号	到达	784	Wilkinson	横滨	一般货物	16
1867/07/28	加的斯号	出发	481	Edmond	长崎	一般货物	16

(续表)

年/月/日	船名	到达/出发	吨位	船长	始发地/目的地	货物	《北华捷报》期号
1867/07/28	巽他号	出发	1260	Soames	香港	一般货物	16
1867/08/05	加的斯号	到达	481	Edmond	长崎	一般货物	17
1867/08/08	埃罗拉号(Ellora)	到达	1070	Rennoldson	香港	邮寄物品等	17
1867/08/06	马六甲号	出发	1237	Tomlin	香港	丝绸等	17
1867/08/11	新加坡号	出发	784	Wilkinson	横滨	杂物和重新出口的货物	17
1867/08/13	埃罗拉号	出发	1070	Rennoldson	香港	鸦片等	17
1867/08/21	巽他号	到达	1260	Soames	香港	一般货物	18
1867/08/18	亚丁号	到达	507	Andrews	香港和港口	一般货物	18
1867/08/20	恒河号	出发	742	Bernard	横滨	一般货物	18
1867/08/17	加的斯号	出发	481	Edmond	伦敦等	丝绸等	18
1867/08/22	马六甲号	到达	1237	Tomlin	香港	邮寄物品等	19
1867/08/22	巽他号	出发	1260	Soames	香港	茶等	19
1867/08/23	恒河号	出发	742	Bernard	香港	杂物和重新出口的货物	19
1867/08/25	亚丁号	出发	507	Andrews	横滨	棉花等	19
1867/08/29	马六甲号	出发	1237	Tomlin	香港	茶等	19
1867/09/01	鸸鹋号	到达	907	Dundas	香港和马尼拉	一般货物	20
1867/09/06	亚丁号	到达	507	Andrews	横滨	一般货物	21
1867/09/08	巽他号	到达	1260	Soames	香港	邮寄物品等	21
1867/09/06	鸸鹋号	出发	907	Dundas	香港	茶等	21

（续表）

年/月/日	船名	到达/出发	吨位	船长	始发地/目的地	货物	《北华捷报》期号
1867/09/11	巽他号	出发	1260	Soames	横滨	棉花等	21
1867/09/19	马六甲号	到达	1237	Tomlin	香港	一般货物	22
1867/09/23	加的斯号	到达	481	Edmond	香港	一般货物	23
1867/09/25	恒河号	到达	742	Bernard	香港	邮寄物品等	23
1867/09/21	亚丁号	出发	507	Andrews	香港	茶等	23
1867/09/28	马六甲号	出发	1237	Tomlin	横滨	茶等	24
1867/09/28	加的斯号	出发	481	Edmond	香港	茶等	24
1867/10/08	巽他号	到达	1260	Soames	横滨	一般货物	25
1867/10/09	巽他号	出发	1260	Soames	香港	茶等	25
1867/10/22	日本号	到达	594	Peake	香港经过福州	一般货物	26
1867/10/29	加的斯号	到达	481	Hockin	香港	一般货物	27
1867/10/26	日本号	出发	594	Peake	香港	茶等	27
1867/11/02	加的斯号	出发	481	Hockin	横滨	杂物和重新出口的货物	27
1867/11/13	亚丁号	到达	507	Andrews	香港	一般货物	28
1867/11/09	恒河号	出发	742	Bernard	香港	丝绸等	28
1867/11/29	恒河号	到达	742	Cates	香港	一般货物	29
1867/11/24	加的斯号	出发	481	Hockin	香港	丝绸等	29
1867/12/04	亚丁号	到达	507	Andrews	横滨	一般货物	30
1867/12/04	恒河号	出发	742	Cates	横滨	一般货物	30
1867/12/07	海伦号	到达	283	Law	谢尔德，纽卡斯尔		31
1867/12/09	亚丁号	出发	507	Andrews	香港	丝绸等	31

(续表)

年/月/日	船名	到达/出发	吨位	船长	始发地/目的地	货物	《北华捷报》期号
1867/12/29	亚丁号	到达	507	Andrews	香港	邮寄物品等	37
1867/12/24	加的斯号	出发	481	Hopkins	横滨	一般货物	37
1867/12/25	恒河号	出发	742	Cates	香港	茶等	37
1868/01/03	福摩萨号(Formosa)	到达	700	Hockin	香港经过福州	一般货物	38
1868/01/04	亚丁号	出发	507	Andrews	横滨	一般货物	38
1868/01/12	恒河号	到达	743	Cates	香港	邮寄物品等	116
1868/01/09	福摩萨号	出发	450	Hockin	香港	丝绸等	116
1868/01/15	恒河号	出发	742	Cates	横滨	一般货物	116
1868/01/21	亚丁号	到达	507	Andrews	横滨	一般货物	124
1868/01/28	加的斯号	到达	481	Edmond	香港	邮寄物品等	131
1868/01/26	亚丁号	出发	507	Andrews	香港		131
1868/02/05	恒河号	到达	742	Cates	横滨经过长崎	一般货物	206
1868/02/04	加的斯号	出发	481	Edmond	横滨	一般货物	206
1868/02/12	亚丁号	到达	507	Andrews	香港	邮寄物品等	215
1868/02/07	福摩萨号	出发	700	Hockin	香港	茶等	215
1868/02/16	亚丁号	到达	507	Andrews	横滨	一般货物	219
1868/02/19	加的斯号	到达	481	Edmond	横滨经过长崎	一般货物	229

（续表）

年/月/日	船名	到达/出发	吨位	船长	始发地/目的地	货物	《北华捷报》期号
1868/02/21	威尔士亲王号(Prince of Wales)	到达	996	Shepperd	新港	煤	229
1868/02/20	恒河号	出发	742	Cates	香港	丝绸等	229
1868/02/29	福摩萨号	到达	650	Hockin	香港	邮寄物品等	304
1868/03/02	加的斯号	出发	481	Edmond	横滨	一般货物	304
1868/03/04	亚丁号	到达	507	Andrews	横滨	一般货物	314
1868/03/05	福摩萨号	出发	650	Hockin	香港	丝绸等	314
1868/03/15	恒河号	到达	742	Cates	香港	邮寄物品等	318
1868/03/17	亚丁号	出发	507	Andrews	横滨	一般货物	318
1868/03/28	加的斯号	到达	481	Edmond	横滨	一般货物	328
1868/03/27	道格拉斯号(Douglas)	到达	615	Pitman	香港	邮寄物品等	328
1868/03/19	恒河号	出发	742	Cates	香港	丝绸等	328
1868/03/29	加的斯号	出发	481	Edmond	横滨	一般货物	401
1868/04/01	亚丁号	到达	507	Andrews	横滨	一般货物	411
1868/04/04	恒河号	到达	742	Cates	香港	一般货物	411
1868/04/01	道格拉斯号	出发	615	Pitman	香港	一般货物	411
1868/04/07	亚丁号	出发	507	Andrews	横滨	一般货物	411
1868/04/11	碧娜丝号	到达		McCulloch	香港	邮寄物品等	415
1868/04/14	恒河号	出发	742	Cates	横滨	一般货物	415
1868/04/15	加的斯号	到达	481	Edmond	横滨	一般货物	424

(续表)

年/月/日	船名	到达/出发	吨位	船长	始发地/目的地	货物	《北华捷报》期号
1868/04/21	道格拉斯号	到达	615	Pitman	香港	邮寄物品等	424
1868/04/16	加的斯号	出发	481	Edmond	香港	丝绸等	424
1868/04/22	碧娜丝号	出发	966	McCulloch	长崎和横滨	一般货物	424
1868/04/24	亚丁号	到达	507	Andrews	横滨	丝绸等	504
1868/04/28	马六甲号	到达	1237	Tomlin	香港	一般货物	504
1868/04/25	道格拉斯号	出发	615	Pitman	香港	丝绸等	504
1868/05/01	亚丁号	出发	507	Andrews	福州和香港	一般货物	504
1868/05/08	道格拉斯号	到达	615	Pitman	香港	一般货物	516
1868/05/08	恒河号	到达	742	Cates	横滨	一般货物	516
1868/05/09	亚佐夫号(Azof)	到达	476	Johnson	香港和港口	一般货物	516
1868/05/12	加的斯号	到达	481	Edmond	香港	邮寄物品等	516
1868/05/09	马六甲号	出发	1237	Tomlin	香港	丝绸等	516
1968/05/13	恒河号	出发	742	Cates	长崎和横滨	一般货物	516
1868/05/13	道格拉斯号	出发	615	Pitman	香港	一般货物	516
1868/05/14	亚佐夫号	出发	476	Johnson	福州等	一般货物	516
1868/05/22	亚丁号	到达	507	Andrews	香港	一般货物	530
1868/05/24	埃罗拉号	到达	1574	Murray	香港	邮寄物品等	530
1868/05/23	碧娜丝号	出发	966	McCulloch	香港	丝绸等	530
1868/05/26	亚丁号	出发	507	Andrews	香港	一般货物	530
1868/05/26	加的斯号	出发	481	Edmond	长崎和横滨	一般货物	530
1868/05/27	埃罗拉号	出发	1574	Murray	渔夫岛		530
1868/05/30	长门号(Nangato)	到达	107	Catto	渔夫岛	一般货物	605

（续表）

年/月/日	船名	到达/出发	吨位	船长	始发地/目的地	货物	《北华捷报》期号
1868/06/03	道格拉斯号	到达	615	Pitman	香港等	一般货物	605
1868/06/01	长门号	出发	107	Catto	渔夫岛		605
1868/06/05	恒河号	到达	1200	Cates	横滨	一般货物	613
1868/06/08	亚丁号	到达	507	Andrews	香港	一般货物	613
1868/06/08	福摩萨号	到达	480	Hockin	香港	一般货物	613
1868/06/06	道格拉斯号	出发	615	Pitman	香港	丝绸等	613
1868/06/09	亚丁号	出发	507	Andrews	香港	一般货物	613
1868/06/11	恒河号	出发	1200	Cates	香港	一般货物	613
1868/06/11	福摩萨号	出发	480	Hockin	渔夫岛		613
1868/06/12	吐克斯伯利号（Tewkesbury）	出发	1050	Fowler	马尼拉	压舱物	613
1868/06/15	埃罗拉号	到达	1070	Murray	青洲		619
1868/06/19	加的斯号	到达	481	Edmond	横滨	一般货物	627
1868/06/21	道格拉斯号	到达	615	Pitman	香港	邮寄物品等	627
1868/06/20	埃罗拉号	出发	1070	Murray	香港	丝绸等	627
1868/06/22	加的斯号	出发	481	Edmond	横滨	一般货物	627
1868/06/25	道格拉斯号	出发	615	Pitman	香港	丝绸	627
1868/06/29	福摩萨号	到达	480	Hockin	渔夫岛	丝绸等	703
1868/07/01	恒河号	到达	1200	Cates	香港	一般货物	703
1868/07/02	亚丁号	到达	501	Andrews	横滨	一般货物	703
1868/07/01	福摩萨号	出发	480	Hockin	香港	丝绸等	703
1868/07/04	埃罗拉号	到达	1070	Murray	香港	邮寄物品等	711
1868/07/04	恒河号	出发	1190	Cates	香港	丝绸等	711

(续表)

年/月/日	船名	到达/出发	吨位	船长	始发地/目的地	货物	《北华捷报》期号
1868/07/04	亚丁号	出发	501	Andrews	横滨	一般货物	711
1868/07/16	加的斯号	到达	481	Edmond	横滨	一般货物	717
1868/07/20	恒河号	到达	1190	Cates	香港	邮寄物品等	725
1868/07/21	加的斯号	出发	481	Edmond	横滨	杂物和重新出口的货物	725
1868/07/28	道格拉斯号	到达	615	Pitman	香港经过港口	一般货物	731
1868/07/30	亚丁号	到达	501	Andrews	横滨	丝绸等	731
1868/08/03	埃罗拉号	到达	1070	Murray	香港	邮寄物品等	808
1868/08/01	恒河号	出发	1190	Cates	香港	丝绸等	808
1868/08/01	道格拉斯号	出发	615	Pitman	香港	茶等	808
1868/08/04	亚丁号	出发	501	Andrews	横滨	一般货物	808
1868/08/15	加的斯号	到达	481	Edmond	横滨	一般货物	822
1868/08/17	恒河号	到达	1190	Cates	香港	邮寄物品等	822
1868/08/15	埃罗拉号	出发	1070	Murray	香港	丝绸等	822
1868/08/19	加的斯号	出发	481	Edmond	横滨	重新出口的货物	822
1868/08/20	道格拉斯号	出发	615	Pitman	香港和港口	杂物和重新出口的货物	822
1868/08/26	渥太华号(Ottawa)	到达		Eyre	香港	一般货物	828
1868/08/17	亚丁号	到达	501	Andrews	横滨	一般货物	828

（续表）

年/月/日	船名	到达/出发	吨位	船长	始发地/目的地	货物	《北华捷报》期号
1868/08/30	巽他号	到达	1217	Soames	香港	邮寄物品等	905
1868/08/29	恒河号	出发	1190	Cates	香港	茶等	905
1868/08/30	渥太华号	出发		Eyre	香港	茶等	905
1868/08/31	亚丁号	出发	501	Andrews	横滨	一般货物	905
1868/09/13	恒河号	到达	1190	Cates	香港	邮寄物品等	919
1868/09/12	巽他号	出发	1217	Soames	香港	丝绸等	919
1868/09/15	加的斯号	出发	481	Edmond	横滨	一般货物	919
1868/09/17	福摩萨号	出发	480	Hockin	横滨	一般货物	919
1868/09/24	亚丁号	到达	507	Andrews	横滨	邮寄物品等	925
1868/09/27	渥太华号	到达	814	Eyre	香港	邮寄物品等	1003
1868/10/02	福摩萨号	到达	480	Hockin	横滨	一般货物	1003
1868/09/26	恒河号	出发	742	Cates	香港	茶等	1003
1868/09/28	亚丁号	出发	507	Andrews	横滨	一般货物	1003
1868/10/07	挪拿号	到达	1001	Jones	厦门	一般货物	1013
1868/10/12	加的斯号	到达	481	Edmond	横滨	丝绸等	1013
1868/10/08	渥太华号	出发	814	Eyre	香港	棉花等	1013
1868/10/13	恒河号	到达	742	Bernard	香港	邮寄物品等	1017
1868/10/14	福摩萨号	出发	480	Hockin	横滨	一般货物	1017
1868/10/14	挪拿号	出发	1001	Jones	香港	茶等	1017

(续表)

年/月/日	船名	到达/出发	吨位	船长	始发地/目的地	货物	《北华捷报》期号
1868/10/26	亚丁号	到达	507	Andrews	横滨	邮寄物品等	1027
1868/10/29	渥太华号	到达	814	Eyre	香港	邮寄物品等	1031
1868/10/28	恒河号	出发	742	Bernard	香港	茶等	1031
1868/10/30	加的斯号	出发	481	Edmond	横滨	棉花等	1031
1868/11/14	亚佐夫号	到达	476	Johnson	福州	一般货物	1114
1868/11/12	挪拿号	到达	1001	Jones	香港	邮寄物品等	1114
1868/11/11	渥太华号	出发	814	Eyre	香港	丝绸等	1114
1868/11/13	亚丁号	出发	507	Andrews	横滨	一般货物	1114
1868/11/16	恒河号	到达	742	Cates	香港和汕头	一般货物	1124
1868/11/18	亚佐夫号	出发	476	Johnson	横滨	一般货物	1124
1868/11/26	渥太华号	到达	814	Eyre	香港	邮寄物品等	1128
1868/11/25	恒河号	出发	742	Cates	香港	丝绸等	1128
1868/11/27	挪拿号	出发	1001	Bernard	横滨	一般货物	1128
1868/12/06	亚丁号	到达	481	Andrews	横滨	一般货物	1208
1868/12/01	加的斯号	出发	481	Edmond	香港	丝绸等	1208
1868/12/11	恒河号	到达	784	Cates	香港	邮寄物品等	1212
1868/12/09	渥太华号	出发	814	Eyre	香港	茶等	1212
1868/12/21	挪拿号	到达	1001	Bernard	横滨	邮寄物品等	1222
1868/12/12	亚丁号	出发	484	Andrews	横滨	一般货物	1222

（续表）

年/月/日	船名	到达/出发	吨位	船长	始发地/目的地	货物	《北华捷报》期号
1868/12/23	福摩萨号	到达	700	Hockin	福州	一般货物	1228
1868/12/24	渥太华号	到达	814	Eyre	香港	邮寄物品等	1228
1868/12/23	恒河号	出发	784	Cates	香港	丝绸等	1228
1868/12/26	挪拿号	出发	1001	Bernard	横滨	一般货物	1228

1867—1868 年的两年间出入上海港的半岛东方轮船公司的轮船有亚丁号、亚佐夫号、碧娜丝号、加的斯号、道格拉斯号、埃罗拉号、福摩萨号、恒河号、海伦号、兰道号、马六甲号、长门号、尼泊尔号、日本号、挪拿号、渥太华号、威尔士亲王号、新加坡号、巽他号、吐克斯伯利号等 20 艘。这 20 艘轮船进出上海港的频率达 280 回。其中进出港口频率极低的有海伦号、兰道号、长门号、吐克斯伯利号号 4 艘。其余 16 艘则以上海港为中心展开频繁的航运活动。

最为活跃的是亚丁号，两年中出入上海港达 52 回。紧随其后的依次为 46 回的恒河号、37 回的加的斯号、26 回的马六甲号、20 回的巽他号。上列亚丁号、恒河号、加的斯号、马六甲号、巽他号 5 艘船出入上海港的频率高达 181 回，占 64.6%。

试以表 3-14 对航运次数高居首位的亚丁号的航迹进行分析。

表 3-14　1867—1868 年半岛东方轮船公司亚丁号的航迹

年/月/日	到达/出发	船长	出发地/目的地	吨位	货物
1867/01/01	到达	Andrews	香港	1227	一般货物
1867/01/09	出发	Andrews	香港		丝绸等
1867/01/28	到达	Andrews	香港	124	一般货物
1867/02/03	出发	Andrews	香港		茶等
1867/02/19	到达	Andrews	香港	214	鸦片等
1867/02/31①	出发	Andrews	香港		茶等

① 原文如此。——编者注

(续表)

年/月/日	到达/出发	船长	出发地/目的地	吨位	货物
1867/03/15	到达	Andrews	香港	311	鸦片等
1867/03/21	出发	Andrews	香港		茶等
1867/04/24	到达	Andrews	香港	416	邮寄物品等
1867/04/30	出发	Andrews	香港		茶等
1867/05/15	到达	Andrews	香港	511	一般货物
1867/05/23	出发	Andrews	香港		丝绸等
1867/06/09	到达	Andrews	香港	605	一般货物
1867/06/15	出发	Andrews	香港		杂物和重新出口的物品
1867/06/29	到达	Andrews	香港	625	一般货物
1867/07/02	出发	Andrews	香港		丝绸等
1867/07/15	到达	Andrews	香港	711	一般货物
1867/08/18	到达	Andrews	香港和港口	807	一般货物
1867/08/25	出发	Andrews	横滨		棉花等
1867/09/06	到达	Andrews	横滨	902	一般货物
1867/09/21	出发	Andrews	香港		茶等
1867/11/13	到达	Andrews	香港	1109	一般货物
1867/12/04	到达	Andrews	横滨	1129	一般货物
1867/12/09	出发	Andrews	香港		丝绸等
1867/12/29	到达	Andrews	香港	1224	邮寄物品等
1868/01/04	出发	Andrews	横滨		一般货物
1868/01/21	到达	Andrews	横滨	116	一般货物
1868/01/26	出发	Andrews	香港		
1868/02/12	到达	Andrews	香港	208	邮寄物品等
1868/02/16	到达	Andrews	横滨		一般货物
1868/03/04	到达	Andrews	横滨	227	一般货物

（续表）

年/月/日	到达/出发	船长	出发地/目的地	吨位	货物
1868/03/17	出发	Andrews	横滨		一般货物
1868/04/01	到达	Andrews	横滨	326	一般货物
1868/04/07	出发	Andrews	横滨		一般货物
1868/04/24	到达	Andrews	横滨	418	丝绸等
1868/05/01	出发	Andrews	福州和香港		一般货物
1868/05/22	到达	Andrews	香港	518	一般货物
1868/05/26	出发	Andrews	香港		一般货物
1868/06/08	到达	Andrews	香港		一般货物
1868/06/09	出发	Andrews	香港		一般货物
1868/07/02	到达	Andrews	横滨	627	一般货物
1868/07/04	出发	Andrews	横滨		一般货物
1868/07/30	到达	Andrews	横滨	725	丝绸等
1868/08/04	出发	Andrews	横滨		一般货物
1868/08/26	到达	Andrews	横滨	800	一般货物
1868/08/31	出发	Andrews	横滨		一般货物
1868/09/24	到达	Andrews	横滨	919	邮寄物品等
1868/09/28	出发	Andrews	横滨		一般货物
1868/10/26	到达	Andrews	横滨	1021	邮寄物品等
1868/11/13	出发	Andrews	横滨		一般货物
1868/12/06	到达	Andrews	横滨	1202	一般货物

从表 3-13 可知，亚丁号来往于香港、上海之间的海域，从事沿海航运。之后其活动规律一直延续，继续从事上海与香港之间的沿海航运，这从表 3-14 可以得到印证。但是 1867 年 8 月之后改变骤然发生。1867 年 8 月 25 日从上海出港后，其目的地变成了日本横滨。1868 年 5 月至 6 月航行于福州、香港之间，但之后又再次从事上海与横滨之间的航运。前半段的上海、香港之间的航运，主要把茶叶与丝绸从上海运往香港，把鸦片从香港运往上海。横滨与上海间航运的展

开,主要是因为明治政府的成立导致贸易政策出现松动。后半段从日本将丝绸运往上海。

恒河号与亚丁号正好相反,1866 年年底开始从事上海与横滨之间的航运,而后半段则开始从事上海与香港的航运。

从表 3-14 显示的 1867—1868 年上海港船舶信息中可知,半岛东方轮船公司的轮船以上海为轴心展开上海港、香港及日本横滨的三角贸易活动。

留存至今最早的半岛东方轮船公司的广告登载在 1872 年(明治五年)2 月 2 日发行的《横滨每日新闻》第 355 号头版上。

> 英十五番
>
> 飞脚船会社蒸汽船一个月两次出航,从本港(横滨)出发,抵达香港。除了新加坡槟城之外,还可乘坐大蒸汽船前往印度、奥地利、瑞典、埃及、意大利、法国、英国等国之各大港口以及欧罗巴洲、奥西亚尼亚洲。敬请惠顾。
>
> 船名　Aden 号船　二月四日从兵库出航
>
> 船名　Madras 号船　二月四日驶往香港
>
> 横滨　居留地十五番社中
>
> 半岛东方轮船公司①

从以上广告可知,半岛东方轮船公司在横滨居留地建立了商馆,在横滨被称作"英十五番"商馆。

1893 年(明治二十六年)10 月发行的《横滨内外贸易商览》为我们提供了佐证。该文献中,半岛东方轮船公司作为"轮船公司",以居留地"十五番馆吉利凯特半岛及东洋汽船会社"②字样登记在册,而且作为"商馆",也同样以"十五番馆半岛及东洋汽船会社"③字样记录在册。

---

① 『横浜每日新聞』第 1 巻、不二出版、1992 年 7 月、153 頁。

② 『郷土よこはま(横浜)』第 119—121 号、横浜市図書館普及課、1990 年、78 頁。

③ 同書、89 頁。

五、1870年出入横滨港半岛东方轮船公司的航运表

依据1870年1月22日创刊于横滨的《日本每周邮报》(*The Japan Weekly Mail*)的创刊号开始一年中的"船务信息(Shipping Intelligence)"一栏,对半岛东方轮船公司的轮船及半岛东方轮船公司为收货人的船舶进行整理,制成表3-15。

表3-15　1870年出入横滨港半岛东方轮船公司的航运表

序号	月/日	到达/出发	船名	船长	吨位	始发地	货物
I-1	1/16	出发	巽他号	Cates	1217	香港	邮寄物品等
I-2	1/24	到达	孟买号(Bombay)			香港	邮寄物品等
I-3	1/30	出发	渥太华号	Edmonds	890	香港	邮寄物品等
I-4	2/06	到达	哈丁顿号(Haddington)	Angove	1460	利物浦(118天)	煤
I-4	2/07	到达	马六甲号	Bernard	1800	香港(1870年1月31日下午5时2分)	邮寄物品等
I-5	2/13	出发	孟买号			香港	邮寄物品
I-5	2/14	出发	詹姆斯·瓦特号(James Watt)	Simpson	674	卡亚俄	
I-5	2/18	到达	加的斯号	Dundas	816	上海经过南方港口	一般货物
I-6	2/22	到达	巽他号	Cates	1686	香港	一般货物
I-6	2/25	到达	女王岛号(英国货船)	Foster	340	卡迪夫	煤
I-7	2/27	出发	马六甲号	Bernard		香港	邮寄物品等
I-8	3/08	到达	渥太华号	Edmonds	1274	香港	邮寄物品等
I-9	3/13	出发	巽他号	Cates	1686	香港	邮寄物品等

(续表)

序号	月/日	到达/出发	船名	船长	吨位	始发地	货物
I-10	3/19	到达	马六甲号			香港(3 月 12 日—3 月 19 日);横滨	
I-10	3/25	出发	女王岛号(英国货船)	Foster	380	西京	压舱物
I-10	3/26	出发	加的斯号	Dundas	780	上海经过南方港口	邮寄物品和一般货物
I-11	3/27	出发	渥太华号	Edmonds	1727	香港	邮寄物品等
I-12	4/03	到达	巽他号	Cates	1700	香港	一般货物和邮寄物品
I-13	4/10	出发	马六甲号	Bernard	1800	香港	邮寄物品等
I-14	4/17	到达	渥太华号	Edmonds	814	香港	邮寄物品、一般货物
I-14	4/19	出发	巽他号	Cates	1700	香港	邮寄物品和一般货物
I-15	4/29	到达	马六甲号	Bernard	1800	香港	邮寄物品和一般货物
I-16	5/03	到达	渥太华号	Edmonds	814	香港	邮寄物品和一般货物
I-17	5/13	到达	巽他号	Cates	1800	香港(5 月 4 日出发)	邮寄物品等
I-18	5/17	出发	马六甲号	Bernard	1800	香港	邮寄物品等
I-18	5/21	到达	亚丁号	Hocken	812	上海(5 月 15 日出发)	压舱物
I-19	5/23	出发	巽他号	Cates	1800	上海	一般货物
I-19	5/25	到达	渥太华号	Edmonds	814	香港	邮寄物品等

（续表）

序号	月/日	到达/出发	船名	船长	吨位	始发地	货物
I-20	5/31	出发	亚丁号	Hocken	812	香港	邮寄物品以及415箱有包装丝绸
I-21	6/07	到达	加的斯号	Dundas	816	香港（5月31日出发）	邮寄物品等；来自香港的货物：524包砂糖、半袋装大米364件、544件杂物、4箱珠宝
I-22	6/14	出发	渥太华号	Edmonds	814	香港	邮寄物品和一般货物
I-23	6/19	到达	亚丁号	Andrews	816	香港（6月13日出发）	一般货物
I-24	6/28	出发	亚丁号	Andrews	816	香港	邮寄物品等；15箱有包装的丝绸
I-24	7/01	到达	孟买号	Davies	1350	香港	5000包来自香港的一般货物；500袋大米；250包杂物
I-25	7/04	到达	渥太华号	Edmonds	1200	香港	邮寄物品等
I-26	7/12	出发	孟买号	Davies	1350	香港	邮寄物品和一般货物；145件有包装
I-27	7/18	到达	亚丁号	Andrews	816	香港	邮寄物品等
I-28	7/28	到达	弗洛里斯号（Floris）（美国货船）	Ellis	950	利物浦	煤
I-29	8/03	到达	孟买号	Davies	1800	香港	邮寄物品等
I-30	8/09	出发	孟买号	Davies	1800	香港	邮寄物品和一般货物；123箱有包装的丝绸
I-30	8/11	出发	亚丁号	Andrews	816	兵库	一般货物
I-30	8/13	到达	亚伯丁号	Gould	1210	纽卡斯尔	煤

(续表)

序号	月/日	到达/出发	船名	船长	吨位	始发地	货物
I-31	8/14	到达	马德拉斯号	Gaby	1092	香港	邮寄物品等
I-32	8/23	出发	马德拉斯号	Gaby	1092	香港	18 箱有包装的丝绸;邮寄物品等
I-32	8/24	出发	亚丁号	Andrews	816	兵库	一般货物
I-33	8/30	到达	孟买号	Davies	1311	香港(8 月 23 日出发)	邮寄物品等
I-33	9/03	到达	亚丁号	Andrews	816	兵库	一般货物
I-34	9/06	出发	孟买号	Davies	1800	香港	邮寄物品和一般货物
I-34	9/08	出发	亚丁号	Andrews	816	兵库	一般货物
I-35	9/14	到达	马六甲号	Bernard	1400	香港(9 月 5 日下午 6 点 15 分出发,风力增强至强风);横滨(9 月 14 日上午 6 点半到达)	邮寄物品等
I-35	9/16	到达	亚丁号	Andrews	816	兵库	一般货物
I-36	9/20	出发	马六甲号	Bernard	1400	香港	邮寄物品和一般货物
I-36	9/22	出发	亚丁号	Andrews	816	兵库、长崎和上海	一般货物
I-37	9/27	到达	马德拉斯号	Gaby	1800	香港	邮寄物品
I-38	10/04	出发	亚伯丁号	Gould	1210	马尼拉(从纽卡斯尔出发),8 月 13 日到达	压舱物
I-39	10/10	出发	马德拉斯号	Gaby	1800	香港	邮寄物品

（续表）

序号	月/日	到达/出发	船名	船长	吨位	始发地	货物
I-39	10/13	到达	巽他号	Cates	1800	10月3日下午5点离开香港（遇到台风）	邮寄物品
I-40	10/17	到达	亚丁号	Andrews	816	上海经过内海	一般货物
I-40	10/21	出发	亚丁号	Andrews	816	兵库	一般货物
I-41	10/23	出发	亚丁号	Cates	1800	香港	邮寄物品等
I-41	10/27	到达	孟买号	Davies	1400	香港	邮寄物品
I-42	10/31	到达	亚丁号	Andrews	816	上海经过内海	一般货物
I-43	11/06	到达	孟买号	Davies	1400	香港	邮寄物品
I-43	11/06	出发	孟买号	Davies	1400	香港	
I-43	11/12	出发	亚丁号	Andrews	816	兵库	一般货物
I-44	11/16	到达	马德拉斯号	Gaby	1400	香港	邮寄物品
I-44	11/17	到达	亚丁号	Andrews	816	兵库	一般货物
I-46	11/28	到达	孟买号	Davies	1330	香港	邮寄物品
I-47	12/04	到达	亚丁号	Andrews	816	香港	邮寄物品
I-47	12/04	出发	马德拉斯号	Davies	1400	香港	邮寄物品等
I-49	12/18	出发	孟买号	Gillson	1400	香港	邮寄物品等
I-50	12/25	到达	马德拉斯号	Gaby	1400	香港	邮寄物品等
I-50	12/26	到达	普瑞号	Buckminster	265	长崎	煤

依据上列1870年这一年间出入横滨港的半岛东方轮船公司的航运表来看，除去航行频率较低的船只外，活动较为频繁的为亚丁号、孟买号、加的斯号、马德拉斯号、马六甲号5艘船。其中最为频繁的要数亚丁号，该船在那一年中主要进行横滨与兵库之间的航运活动。由于当时日本在1872年才开通新桥与横滨之间的铁路，1889年（明治二十二年）开通东京与神户之间的东海道铁路线，因此轮船航运的确是当时节省时间的最佳交通手段。

亚丁号从横滨出港驶往兵库，然后再从兵库出发进入横滨港，最长航行19

日,最短6日,由此可知横滨与神户之间的航程一般去程2到3日,返程2到3日。

然而孟买号、马德拉斯号、马六甲号则有所不同,其并未把日本其他港口纳入视野,仅仅从事横滨、香港之间的往返航行。

六、小结

上文对19世纪后半叶英国半岛东方轮船公司以香港、上海及横滨为基地开展的东亚海域航运活动进行了考察。当时日本推翻德川幕府体制成立明治新政府,政治体制发生了巨变。半岛东方轮船公司积极开展香港、上海、横滨等东亚海域航运,对日本而言,该公司可谓承担了幕末明治初期连接日本与中国之间航运的重要使命。

从中国方面来看,该公司将亚洲重要基地设在依据《南京条约》对外开放的东亚重要贸易港口上海,开展连接上海、香港两大基地之间的航运活动。随着日本实施新的政策,该公司打入日本市场,开拓了连接香港、上海、横滨的三角航路。

综上所述,英国半岛东方轮船公司在19世纪前半叶进入东亚海域,随着1842年《南京条约》的签订打入上海,开展香港与上海之间的航运活动,继而将触角伸向开港的日本,在横滨建立远东基地。

第四节　宁波商人虞洽卿创办的宁绍商轮公司

一、绪言

宁波位于浙江省东北沿海，属中国沿海枢纽，既有南北航运，又有直通京杭运河的余姚江水运，是中国大陆沿海地域的重要物资集散地和海外输出港口。[①] 宁波商人很早就开始向沿海地域及海外发展。[②] 到了清朝迁界令一解除，就出现了从事日本长崎贸易的宁波商人。[③]

随着《南京条约》的签订，上海、宁波、福州、厦门、广州五口通商。于是沿海商人开始积极从事贸易活动，尤其许多宁波商人前往上海谋求发展[④]，其中就有

① 斯波義信『宋代江南経済史研究』汲古書院、1988 年。松浦章「寧波出帆、寧波帰帆：清代寧波帆船の航跡」『東アジア海域交流史 現地調査研究~地域・環境・心性~』(平成 17 年度—21 年度 文部科学省特定領域研究—寧波を焦点とする学際的創生—現地調査研究部門) 第 1 号、2006 年 12 月、63—84 頁。

② 斯波義信『宋代商業史研究』風間書房、1968 年。

③ 松浦章『清代海外貿易史の研究』朋友書店、2002 年。

④ 西里喜行「清末寧波商人の研究」(上)『東洋史研究』第 26 巻第 1 号、1967 年 6 月、第 1~29 頁。

虞洽卿[①]。他于19世纪末期来到上海发家致富,进而成长为上海经济的代表人物。虞洽卿为了打通经济中心上海和故乡宁波之间的交通,尝试开发轮船航运业。

当时连接上海和宁波的定期航线为太古轮船公司和招商局轮船公司所垄断,而虞洽卿所创办的新轮船公司是以民族资本的形式参与其中。本文拟对其设立经过及航运状况进行论述。

二、虞洽卿与轮船航运事业

作为近代宁波代表商人之一的虞洽卿,名和德,幼名瑞岳,字洽卿。同治六年出生于浙江省镇海县山下村,即今慈溪市。[②] 1945年在四川省重庆市过世,时年78岁。地处慈溪市龙山镇山下村的故居"天叙堂"保存至今。其规模宏伟,宽59米,进深94米,面积达5546平方米,分为前后两大格局。前方是1916年至1919年所建的清朝建筑样式,后方是1926年至1929年建成的西洋格式建筑。笔者曾于2006年9月23日造访其故居。

虞洽卿6岁(1873年)时,其父虞晚峰去世,之后,他与母亲方氏共同支撑一家生计。到了1881年,他14岁时经朋友介绍离家到上海瑞康颜料行工作。经过十年的努力,成为瑞康颜料行的投资者。

之后,虞洽卿跻身金融界,并且拓展航运业。1908年设立宁绍商轮公司,1915年成立三北轮埠公司。三北轮埠公司的本部设于上海,另在龙山、镇海、宁波设有分店,航运轮船分别名为镇北、慈北、姚北。由此虞洽卿成为当时中国经济界的代表人物。

---

① 关于虞洽卿的研究有陈来幸的《论虞洽卿》(参见京都大学人文科学研究所共同研究报告《五四运动的研究》第2函,同朋舍,1983年12月,第1—127页)。文中详细探讨了虞洽卿从买办起家,到开拓民族企业,以及五四时期的企业经营,以上海总商会会长身份从事政治活动,作为浙江财阀与蒋介石的关系等。然而关于本文所要论述的宁绍商轮股份有限公司,仅仅简单提及说"宁绍公司通过航业维持会这一组织得到同乡人的支持,得以摆脱来自带有浓厚官僚色彩的招商局及外国企业的压迫,为民营轮船公司赢得一席之地"(第27页),而并没有详细探讨其航运形态。

② 龙山虞氏旧宅建筑群晋为重点文物保护单位。慈溪市文物管理委员会办公室:《虞洽卿与天叙堂》,2001年,第8页。

在昭和初期的日本，虞洽卿也受到外务省的关注，将他录入《名鉴》：

> 当初由咸康号染料店员起家，因业务关系与外国人接近机会较多，于是发奋利用夜间余暇学习英语，遂成为荷兰银行买办。之后不满于中国航海业的落后状况，创设鸿安、三北、宁绍三大轮船公司。现为上海最有实力的实业家。除上述三家公司经理、荷兰银行买办之外，还被推选为商人团体整理委员会主席、航业公会执行委员。因擅长英语，斡旋处理与工部局之间关系，获得众望。①

1936年上海商业界为70岁的虞洽卿举办祝寿宴。宴会情形登载在1936年7月6日《申报》的“本市新闻”一栏中，题为“虞洽卿先生七秩大庆五五纪念”。文中披露了虞洽卿本人在宴会上的致辞，题为《虞老自述》(参见文末参考资料)。根据虞洽卿自述所说，作为他本人一手创办的事业，谈及“洽卿首先创办四明银行及宁绍商轮公司”，即四明银行和宁绍商轮公司。

尤其宁绍商轮公司是贯通经济中心上海和故乡宁波的航运事业的开端。关于开创目的，他本人曾经说过：

> 唯沪地为通商要埠，商业繁盛，我中国各省无出其右，而商业之中，又推我宁绍人居其多数。故宁绍同乡之往来沪甬者，日益繁众，往来沪甬轮船，日形拥挤，其航业之发达获利之优厚。固已昭昭，任人耳目矣。②

作为对外通商中心的上海，商业繁荣发达，19世纪末20世纪初树立了其中国经济中心的地位。一方面，当时许多宁波商人居住在上海从事经济活动，由此上海与宁波之间的人员往来和物质交流日渐繁盛。于是开设连接两地的轮船航线，势在必行。另一方面，针对大轮船公司对上海—宁波航线的垄断，要求降低运费

---

① 「虞洽卿(Yü Ch'iao-ch'ing 南音 Yü Ca-ching)名和德 年齢六十五」『改訂 現代支那名鑑「追補第一」』外務省情報部、1930年4月、第29頁。

② 《申报》第101册第13088号，上海：上海书店出版社，第173页。

的愿望难以实现,于是转向开设自己的轮船公司。①

正是在此背景下,虞洽卿决定募集资金开设上海、宁波两地间的轮船航线。有关开设申请和批准文件刊登在宣统元年二月十五日(1909年3月6日)《商务官报》第5期上,题为《轮船公司创办批文》。原文如下:

> 据禀职商虞和德等集股银二十五万元,创办宁绍商轮股份有限公司,购船规埠,往来上海宁波,大致已有端倪,缮呈章程,禀请核准立案,分咨保护等情。查阅所拟章程,于公司集股办法,尚为详晰。惟"宁绍"二字系杭路旧称,应另定公司字号。其所称总协理,亦系沿用商会职员名目,应改为总办或司理人,其职员应改为事务员,职务应改为事务,以符名实。至行轮事宜,应另拟章程,分禀邮传部核夺。除先准立案外,俟该公司更正补呈注册后,再行咨饬保护,仰即转饬遵照可也,电批。三月初四日
>
> 虞和德等创办于宣统元年五月二十五日——股份有限公司
>
> 总号　上海
>
> 分号　宁波
>
> 股银　一百万元(上海通用银),每股银五元
>
> 注册日期　宣统元年七月二十五日②

上文中的虞和德即虞洽卿,他募集资金25万元创设宁绍商轮股份有限公司,购入船舶,分别在上海和宁波设立总店和分店,在两地间开通航运业务。

相关文献记载见于《申报》第13011号(1909年4月26日)的《宁绍商轮公

---

① 原文为:"光绪季年招商局与英商太古洋行·法商立兴洋行联合行驶上海宁波间,每客票价初由五角涨至一元,复涨至一元五角。宁波商人向上海往来者甚多,受此垄断甚为不平,由虞和德等向三公司要求减价不允,和德等愤而自行组织宁绍商轮股份有限公司,光绪三十四年六月设立。"(参见张心澂:《中国现代交通史》,上海:良友图书印刷公司,1931年,第285页)

② 《公司注册各案摘要》,载《商务官报》宣统元年二月十五日,台北:"故宫博物院",1982年1月。聂宝璋、朱荫贵:《中国近代航运史资料·第二辑(1895—1927)》下册,北京:中国社会科学出版社,2002年,第1055—1056页。

司禀准立案》一文中：

邮传部批宁绍商轮公司禀云，据禀，已悉该总理虞和德等呈称，筹集股银一百万元，遵有限公司定律，创办宁绍商轮股份有限公司，购船规埠，往来上海、宁波。大致业有端绪俟股本收足，即行开办业，已实收股银二十五万元，照章开股东正式会，公举总协理代表全体股东，拟具详细章程，请准予立案，分咨保护等情，查该总理等，筹集巨款，振兴航业，洵属当务之急，自应先予立案，俾资劝勉，惟所拟章程，全系股份公司，应有之章于行轮一切事宜，并未陈及除抄录原章，咨由农工商部，查核外合亟批饬该商会，仰即转饬该公司，将购造轮船，建设码头，开行班期，货客价目，任用船员一切，详细章程，妥拟具报再行，酌核批示可也。①

《申报》第 13017 号（1909 年 5 月 2 日，宣统元年三月十三日）又有后续记载，题为《部饬更正宁绍商轮公司名称》：

宁绍商轮公司，前奉邮传部批准立案，曾志前报，兹上海商会，又奉农工商部批云，据禀，职商虞和德等，集股银二十五万元，创办宁绍商轮股份有限公司，购船规埠，往来上海、宁波，大致已有端绪，缮呈章程禀请核准立案，分咨保护等情，查阅所拟章程于公司集股办法尚为详晰，惟“宁绍”二字，系航路旧称，应另订公司字号，其所称总协理，亦系沿用商会职员名目，应改为总办或司理人，其职员应改事务员，职务应改事务，以符名实至行轮事宜，应另拟章程分，禀邮传部核夺，除先准立案外，俟该公司更正补呈注册后，再行咨饬保护，仰即转饬遵照。②

另外，上海《时报》在第 1753 号（1909 年 5 月 3 日，宣统元年三月十四日）也

① 《申报》第 99 册第 13011 号，上海：上海书店出版社，第 816 页。

② 《申报》第 99 册第 13017 号，上海：上海书店出版社，第 23—24 页。

有相关记载,题为《上海宁绍商轮公司呈邮传农商两部注册禀》:

具呈上海宁绍商轮股份有限公司总理虞和德,协理严义彬,方舜年呈,为筹集股份创办商轮以保航业而挽利权恳请转呈立案事。窃和德等隶籍宁波,经商海上,深知商务之发达,端赖交通之利便。而航业盛衰,尤觇国势,吾海岸延长,江湖纷歧,四通八达,轮船是赖。上海为中国商业中心点,而尤为宁波工商根据地,诚以宁波地少人众,非奔走谋食万难自养。沪甬航路,一一可达,故联袂携眷,纷至沓来,侨寓之数,几占全埠人口之半,惟距离近,则往返愈多,人数多则乘客愈挤,航业发达则久推此线。

上文中明确介绍了虞洽卿等开设宁绍商轮公司的目的。原籍宁波的虞洽卿等早年来到上海一直从事经济活动,熟知商业发达与交通发达之间有密不可分的关系。当时最快的交通手段就是轮船,而宁波商人以中国经济中心上海为基地从事商业活动。宁波地狭人多,剩余劳力如果不离乡谋生,就无法养家糊口。结果造成上海总人口的一半为宁波人。宁波与上海距离又近,于是大多数人都认为两地之间非常适宜开设轮船航线。

但是在虞洽卿等有此想法之前,上海和宁波间早已有实力雄厚的轮船公司经营两地航运。对此,方腾在《虞洽卿论》中写道:

光绪末年,往来沪甬之间的航轮,只有英商太古的北京轮、招商局的江天轮两艘,乘客极为拥挤,统舱票价单程为一元……①

从中得知,光绪末年在上海和宁波之间行驶有英国太古轮船公司的北京号和招商局的江天号两艘船,彼此竞争。某种意义上可以说是处于两家大型轮船公司的垄断状态中。

① 方腾:《虞洽卿论》,载《杂志》第12卷第2期,1943年11月。参见聂宝璋、朱荫贵:《中国近代航运史资料·第二辑(1895—1927)》下册,北京:中国社会科学出版社,2002年,第1057页。

虞洽卿等开设的宁绍商轮公司当时面临的就是这种垄断局面。

《申报》第13040号(1909年5月25日,宣统元年四月初七日)的“实业”栏刊登有题为《浙商认集宁绍商轮股款之踊跃》一文:

汉口宁绍会馆于(四月)初二日,开宁绍商轮公司认股会,到者约三百人,以浙籍官商为多数。首由上海派来之代表陈子琴、屠康侯二君,宣告公司一切组织情形及开会宗旨,次由孙涤甫、汪炳生、盛竹书诸君次第演说,劝人认股,并胪举其利益,当场签名认定者,计得一万五千三百五十股,诚可谓热心公益矣。①

相同内容的报道还出现在《时报》第1776号(1909年5月26日,宣统元年四月初八日)“地方通信·湖北通信”栏目中,内容如下:

汉商认集宁绍轮股值踊跃　宁绍商轮公司派来汉口招股之代表陈子琴、屠康侯两君,于日前来汉。初二,浙江旅汉同乡特在浙宁会馆,开劝股大会,当场认股者,已有一万五千三百五十股,每股五元,合计洋七万六千七百五十元。因是日到会者尚未齐集,故定于初五日,复在绍兴会馆,开第二次大会。

《时报》第1862号(1909年8月20日,宣统元年七月初五日)的“本埠新闻”中有一则宁绍商轮的报道:

宁绍人开会演说并拟章程五则　宁绍帮绸缎顾绣衣业同人,为维持宁绍商轮起见,特于昨日假城内轩辕公所聚秀堂开会集议,到者甚众,由业董演说,词句并章程五则分列于后,今日诸公到此大都均为宁绍商轮事而来,足见诸公热心公益,感佩感佩。这桩商轮事情,是我宁绍帮中之极大一起好事,发起人乃虞君洽卿,真是难得。既为同乡义务,又可以挽回利权。在诸

① 《申报》第100册第13040号,上海:上海书店出版社,第342页。

公固大家都明白的,现在某轮大跌其价,诱我宁绍人趁他的船,其所以不惜折蚀其真本钱者,盖一心想我宁绍商轮生意稀少,将来不久公司必然倒闭锁。诸公想想看,可恶不可恶。若是我宁绍公司果然被他逼倒,是我宁绍帮从此破气,必为别帮所笑,且将来某船必欲大增其价,不怕我宁绍人不去趁他的船。仔细想想看,不得不大家争一口气。近日各业中如糖行、海味行、参行以及水果行、鲜咸货行等莫不纷纷开会,互结团体,以求抵制之策。凡一切往来货色,均装搭自己轮船。且闻各业均以签字为凭,故看日日报纸上亦极赞颂我宁绍人团力之坚固,因思我业中惟宁绍帮人居其多数,大家若不争一口气,则在各业中必均讥诮我看轻我了。所以今日特邀诸公到此,自后或往返沪甬,必要趁自己宁绍商轮,万万不可见目前之小利,去趁他外国人的船了,并请诸公回去后,向店中各友及栈司等人互相诘诫,是则鄙人深幸,抑亦宁绍全体诸同胞所深幸,抑亦宁绍全体诸同胞所深幸也。

一、各店朋友往返沪甬者均趁同乡宁绍商轮。

一、一应货物亦均装宁绍商轮不得私装某轮。

一、同业往来信客或有趁某船者,概不与他寄带信件。

一、各店逐年预先买存某船(最)宁绍船票以备往返所需。

一、各朋友如有欲贪贱船价者,可照廉之价向店主预票,各店主自愿津贴。

以上各项条规均经大众赞成,至五下钟,均各签允散会。

依据上文可知,为了创设宁绍商轮公司,拟订五条章程,号召居住在上海的宁绍人大力协助,不局限于人员往来,书信往来、货物运送也要使用宁绍商轮。

《时报》第1764号(1909年5月14日,宣统元年三月二十五日)第一版广告中,预告宁绍商轮公司从福建船政局购入大型轮船投入运营的消息:

宁绍商轮,已经购定,请各股东公鉴启者,本公司,现已购定福建船政局,新造明窗大轮船一艘,计净价英洋三十万元,并无外费,业派聘定船主,前立大船大领江培,而君等往领。宁波江北岸,洋船弄口码头上栈房、验台浮码头、浮桥等工程,皆以动工,上海码头,亦承大达公司允租北首第一码头。所有第二、三期,并缴每股洋三元,望各股东即向英租界宁波路,即后马路四明银行西隔壁,本公司事务所照缴,以资开办,勿延为叩。宁绍商轮公司总协理虞洽卿、严子均、方樵苓同启。

《时报》第 1865 号(1909 年 8 月 23 日,宣统元年七月初八日)载:

宁绍商轮之团体 沪南豆米业,于七月初四日下午二时,在龙王庙邀集同行,会议办法,一议,宁绍公司所送船票一千张,由公司按月分派各行,以后不论何人往返申甬,概用本轮船票,如有贫苦之人,均由本行担任发给船票,照最贱之价收取。倘有本业货物,亦须装搭该轮,以固团体,众皆赞成。至宁绍航业维持会(会)所送捐簿,为津贴无业无力同乡船价之需,议由各行量力捐助,多多益善。自初五日为始,由司月担任按户劝集,以尽义务,俟有成数,再行报告。

原文大意为,沪南豆米业为了支持宁绍商轮公司,于 8 月 19 日会聚龙王庙,商定无论人员往返还是货物运输均搭载宁绍商轮,并制定了针对经济贫困者由行会补助的方针。

另据《时报》第 1866 号(1909 年 8 月 24 日,宣统元年七月初九日)载:

书业宁绍人之团体 书业公所七月初四日下午二点钟邀集同行会议,到者百余人,先由陈君永和、叶君九如、邵君甘甫、沈君芝芳、朱君锦章、赵君廉臣提议办法数则,以固团体,众皆赞成。

一、凡吾同业往来宁绍,务趁宁绍商轮各号,装运货件亦然。

一、宁绍人之旅沪甚众、同业诸君,遇有不愿搭趁宁绍商轮者,务祈尽力劝导。

一、同业各家、现在担任筹款预购船票、以备同人、便于购取、如遇无业无力同友、酌量津贴、或送船票。

一、同人公举邬仁甫君、为经理员、并查察同人、有不遵守者议罚。

由上可知,书业公所的宁绍人约定往返上海—宁波时务必搭载宁绍商轮公司的轮船,并且遇到有不愿搭乘宁绍商轮者要尽力动员。

三、宁绍商轮公司创业初期上海—宁波航路航运状况

宁绍商轮公司即将开通定期航路的广告刊登在《申报》第 13080 号(1909 年 7 月 5 日,宣统元年五月十八日)。引用如下:

宁绍商轮二十三日四点,由申开甬启告搭客　本船定五月廿二日行试车　礼廿三日由申开甬　二十四礼拜日由甬回申　概不装货　二十五日礼拜　即为正班搭客装货仍于是日由上海开往宁波,嗣后按期往来,风雨不更,兹将一切布置分条,列后敬告　一上海货机在十六铺桥北堍起卸近便　一各租界马车　东洋车小车赁蒙南市工程局允准　直到本轮码头　为止及船到埠各项空车,亦准在码头等候　一概免捐　以便行旅　一凡装卸本轮　货物　因报海关照章　不完厘金　一派有侦深查扒窃　一甬地　船户挑夫　均由本公司量路远近规定价目分　给牌照票准道宪饬件出示　立案俾免索诈　一本公司上海报关处分三处　一在后马路总公司　一在十六铺本栈　一在永安街普安里汇昌号　以便贵客就近接洽　宁绍商轮公司谨启

宁绍商轮公司第一趟航班定于旧历五月二十三日(公历 7 月 10 日)从上海出港开往宁波,然后从宁波返回上海。

同一日该报上还刊登了宁绍商轮股份有限公司的代理店:

宁绍商轮公司代收股款处　上海南市　安康庄　立余庄　元大亨庄　久大慎记　元昌参号　上海北市　源吉庄　宏大庄　会余庄　兆丰庄　鸿厚庄　和康庄　晋和庄　升大庄　钧康庄　爱和烟行　四明公所　美界瑞昌顺号　宁波　元升庄　谦和庄　宾余庄　大和庄　咸恒庄　洋布公所

永康纸行　甬顺记号　甬泰北号　源丰银号　源隆庄　　镇海　镇余庄　奉天商会　杭州　干大庄　豫和庄　元大庄　源丰润　恒丰号　苏州　裕苏局　吴淞　万隆布号　镇江　顺记号　裕苏局　芜湖　顺记号　九江　顺记号　汉口　晋昌庄　承丰庄　义源庄　晋大庄　大庆元票号　老顺记号　天津　老顺记号　大庆元票号　源丰润银号　北京　恒利号　源丰润　大庆元　烟台　合顺号　营口　可炽号　厦门　源丰润　南京　裕宁局　日本神户　承茂顺号　横滨　万泰庄

在周密运筹下，宁绍商轮股份有限公司开始运营上海与宁波间的航线。笔者依据《申报》船舶出港入港记录，汇总其初期运航状况，即表 3-19。

《申报》第 13018 号（1909 年 5 月 3 日，宣统元年三月十四日）"本埠新闻"载：

补录宁绍商轮公司呈请立案文

宁绍商轮公司呈请上海商务总会，禀奉邮传部农工商部核准立案批词，均载前报，兹将原呈补录如左。

具呈上海宁绍商轮股份有限公司总理虞和德，协理严义彬、方舜年，呈为筹集股份，创办商轮，以保航业，而挽利权，恳请呈立案事，窃和德等隶籍宁波。经商海上，深知商务之发达，端赖交通之利便，而航业盛衰。尤觇国势，吾海岸延长，江湖纷歧，四通八达，轮舶是赖，上海为中国商业中心点，而尤为宁波工商根据地，诚以宁波地少人众，非奔走谋食，万难自养，沪甬航路，一夕可达，故联袂携眷，纷至沓来，侨寓之数，几占全埠人口之半，惟距离近，则往返愈数，人数多则乘客愈挤，航业发达，久推此线，乃因循已久，利源外溢奚止千万，虽有招商局，鼎时其间究，不足杜斯漏卮，若不设法组织，别树一帜以挽失己之利权，而扩未来之航业，则何以仰体朝廷，殷殷提倡，商业之至意。兹经和德等筹集股本，洋银一百万元，谨遵农工商部奏定有限公司律，创办宁波商轮股份有限公司，就上海为总公司，宁波为分公司，购船规埠，往来上海、宁波，大致业有端绪，俟股本收足，即行开办，谨将详细章程，另折缮呈,敬乞邮传部农工商部鉴核准予,批示立案,一面分咨两江督宪、江苏抚宪、浙江抚宪,饬属一体保护,俟开办有期,再当呈报注册再公司,自去年六月间,创议招股,起截至八月底止。实收第一期股份,洋银二十五万元,以每股先缴两元,计之集股,已达资本之过半而实收。又占定额四分之一。九月十七日,开股东正式会,公举和德为总理,义彬·舜年为协理,代表全体股东,经理倡办,以前一切之事,合并声明。①

文中叙述了宁绍商轮股份有限公司开设经过及筹集股本情况。

《申报》第13082号(1909年7月7日)"本埠新闻"刊载"宁绍商轮装潢告竣"一则:

宁绍商轮公司之宁绍商轮,业已装潢工竣,定于二十二日午后三时,由十六铺码头展轮,驶往吴淞试验速率,昨该公司总理虞洽卿监察,特备参观券分送宁绍同乡暨沪上官绅商学角界届登舟观览一切,并闻该轮试验,后即于二十三日开始往甬。六月内,凡逢礼拜五,并绕道普陀,以便避暑者之济渡云。②

《申报》第13082号(1909年7月7日)"本埠新闻"同时刊登"宁绍商轮试验速率"一则:

宁绍商轮公司之宁绍商轮,于昨日午后四时开赴吴淞试验速率,至八时返沪,观者颇众,各国领事,亦有登舟致贺者,并闻该公司定章,凡各色车辆由北来南装运货物,至宁绍商轮码头,一律免捐工程局车照,每月由该公司自缴捐洋三十元,以便商旅。③

① 《申报》第100册第13018号,上海:上海书店出版社,第37页。
② 《申报》第101册第13082号,上海:上海书店出版社,第100页。
③ 《申报》第101册第13085号,上海:上海书店出版社。

《交通官报》己酉年（宣统元年）第二期《公牍、咨劄类》录有宣统元年七月初十日“本部咨南洋大臣宁绍商轮公司已准立案希即一体保护文”。现引用如下：

为咨行事，船政司案呈前，据上海商务总理周晋镳等呈称，据宁绍商轮股份有限公司总经理虞和德等禀称，筹集股银一百万元，遵有限公司定律，创办宁绍商轮股份有限公司，购船规埠，往来上海、宁波，大致业有端绪，俟股本收足，即行开办，业已实分股银二十五万元，照章开股东正式会公举总协理代表，全体股东，拟具详细章程，呈请准予立案分咨保护等情。[①]

由上可见虞洽卿等的申请得到清廷批准。

至于上海与宁波之间的航运，在宁绍商轮股份有限公司创业运营时期，其实早已有中国招商局轮船公司、太古洋行（Butterfield & Swire）即英国籍太古轮船公司（China Navigation Co. Ltd.）[②]以及法国籍立兴公司（Racine, Ackermann & Co.）[③]三家先行一步经营航运。具体情况请参见表3-16。

表3-16　1909年7月至10月宁绍商轮公司宁绍、甬兴、甬汉轮船航运状况[④]

船名　月/日	上海	出港地	上海	目的地	入港船名	公司名
宁绍　5/25	入港	宁波				
5/26					立大	立兴公司
5/26					江天	招商局
5/27	入港	宁波	出港	宁波	北京	太古公司
5/28					江天	招商局
5/28					立大	立兴公司
5/29	入港	宁波	出港	宁波	北京	太古公司

① 《交通官报》，邮传部图书通译局官报处，宣统元年八月十五日，18丁表—19丁里。

② 黄光域：《近代中国专名翻译词典》，成都：四川人民出版社，2001年，第37、62页。

③ 樊百川：《中国轮船航业的兴起》，成都：四川人民出版社，1985年，第662页。

④ 本表参考《申报》第13088号至13198号（1909年7月31日至1909年10月31日）、《申报》影印本（101）册190页至（102）册922页制作而成。但是宁绍商轮公司以外的只列入上海入港日。以上月日为旧历。

(续表)

船名　月/日	上海	出港地	上海	目的地	入港船名	公司名
6/01					江天	招商局
6/01					立大	立兴公司
6/02					北京	太古公司
6/03	入港	宁波	出港	宁波		
6/04					立大	立兴公司
6/04					江天	招商局
6/05	入港	宁波	出港	宁波		
6/07	入港	宁波	出港	宁波		
6/07					北京	太古公司
6/08					江天	招商局
6/08					立大	立兴公司
6/09					北京	太古公司
6/10	入港	宁波	出港	宁波		
6/11					立大	立兴公司
6/11					江天	招商局
6/12	入港	宁波	出港	宁波	北京	太古公司
6/13					立大	立兴公司
6/13					江天	招商局
6/13					德和	怡和洋行
6/13					鄱杨	太古公司
6/14	入港	宁波	出港	宁波	北京	太古公司
6/15					立大	立兴公司
6/15					江天	招商局
6/16					北京	太古公司
6/17	入港	宁波	出港	宁波		
6/18					江天	招商局

（续表）

船名 月/日	上海	出港地	上海	目的地	入港船名	公司名
6/18					立大	立兴公司
6/19	入港	宁波	出港	宁波	北京	太古公司
6/20					立大	立兴公司
6/20					江天	招商局
6/21	入港	宁波	出港	宁波・普陀	北京	太古公司
6/22					立大	立兴公司
6/22					江天	招商局
6/23					北京	太古公司
6/24	入港	宁波	出港	宁波		
6/25					立大	立兴公司
6/25					江天	招商局
6/26	入港	宁波	出港	宁波	北京	太古公司
6/27					立大	立兴公司
6/27					江天	招商局
6/28	入港	宁波	出港	宁波	北京	太古公司
6/29					立大	立兴公司
6/29					江天	招商局
6/30	入港	宁波			北京	太古公司
7/01			出港	宁波		
7/02					立大	立兴公司
7/02					江天	招商局
7/03	（入港）	（宁波）	出港	宁波		
7/04					立大	立兴公司
7/04					江天	招商局
7/05	入港	宁波	出港	宁波	北京	太古公司
7/07	入港	宁波			北京	太古公司

(续表)

船名 月/日	上海	出港地	上海	目的地	入港船名	公司名
7/08			出港	宁波		
7/09					立大	立兴公司
7/09					江天	招商局
7/10	入港	宁波	出港	宁波	北京	太古公司
7/11					江天	招商局
7/11					立大	立兴公司
7/12	入港	宁波	出港	宁波	北京	太古公司
7/13					江天	招商局
7/13					立大	立兴公司
7/14	入港	宁波			北京	太古公司
7/15			出港	宁波		
7/16					立大	立兴公司
7/16					江天	招商局
7/17	入港	宁波	出港	宁波	北京	太古公司
7/18					立大	立兴公司
7/18					江天	招商局
7/19	入港	宁波	出港	宁波	北京	太古公司
7/20					江天	招商局
7/20					立大	立兴公司
7/21	入港	宁波				
7/22			出港	宁波		
7/23					立大	立兴公司
7/23					江天	招商局
7/24	入港	宁波	(出港)	(宁波)	北京	太古公司
7/26	入港	宁波	出港	宁波·普陀	北京	太古公司
7/27					立大	立兴公司

（续表）

船名　月/日	上海	出港地	上海	目的地	入港船名	公司名
7/27					江天	招商局
7/28	入港	宁波			北京	太古公司
7/29			出港	宁波		
8/01					立大	立兴公司
8/01					江天	招商局
8/02	入港	宁波	出港	宁波	颖川	太古公司
8/03					立大	立兴公司
8/03					江天	招商局
8/04	入港	宁波	出港	宁波	颖川	太古公司
8/05					江天	招商局
8/05					立大	立兴公司
8/06	入港	宁波			颖川	太古公司
8/07			出港	宁波		
8/08					立大	立兴公司
8/08					江天	招商局
8/09	（入港）	（宁波）	出港	宁波		
8/10					立大	立兴公司
8/10					江天	招商局
8/11	入港	宁波	出港	宁波	颖川	太古公司
8/12					江天	招商局
8/12					立大	立兴公司
8/13	入港	宁波			颖川	太古公司
8/14			出港	宁波		
甬兴　8/15	入港	宁波	出港	宁波		
宁绍　8/16	入港	宁波	出港	宁波	颖川	太古公司
甬兴　8/17	入港	宁波				

(续表)

船名　月/日	上海	出港地	上海	目的地	入港船名	公司名
8/17					江天	招商局
8/17					立大	立兴公司
甬兴　8/18	入港	宁波	出港	宁波	颖川	太古公司
8/19					江天	招商局
甬兴　8/20	入港	宁波			北京	太古公司
甬兴　8/21			出港	宁波		
甬汉　8/22			出港	宁波	五句钟	甬安公司
甬兴　8/22	入港	宁波				
8/22					立大	立兴公司
8/22					江天	招商局
甬兴　8/23			出港	宁波	北京	太古公司
甬汉　8/23			出港	宁波	五句钟	甬安公司
甬兴　8/24	入港	宁波				
甬汉　8/24	入港	宁波	出港	宁波	五句钟	甬安公司
8/24					立大	立兴公司
8/24					江天	招商局
甬兴　8/25	入港	宁波	出港	宁波	北京	太古公司
甬汉　8/26	入港	宁波			立大	立兴公司
8/26					江天	招商局
甬兴　8/27	入港	宁波				
甬兴　8/28	入港	宁波	出港	宁波		
8/29					立大	立兴公司
8/29					江天	招商局
甬兴　8/30	入港	宁波	出港	宁波	北京	太古公司
9/01					江天	招商局
9/01					立大	立兴公司

（续表）

船名　月/日	上海	出港地	上海	目的地	入港船名	公司名
9/02	入港	宁波	出港	宁波	北京	太古公司
9/03					立大	立兴公司
9/03					江天	招商局
9/04	入港	宁波			北京	太古公司
9/05			出港	宁波		
9/06					立大	立兴公司
9/06					江天	招商局
9/07	入港	宁波	出港	宁波	北京	太古公司
9/08					立大	立兴公司
9/08					江天	招商局
9/09	入港	宁波	出港	宁波	北京	太古公司
9/10					立大	立兴公司
9/10					江天	招商局
9/11	入港	宁波			北京	太古公司
9/12			出港	宁波		
9/13					立大	立兴公司
9/13					江天	招商局
9/14	入港	宁波	出港	宁波	北京	太古公司
9/15					立大	立兴公司
9/15					江天	招商局
9/16	入港	宁波			北京	太古公司
9/17					立大	立兴公司
9/17					江天	招商局
9/19			出港	宁波		

关于宁绍商轮公司所使用的轮船,《交通官报》已酉年第五期《公牍二·禀呈类》宣统元年十月十六日“上海商会总协理周晋镳等呈本部宁绍商轮股份有

限公司遵批补报注册禀”有所记载。原文引用如下：

(虞)和德等一再筹商公同议决,先向福建船政局,购买大号轮船一艘,定名宁绍,已于五月二十三日,起开驶沪、甬间日一次。惟沪地商务殷繁,宁绍两帮,货客往来,日形拥挤,爰又议添轮船一艘,购自中国商业轮船公司,定名甬兴,一切章程,悉照宁绍商轮办理,业于八月十五日初次开驶。嗣后宁绍、甬兴两船,一往一来,逐日无间,此宁绍、甬兴两轮船,创始开行之大概情形也。再甬兴轮船,船身坚固,机器灵捷,向系行南北洋各埠头,倘俟明年秋夏间沪甬两埠货客稍形减少之际,尚拟随时抽调驶行别埠。①

从中可知,宁绍商轮公司从福建船政局购入大型轮船宁绍号,开始了上海与宁波间的隔日航运,并且计划从中国商业轮船公司购入大型轮船甬兴号,宁绍号和甬兴号两船逐日运航沪甬之间。

有关宁绍号的介绍,1935 年《航业年鉴》②中有所记载,如图 3-4 所示。

船名 新華安 S. S. "Hsin Hua-an" 所有者 新常安輪船股份有限公司 Owners Hsin Chang An S. S. Co., Ltd.

載貨噸 D. W. 2700 吃水 Draft 19'3" 速率 Speed 10 燃煤量 Consumption 26 造船年 Built in 1893

HULL		船殼	ENGINES & BOILERS		機器鍋爐
船籍港 Port of Registry		上海	機器 Engines	種類 Type	三聯機
原名 Late Nama		"Hwah Kun", "Keong-wai"		數目 Number	1
船質 Material		鋼		位置 Position	中部
等級 Classification				年齡 Age	1895
造船 Built	何時 When	1895		製造者 Maker	
	何處 Where	Glasgow	馬力 Horse Power	公稱馬力 Nominal	211
	船廠 By Whom	Faitfield Co., Ltd.		實馬力 Indicated	1200
尺度 Dimensios	長 Length	289 ft. 0 in.	汽筒直徑 Diameter of Cylinders		22" 36" 57"
	闊 Preadth	37 ft. 8 in.	轆轤伸縮 Stroke of Piston		42"
	深 Depth	21 ft. 5 in.	機輪每分轉數 Rev. Per minute		
噸位 Tonnage	總噸 Gross	1777 tons		種類 Type	烟管式
	登記噸 Net	1113 tons		數目 Number	

图 3-4 《航业年鉴》中有关宁绍号的介绍

① 《交通官报》,邮传部图书通译局官报处,宣统元年十一月十五日,21 丁里—22 丁里。

② 上海市轮船业同业公会:《航业年鉴》,1936 年。

《申报》第13080号(宣统元年五月十八日,1909年7月5日)第一张上刊登的广告中附有“宁绍商轮公司代收股款处”:

上海南市　安康庄 元大亨庄 立余庄 久大慎记 同兴庄 元昌参号　上海北市　源吉庄 仓余庄 宏大庄 和康庄 会余庄 晋和庄 瑞丰庄 升大庄 兆丰庄 钧康庄 福和烟行 四明公所　美界　瑞昌顺号　宁波　元升庄 洋布公所 谦和庄 永康纸行 宾余庄 甬顺记号 大和庄 甬泰北号 咸恒庄 源丰银号 源隆庄　镇海　镇余庄　奉天　商会　杭州　干大庄 豫和庄 元大庄 源丰润号 恒丰号　苏州　裕苏局　吴淞　万隆布号　镇江　顺记号 裕苏局　芜湖　顺记号　九江　顺记号　汉口　大庆元票号 老顺记号　天津　老顺记号 大庆元票号 源丰润银号　北京　恒利号 源丰润 大庆元　烟台　合顺号　营口　可炽号　厦门　源丰润　南京　裕宁局　日本　神户承茂顺号　横滨　万泰庄　戊169①

以上所列商家清单虽然是宁绍商轮公司的代理店名单,但并非仓促而就。很显然应该是虞洽卿商贸业务往来中早已形成的客户网络。由此看来虞洽卿的商业网络并不局限于上海、宁波、镇海,还遍及东北奉天、营口,华北北京、天津,山东烟台,江南杭州、苏州、吴淞、镇江、南京,长江流域芜湖、九江、汉口,华南厦门,甚至还扩展到日本神户、横滨等地。

《申报》第13088号(1909年7月12日,宣统元年五月二十五日)刊登“宁绍航业前途之希望”一文:

二十二日下午,宁绍商轮驶往吴淞试验速率,已略前报。兹悉是日到者,计江督代表宝子观大令,苏抚代表汪颉荀,观察沪道代表万翰香太守及各国领事华洋绅商,宁绍两府同乡数逾万人,兹将宾主颂词答词录后。

① 《申报》第99册第13080号,上海:上海书店出版社,第29页。

▲江督代表宝大令颂词　舟楫之利，古今利赖。十九世纪以前，但有帆船，无以避风潮之险，不能克时日之期，泰西格致刱为轮□遂由大西洋以通太平洋、印度洋之纽，此为我中国有轮舟之始，当时已虑利源外溢朝让购回旗昌洋行之旧基，创设招商总局，数十年来规址，益宏赖独柱中流，未闻继起。昨岁宁绍诸君子，始有创办商轮公司之举，经营一载，有志竟成，今日为试车之期，鄙人辱承东招，并奉督宪命，前来代表，得观礼式，深佩宁绍诸君子，缔造苦心，所冀各商民，闻风兴起，普合群力，以集公司，多制商轮，以收溢利，由宁绍而推广之，而内河，而长江，而南奉，而闽广，而南洋群岛，而欧西各国，次第交通，帆樯如织，以辅招商局之不及近，而印度洋远，而太平洋、大西洋，皆我中国龙旗之影，岂不懿哉。是为颂。

▲苏抚代表汪观察颂词　今日为贵公司宁绍商轮试行开车之期，鄙人奉抚军辛帅命恭代观礼获与斯，盛曷胜欣幸，溯通以来商战竞争，东西各国，群以大小轮船，纵横侵灌，路利权，渐被攘夺，而吾国仅招商一局与之争衡岁溢漏卮不可胜计。宁绍为浙东一大都会，文明沦启，物产富饶，杰士伟人，项领相望复能同心同德出任巨艰谋事，必底于成决策能见其大毅心坚力，终始弗渝，中外士商，交口推重，贵公司克期成立，规模大备，上为国家挽利源，下为实业谋进步，舆伊始秩序井然，其船体之精良，速率之稳捷，犹其余事，从此，甬水稽出，交通便利，窃愿吾国之经营航路者，闻风兴起，皆如贵公司之万心，如一百折不挠，是贵公司之造□我中国前途者，既大且远，此尤抚帅维持属望之心而鄙人所额□祷颂者，也谨颂。

▲沪道代表万太守颂词　西人尝谓文明之发生，多在流域，此其故不独在土壤之膏腴，而尤在交通之便利，江浙两省为中国富庶之区，文明之点。盖其形势，内江外海，民物殷繁，实甲于他省。故其增进成文明者，亦较他省之速率为倍，自五口通商，外人航线交达于腹地，坐视大利，岁溢漏卮，此有心人所恝焉，忧之者也。而主权之丧失，又无论矣。虽招商一局，设立有年，藉为抵制。然仅恃诸公家而不辅，以商力当此财政困难之时，安能力与竞争，此不仅为商□之阻窒，毋亦文明之障碍欤。宁绍诸君子，有鉴于此群策群力苦心经营，创立宁绍商轮公司，今日举行试车典礼，本委奉道宪命来为

代表,乐观厥成,吾知自此,以往闻风继起者,固不独一宁绍公司,而商务之兴,斯为嚆矢,吾更知江浙文明之风,将由此而益进,则今日者,不尤为宁绍商轮公司永久之纪念欤。是为颂。①

江督代表宝子观在致辞中提到,古来航运依靠帆船,直至欧美轮船出现在亚洲,中国才开始从旗昌洋行购入轮船,创设经营轮船航运业的招商局,而宁绍商轮公司再次开创了航运业的新篇章,期待其将航路从长江扩展到福建、广东沿海,甚至到南洋及西欧各国。苏抚代表汪颉荀以及观察沪道代表万翰香也同样对宁绍商轮公司的开设表示祝贺。

至于宁绍商轮公司的宁绍号航运之后反响如何,试以《申报》记载为中心作一探讨。

《申报》第13098号(1909年7月23日,宣统元年六月初七日)"本埠新闻"中有一则相关报道:

宁绍人之团体〇宁绍商轮开驶,后客货云集,为各轮冠。闻太古之北京轮船,因此统舱,每客减收船资洋一角。且沿途雇人兜揽,乃日来搭客之数,宁绍仍多于北京。足见宁绍两府人团体固结。非跌价所能撼动,并闻近日宁绍人,自相勉约谓,即使北京再减船资,仍愿趁坐自办轮船,以保宁绍人之利权云云。②

依据上述报道,宁绍号开航后,客货运量跃居首位,给竞争对手太古轮船公司的北京号巨大打击。为此北京号降价运营促销。

宁绍商轮公司加入上海和宁波间的航运,与太古轮船公司、招商局、立兴公司等展开竞争,曾有人心存顾虑。然而宁绍人的团结轻而易举地消除了人们的疑虑。这一点从《申报》"本埠新闻"的系列报道"宁绍人团体之坚固"可以得到

① 《申报》第101册第13087号,上海:上海书店出版社,第145页。
② 《申报》第101册第13098号,上海:上海书店出版社,第340页。

印证。

系列报道的基本内容即在沪经商的宁绍人的坚固纽带和对宁绍商轮公司的支持。宁绍人在上海经商的行业团体主要有南市冰鲜业、冰鲜洋布纸烟等业、南北市糖贷米麦两业、东庄同业及药行业、众和社烟纸、海味业、点铜、洋药业、烛业宝辉堂五十余家、绸缎·饮片业、帮纸箔业、洋货商业、公会门庄业、行家业、绸缎顾绣衣业、呢绒洋衣业、纱业、酒业·酱业·烧酒业、书业商会、砖灰一业、木乌业、蛋业公所、腌腊同行、衣业八家、明矾业、洋货商业公会、汉洋杂货业、汉帮志成公所、棉纱同业、南北市板木业、南北市信局、铜锡业同行、英界石路·法界城河帮两处衣业十余家、煤炭一业、木业、洋布公所、河轮业、帮鞋业、熟货业、漆操作、上海老从心会、贳器业、洗衣作·东伙帮、沪甬两埠之点铜一物、洋烛厂等。以上宁绍商人在沪所从事的行业中,人数最多的属洗衣坊等手工作坊。而大多数宁绍人正是先从洗衣坊等可以简单获取收入的职业开始积累财富,为之后改行确立经济基础。事实上虞洽卿也是遵循这样的发展轨迹,其少年时代从事颜料行进而改行。

除以上商业关系外,宁绍商轮公司的创设和维持还得到了自立耶稣会、宁绍航业维持会以及活跃海外的“旅居日本神户的宁绍人”的欢迎和支持。

关于宁波的航业维持会,《申报》第 13152 号(1909 年 9 月 15 日,宣统元年八月初二日)“实业”栏中有所记载:

航业维持分会开会详情　宁波

〇宁绍旅沪各界设立航业维持会,已迭志前报,兹宁波商学两界,亦在甬郡发起分会。以助沪会之不逮,特于上月二十七日午后一时,在府学明伦堂开维持大会,到者二千余人,公推张让三君为临时会长。是日沪会派代表孙梅堂君等十一人来宁,先由沪会代表林大松君报告,沪上各业维持办法,次沪会代表叶惠钧君演说,并宣布沪会章程,次沪会代表严统庵君演说,次林大松君报告,公司营业情形,次章许泉君报告,本埠商会二十日集议情形,次章佐卿君报告,本埠头售票情形,次冯友笙君代鲍芝龄君报告,发起一文捐情形,次王东园君演说,次唐衰陆君演说后,由临时会长宣布,分会职员正会长邓楚湘君，副会长郑岳生、赵芝宝两君，干事员三十一人，演说员三人，将闭会时，冯汲蒙君知推定演说员，项霞舫曾于宁绍商轮同班日趁他船回宁，有失宁绍人体面，不应列入。职员范仰乔君遂起而厉声斥其毫无廉耻，将项名揭去，农工界大为折服，闭会已五时矣。①

由上可知，旅沪宁绍人为了支持宁绍商轮公司，不仅在上海，还在宁波设立了航业维持会的分会，商讨维持办法。尤其引人关注的是，项某人回宁波时没有乘坐宁绍商轮，而是乘坐了其他公司的轮船，估计是太古洋行北京号，引发公愤，以至于被农工界除名。可见为了维持本土航运业，在宁波形成了强有力的后援组织。

四、小结

以上对以虞洽卿为中心所创设的宁绍商轮公司的创建状况以及该公司初期航运状况进行了阐述。宁绍商人进军近代中国新兴经济中心上海，从事多种行业的经济活动。这种经营行业的多样性在共同参与唤起乡土意识的事业中表现显著。具体事例即乡土代表人物虞洽卿所创办的宁绍商轮公司。宁绍商轮公司体现了虞洽卿那种来源乡土意识的自负，即上海是中国商业中心，而支撑上海经济的是宁绍商人。正如他的“我宁绍人居其多数。故宁绍同乡之往来沪甬者，日益繁众，往来沪甬轮船，日形拥挤，其航业之发达获利之优厚，固已昭昭，任人耳目矣”②所论，连接上海和宁波间的轮船航路的开设，无论对上海，还是对宁绍人而言，均具有重要意义。这一点从前述《申报》所刊登的长达四十几日《宁绍人之团体》栏目报道可以得到明确印证。可以说正是宁绍帮的牢固的乡土意识，支撑着宁绍商轮公司对抗两大强劲竞争对手——大型航运企业英国太古轮

① 《申报》第102册第13152号，上海：上海书店出版社，第208页。

② 《申报》第101册第13088号，上海：上海书店出版社，第173页。

船公司和拥有清廷官府背景的招商局轮船公司,并发展壮大。[①]

【参考资料】

虞老自述

[资料来源:《申报》第 22694 号(1936 年 7 月 6 日)付“本市新闻”,“虞洽卿先生七秩大庆五五纪念”]

洽卿十五岁到上海,彼时,上海虹口尚无房子,只有仁智里、清云里,而渡苏州河亦只有三条桥,今有十二条桥,彼时外国人在外白渡组织小公司,每人收过桥资二文,彼时地价,非常便宜,沿浦地每亩仅五千元,其他三百元,天后宫在小东门,后迁北河南路,由潮帮集资,洽卿曾预其事,租界本称居留地,地方不大,经推广二次后,始达今日情形,虹口本为美租界,与所抱主义不合,故未经营,后德国人来,拟改国名,因此改为公共租界,工部局旗,本为十三国国徽所组集,其中各国旗,英法租界性质不同,英为 Settlement,法为 Concession。各地以后统称租界,并不划分,实为总理衙门所错误,工部局章程系根据洋泾浜章程,由沪道与各国领事所订定,卅五年前待遇华人,极不公平,公园跑马厅,均不许入内,最可笑者,当时无汽车,只有马车,如华人之车,走过洋人之车,须罚银二十五两,大马路行人道,各华人偶碰洋人,即遭棒击,当时华人不敢有所举动,华人运动,自四明公所案起,当时聂仲芳充方伯,由朱葆三、沈仲礼与洽卿主持其事,立碑切石于法租界宁波路公所角上,记明华法文字,继之者为周生友案,周在外滩铜人码头,被俄舰军官用斧误杀。经罢市援助,继由德领调停,革肇事者军官职,第三次为大闹公堂案,黎黄氏案,巡捕本不准带枪,后来经过此事后,始一律带枪,并有十人以上,便可开枪三办法,当时适值五大臣出洋,在沪闹成罢市,形势非常严重,经向工部局建议,将租界防务指交华人执管,俟两江制军周玉帅到沪解决,经由洽

① 关于宁绍商轮股份有限公司,“该公司创建于 1909 年,是我国第一家商办轮船公司”,一直到 1937 年 7 月“抗日战争”爆发,在上海宁波间定期轮船航运方面发挥了重要作用。(参见钱起远:《宁波市交通志》,北京:海洋出版社,1996 年,第 164—167 页)

卿商同会审官关炯之，向上海道袁海观，调队五百人，维持秩序三日夜，结果非常圆满。华董问题，当时已向工部局提出，增加华董，工部局当局仅允洽卿一人加入，后因恐华人援例要求，复寝前议，仅赠洽卿金表一事以作纪念，继为五四问题，又为五卅问题，后外人始有觉悟，非华洋合作不可，故加入华董三人，复增加二人，为五人，现在形象甚好，江湾跑马场园地七十亩，呈准两江总督端午帅，五十五年来，初十五年甚好，完全依照洋泾浜章程，二十五年中，完全为中国政府放弃，近十年来，得民众同情，始渐有复兴之望，万国商团，由洽卿与胡寄梅袁恒之诸君，以身作则，几番交涉，始准正式加入，迄今已二十余年，成绩冠各队，继鉴国外维新情形，非创办实业不可，实业复以银行及轮船公司为最要，是以洽卿首先创办四明银行及宁绍商轮公司，原意以发展国外金融及航业为主体，为人处世，大都先己后人，此是错的，洽卿主张，适与相反，以为众人皆好，本人断无不好之理，故社会事业，拟先乡后国，本人二十岁，有一志愿，以能筹得五百万元，必可将预定计划完成。嗣因沪上地产涨价，竟达此数，本先乡后国之主旨，陆续将产业售去，为故乡谋建设，花费达三百余万元，及至去年，方收实效，吾甬土产出口，因通商口岸关系，须纳出口税，其可以作为内地口岸者，仅为悬岛中之定海及穿山两埠，而穿山不能容大轮入口，故经营龙山轮埠，筑塘等费，达二百余万元，亦仅能容纳小轮，故设法建设公路，在镇海创立内港码头，镇海港界，本金鸡招宝两山起点，实为英人初占定海，恐有影响，故定此界线，经六月余，向总税务司交涉经过，以上海港界为比例，始达目的，甬花出口须纳税一元六角八，运费二元余，到沪后不能与各地之花相比较，且当时运输到沪，须二十余日，现在一日可到，即此一项而论，三北乡民，每年已可省六十余万元，此事曾向蒋委员长谈及，吾乡已有内地码头情形，承委员长见示，非但浙人受益，连江西全省货运，亦可由镇出口，以此而观，关系实在颇巨。洽卿到沪，仅带五元钱，当时先父仅有每月十元之薪水，故对于勤俭两字，始终如一，非如现在一般大学生，留学回来，陶成一人，须达二万余元。洽卿为人，以守信为主要目的，今年洽卿已七十初度，所抱定主旨仍以先为公共利益，若公共均有利益，则个人利益，当然连系，万不能为私人着想，若只顾私己，必致失败，而不能恢复原状，此点为本人所服膺，奉告诸位来宾，最好是办实业，即为子孙计，留现款与子孙，若遇不肖子孙，立时可完，实业究竟稍难,且实业究属为多人谋生计。最后再说几句,必使全国要大家有饭吃,国家方可安定,而一般民众,必须努力,今日承各位于炎暑天气惠临,非常荣幸,亦非常快乐,至于诸位来祝洽卿之寿,愧不敢当,但愿各位康乐强健,十年后再共聚一堂。

宁绍人团体之坚固

[资料来源:《申报》1909年8月7日至9月21日(宣统元年六月二十二日至宣统元年八月初八日)连载41回]

宁绍人团体之坚固〇南市冰鲜业敦和公所曾邀集同人公议保存宁绍商轮之利权。兹将议案录下。

一、同业贩运货物,均宁绍商轮,其余客货,亦由同业各俱函预先关照以归一律。

一、同业伙友往返沪甬,由本行给发宁绍船票,以昭划一,如违察出向该行经理人罚洋二元充作善举。

一、冰鲜鱼船,每年进沪销售者,约四百余号,每船以十人计之,不下四五千人,今同业邀集,各鱼商人妥议,嗣后往来沪甬,务须均坐宁绍商轮,凡同业售货之行,给送每船每蹚,宁绍船票二纸,以尽义务。

一、沪上各贩,与同业交易宁帮居多,故往返沪甬,络绎不绝。然其间小本经纪者,难免因船价稍有低昂,不愿大义,而趁别轮。今我同业公议,如有贪价廉之小贩,任其以最低廉之船价,向本公所易宁绍船票一纸,本公所愿将公款津贴,以保利权。

又洋布、纸烟两业,为宁波进口大宗,该业诸君,均系热心公益,闻现已议定,此后均装宁绍商轮,以保权利。(六月二十二日,8月7日)①

续纪宁绍人团体之坚固〇冰鲜洋布纸烟等业议定,此后客货,均装宁绍商轮,已纪昨报。兹闻南北市参业集由董事苏筠尚诸君,于昨日邀集同行集议,所

① 《申报》第101册第13113号,上海:上海书店出版社,第560页。

有该行同事往返申甬，均趁宁绍商轮，众均赞成，遂由各行议决，并盖章承认订立条款，以便遵守。

又闻水果业，往来货客，均经申甬两处，同行议定，一律装搭宁绍商轮，以尽同乡义务。此外各业，均已互相联络会议，俟探明后，再行续告。（六月二十三日，8月8日）[①]

三记宁绍人大团体之坚固〇昨报记冰鲜等各业议定，此后客货均装宁绍商轮。兹又闻钱业董事胡稑乡、洪念祖两君，钟表业董事孙梅堂、史惟怀两君，各开会提议，嗣后该两业客货往返申甬，均装宁绍商轮，由各店盖章为凭，此外各业闻，亦纷纷联络，足见宁绍人之团体矣。

参业同行为宁绍商轮事集议，议决各条列左。

一、本同行凡有运往宁绍货物，不论水脚贵贱，均归宁绍商轮装运。

一、本同行诸友往来沪甬，总归趁宁绍公司轮船。

一、本同行各号先向宁绍公司购备船单随时发给诸友。

一、各号伙友往返沪甬船资，但照别公司，最贱之价付给，其不敷之数，由该号津贴。

一、各号栈司往返沪甬，其船资概归各号送给。

一、各号各友，所带家信之信客，各宜勤勉必须搭趁宁绍商轮，如有不遵劝导，仍趁别轮自弃权利者，概行拒绝，永不带信。

一、各号如有未经买票可就近向元昌号购买以免临时匆促。

（六月二十四日，8月9日）[②]

四记宁绍人之团力〇本埠南北市糖货、米麦两业，于日前由热心诸君邀集同行议定所有往甬货物，均装宁绍商轮，该业各伙友等来往申甬，亦准坐自办之船，以保权利，俱已分别函告甬江该业本行矣。闻昨日该船人货俱满，而亦并不跌

① 《申报》第101册第13114号，上海：上海书店出版社，第576页。

② 《申报》第101册第13115号，上海：上海书店出版社，第591页。

价云。

鱼贩之热心〇昨日下午,冰鲜业宁绍两帮鱼贩等在四明公所开会,到者三千余人,俱系短衣力食之人,万口同声决趁宁绍商轮,以保权利声势极其踊跃。(六月二十五日,8月10日)①

五纪宁绍人之团体〇东庄同业及药行业,昨经邀齐同业,开会议定,所有同业货客来往申甬,凡遇宁绍班期,不论价目贵贱,均准装搭宁绍商轮,一律签允,以昭信守。(六月二十六日,8月11日)②

六记宁绍人之团体〇众和社烟纸各店崇德会海味业,曾经邀集同行集议议定,条规数则,所有该业客货,均准趁宁绍商轮,由同业签允为凭,违者察出辞退,并担任各劝各信客一律自保权利,否则概不带信云云。(六月二十七日,8月12日)③

七纪宁绍人之团体〇甬上点铜、洋药两帮同业,均由司年董事邀集各店议决,嗣后该同业,所有往来申甬货客,凡遇宁绍班期,不论价目贵贱,均照准搭装宁绍轮,业当分别函告申庄一律,允照办理矣。此外甬上各业,亦皆陆续集议,互相联络容俟探明再行续记。(六月二十九日,8月14日)④

八志宁绍人团体〇南北市,烛业宝辉堂五十余家之代表童性甫、范松生诸君,日前邀齐同业,议定不论船资若干,凡同业来往,均趁宁绍为主,每友每次,给发船票,两纸店中,补贴洋六角。又颜料业,亦经贝润生、邹薇卿、徐棣荪诸君,邀集同业,议定所有货客,均搭宁绍,由各号签字,以昭信守。(六月三十日,8月15

① 《申报》第101册第13116号,上海:上海书店出版社,第608页。

② 《申报》第101册第13117号,上海:上海书店出版社,第623页。

③ 《申报》第101册第13118号,上海:上海书店出版社,第640页。

④ 《申报》第101册第13120号,上海:上海书店出版社,第670页。

日)①

九志宁绍人团体○沪上绸缎、饮片两业,均由司年董事邀集同业议决,嗣后同业货客往返申甬,不论价目贵贱,均装搭宁绍商轮签字盖章为凭,并闻绸缎业,分别函告杭庄之宁绍友,一律允照办理。

又闻四明公所,长生会会长沈鸿来君,于二十八日开大会提议会中诸友,嗣后均装搭宁绍商轮,或有贫苦省船资,由会中给发船票,只收洋两角云云。

又信局业,由和泰信局林葆涵君邀集同业议定来往申甬之走班,改趁宁绍商轮,以尽同乡义务,业于昨日起实行。(七月初一日,8月16日)②

十志宁绍人团体○闻宁绍帮纸箔业首事寿秀甫君,热心公益,日前邀集同业,在城内福佑路景伦堂纸业公所,开会议决要规四则。

一、纸箔来往沪甬者,准装宁绍商轮,以结团体。

二、各店东伙,往返沪甬者,准趁宁绍商轮,如遇要事,未值宁绍班期,听其自便,倘有不顾大局之人,见他轮价,廉为之心动者,其船资准由景伦堂津贴,仍趁宁绍本轮。

三、无论亲友,如搭某船,到申者,概不接待。

四、同乡信客,如仍趁某轮者,不与递寄邮件。(七月初二日,8月17日)③

十一志宁绍人团体○洋货商业公会门庄业、行家业两帮为宁绍商轮事,于六月三十日,开会总董贝润君,暨两业议董刘少筠君、程敦安君,皆异常热心,先由总董报告开会宗旨,继由王君清夫、叶君惠君、黄君国梁、史君悠明、林君大松等,次第演说,移由程敦安君宣布公定章程,经众签允毕摇铃散会,并闻五金业中,亦经邀集公议所有货客,均就宁绍商轮,搭装已由南顺记,各五金号三十七家,一律

① 《申报》第101册第13121号,上海:上海书店出版社,第686页。
② 《申报》第101册第13122号,上海:上海书店出版社,第702页。
③ 《申报》第101册第13123号,上海:上海书店出版社,第718页。

签允盖章,以资信守。

又本埠城厢内外,绸缎顾绣衣业同人,定今日下午一时,假聚秀堂会议,先发传单略云,我宁绍商轮,开驶已历月余,势力之大,名誉之隆,早已在人,耳目不意某船,近来大跌价目,是以各业,纷纷开会,共相维持,事关大局,我业中,亦不得不互结团体,以尽义务,兹订初三日,在轩辕公所会议一切。(七月初三日,8月18日)[①]

十二纪宁绍人之团体○沪上呢绒洋衣业,曾经邀集同业公议,客货均准搭装宁绍商轮。凡现在各店、各作场,伙友之无力者,均由各该店暨各该作场,自行津贴,其已入同行,一时失业无力,尽义务者,可持洋二角。向英界何瑞丰、荣昌祥购票。美界向协兴许伦记购票,法界向魏元泰购票。不敷之数,均由北长生公所津贴。现将议定简章刊发传单,俾众周知。

又南北市信局,亦由全盛局发起,邀集决议。凡各局往来沪甬押班,逢宁绍班期,准归宁绍船装运,其同业中,如未备船票者,可向南北市全盛局,购买转给各该局伙友,以便搭趁,已签允盖章为凭。又闻柴炭业,亦已邀齐同行,议定货客,准装搭宁绍船,所需津贴,概由同义善会拨,补以资持久。(七月初四日,8月19日)[②]

十三志宁绍人团力○宁绍帮绸缎顾绣衣业同人,为维持宁绍商轮起见,初四日,假轩辕公所聚秀堂开会集议,到者甚众,当由该业董事某君演说略谓,今日诸公到此大都,均为宁绍商轮事而来足,见诸公热心公益,盖宁绍商轮为虞君洽卿发起,既为同乡尽义务,又为国家挽利权,现某轮船跌价招来无非欲破坏宁绍商轮事业,果被破坏则宁绍帮,从此破气,而某轮船,必又大增其价,我宁绍人,又不能不趁,其船近日各业中,如糖行、海味行、参行以及水果行、鲜咸货行等,莫不纷纷,开会互结团体,以求抵制之策,凡一切往来货色,均装搭自己轮船,日闻各业均以签字为凭,故人莫不赞颂,我宁绍人团力之坚固,演说毕随,又议定章程

① 《申报》第101册第13124号,上海:上海书店出版社,第732页。
② 《申报》第101册第13125号,上海:上海书店出版社,第746页。

五则。

一、各店朋友往返沪宁者，均趁同乡宁轮船。

一、一应货物亦均装宁绍商轮，不得私装某轮。

一、同业往来信客，或有趁某船者，概不与他寄带信件。

一、各店逐年预先买存宁绍船票，以备往返所需。

一、各友如有欲贪贱船价者，可照某船再廉之价，向店主领票各店主自愿津贴。

以上各项条规，均经大众赞成，至五下钟时始行散会。

南市猪行一业，共计七家，亦由同行集议，决定办法。凡本业东伙，往来申甬者，准趁宁绍商轮，同业无力者，可持洋三角，向源大行，买取船票，其余由公积银补助，以期合力同心，坚持到底。（七月初五日，8月20日）[①]

十四纪宁绍人团力〇沪上纱业代表田资民君等，发起为宁绍事，与同业议决，所有伙客均应搭装宁绍船，一律签允，期垂永久。又杂伙业由椿茂号孙永年君等，邀集该同业各店伙友，凡遇宁绍班期，准搭宁绍应需津贴，归各店自出其货物，以明矾为大宗，业已联结甬上各号，所有货物，均装宁绍船，签允为凭。又闻贯器业为维持宁绍商轮起见，由仁成号发起，邀齐同业，议决伙客均就宁绍船搭装。凡同业中见有失业之人，该由公行津贴经众签允，以昭信守。（七月初六日，8月21日）[②]

十五志宁绍人之团体〇日前下午，酒业、酱业、烧酒业，在城内敦厚堂，开会集议，到者甚众，由代表黄国樑、王志堃、潘如新三君，提议办法，经众赞成议决，三业进出客货，统归宁绍搭运，如各友于宁绍班期，趁他轮者，察出即行辞歇，亲友则概不留饭留宿，信客即概不交寄函件。惟酱业伙友，船票由店发给，其余则照廉价售票，由公积银补助，团体如是，可为宁绍前途贺。（七月初七日，8月22

① 《申报》第101册第13126号，上海：上海书店出版社，第762页。

② 《申报》第101册第13127号，上海：上海书店出版社，第778页。

日)①

十六志宁绍人之团力〇书业商会,为宁绍商轮事,集众会议议决,各条如左。

一、凡我同业往来沪宁及装货物等,均应归宁绍商轮搭装。

二、我同业诸君,咸应担任劝导之责。

三、本同业如有无力购票之友,均归各家担任。

四、以上之条照,此办理倘有不依此法,察出议罚。

到会五六十人,均准签字,时已五点余钟,摇铃散会。

又闻砖灰一业,经邵壬生、林锡允发起,邀集同行决议,日后,无论为主为宾,为栈司人等,往来宁绍,须趁宁绍商轮,不得更趁别轮以坏利权,致信各处,当预为备票给发,倘不由宁绍商轮来往,一概拒绝。

北货行同业,经合丰陈秀堂君坤沅裘仰之君发起,邀集公议,凡本业所有货客,均准装搭宁绍商轮,一律签允为凭。

又木乌业,亦由贺信富君发起开会,同业装货搭客,均认定宁绍商轮,亦各允洽。

(七月初八日,8 月 23 日)②

十七纪宁绍人之团力〇蛋业公所及宁帮腌腊同行,为宁绍商轮事,日前开会决议,凡该两业往来申甬客伙,无论水脚贵贱,均搭宁绍商轮。各号豫向公司,购取船票,以便随时定用。同业如有乏力者,可照他公司廉价,向公所或本店售票,以后如有遵守,不力阳奉阴违查出罚洋二元,拨作津贴,廉价之款,伙友如查系故犯,即可辞歇同业,概不录用。(七月初九日,8 月 24 日)③

十八纪宁绍人之团力〇棋盘街衣业八家,萃莺衣庄杨庆桂君发起集议,捐款

① 《申报》第 101 册第 13128 号,上海:上海书店出版社,第 793 页。

② 《申报》第 101 册第 13129 号,上海:上海书店出版社,第 809 页。

③ 《申报》第 101 册第 13130 号,上海:上海书店出版社,第 825 页。

协助宁绍航业维持会,并议定衣庄八家,无论东伙,往返货色进出。如遇宁绍班期,誓不搭趁别船,如有不遵定章者,察出将货充公。又属八家东伙之亲友,亦须趁宁绍船,已有函预先通知,如若甬地,偶有乘他轮而来者,概不接待。其失业无资回籍者,八家衣庄,备有宁绍船票,均可前往,领取所认捐款列下。萃丰杨庆桂、萃隆杨庆华合捐洋五十元。安吉叶春山捐洋三十元。祥泰周纯甫、久大李莲荪,祥丰金荣棠、宝大张筏宝、合丰张长春,各捐洋二十元。(七月初十,8月25日)①

十九志宁绍人之团力〇甬帮明矾业,顺生宝华,又新瑞生丰顺等号议决,来往货物,均装宁绍商轮。倘非宁绍班期,急欲装货,仍可听便,嗣后,如有贪廉图私者,察出罚洋五十元,以充公用。(七月十一日,8月26日)②

二十志宁绍人团力〇洋货商业公会,于初七日下午五句钟会议,除颜料洋行门庄五金外,共计九家业,已决定。往来沪甬客货,一律装搭宁绍商轮,并有火油、玻璃两业,亦经决总,以乘坐自创轮船为目的。(七月十二日,8月27日)③

二十一志宁绍人之团力〇沪上川汉洋杂货业,日前在大南门外,该业事务所,邀集同业会议,宁绍商轮之事,先由林仁剑、徐大源、沈南圃、邵子帆相继演说,嗣经议决,所有该业货客,如遇宁绍班期,均搭趁自办轮船,到会者,逐一签允而散。(七月十三日,8月28日)④

二十二志宁绍人之团力〇汉帮志成公所,为宁绍商轮事,开会到者百余人,先由业董叶惠钧布告宗旨,次即叶君演说,劝同业互结团体,尽力维持,辞极沉

① 《申报》第101册第13131号,上海:上海书店出版社,第841页。

② 《申报》第101册第13132号,上海:上海书店出版社,第853页。

③ 《申报》第101册第13133号,上海:上海书店出版社,第871页。

④ 《申报》第101册第13134号,上海:上海书店出版社,第886页。

痛,旋议定章程八条,同业中,均极赞成,五时散会。(七月十五日,8月30日)①

二十三志宁绍人之团力〇棉纱同业由领袖田资民、董子珍、王兰甫、陈季良等发起,于十二日在公所集议,到者二百余人,议决该业货客,均附宁绍商轮,其力有不逮者,船资由各号自贴,众皆签允,并当场认购宁绍公司股份六百余股。

又南北市板木业由邵芸卿、贝楚臣、黄昌生等发起,邀集同乡在商会分所决定货客,均附自办商轮,并拟每行担任津贴船票十张,贫苦者可向领取。(七月十七日,9月1日)②

二十四志宁绍人之团力〇南北市信局,同业全盛等五十余家,为宁绍商轮事,邀集会议议定,沪甬往来信件,每逢宁绍班期,应归宁绍船装运,同业伙友往返,均乘宁绍商轮,所有同业,应用宁绍船票,可向全盛购买,凡亲友往来,互相勤终以始终,坚持决不稍懈为宗旨。(七月十八日,9月2日)③

二十五志宁绍人之团力〇自立耶稣会,由沈君嗣恩等发起,纠集同人,在讲堂演说,凡籍隶宁绍之同道,约三四千人,以后往来沪甬,皆乘宁绍商轮,并议定预备船票,无论会内外贫苦之人,一律津贴。(七月十九日,9月3日)④

二十六志宁绍人之团力〇铜锡业同行,为宁绍商轮事,由乐沅昌经手人及李德兴两家发起,在四明公所议定,凡同业中籍隶宁绍两府之东伙,均应搭载宁绍商轮,如有不遵者,由本业董事议罚。(七月二十日,9月4日)⑤

二十七志宁绍人之团力〇英界石路、法界城河浜两处,衣业十余家,由陈韵

---

① 《申报》第101册第13136号,上海:上海书店出版社,第916页。
② 《申报》第102册第13138号,上海:上海书店出版社,第10页。
③ 《申报》第102册第13139号,上海:上海书店出版社,第25页。
④ 《申报》第102册第13140号,上海:上海书店出版社,第40页。
⑤ 《申报》第102册第13141号,上海:上海书店出版社,第54页。

笙、张荷光等发起议定，同业伙友，来往沪甬，均搭宁绍商轮，并量力筹费，辅助维持会，兹将已缴之数列下：

（石　路）　正泰陈韵笙十元　锦成胡志臣洋十元　顺柳善楚余合洋十元　顺兴钱明发洋十元　福昌陈炳奎洋十元　震丰戴明生洋五元　永昌张笙和洋十元　裕源方汉章洋五元　新大费天荣洋五元　协昌庐云汶洋五元

（城河浜）　瑞和张荷光洋十元　晋源祥臧炳荣洋十元　马聚成竹房洋十元　沈茂昌茂椿洋十元　福昌祥李香云洋五元　陈彩成陈春生洋五元

（七月二十一日，9月5日）①

二十八志宁绍人之团力〇沪上煤炭一业，惟宁绍两帮最占多数，其与宁绍商轮，尤有密切之关系，兹由王清夫君提倡，在煤炭公所开会，公订简章数条，分送同业，简章如下。

一、凡我同业，嗣后往来，沪甬货客，必当搭载，自办轮船。

一、同业中均担任劝导亲友，宜趁宁绍船之责。

一、规劝信客，如有遇宁绍班，而不乘宁绍船者，则信件不准再交该信客带寄。

一、同业栈司，如果确有艰窘者，由本号自行津贴。（七月二十二日，9月6日）②

二十八志宁绍人之团力〇木业朱旳江、曹兰彬、徐嘉萄等发起，于十四日，邀集同业，在震巽公所议决。嗣后，同业货客，往来申甬，一律装搭宁绍商轮，贫苦无力者，由号东津贴船资，同业二十四家，一律盖章签允，以昭信守。（七月二十三日，9月7日）③

二十九志宁绍人之团力〇沪上洋布公所振华堂，于二十日下午二句钟，邀集

---

① 《申报》第102册第13142号，上海：上海书店出版社，第68页。

② 《申报》第102册第13143号，上海：上海书店出版社，第81页。

③ 《申报》第102册第13144号，上海：上海书店出版社，第96页。

同业三百余家,提议公决,自立集义会名目,以后同业中,无论是否宁绍人均须筹资补助宁绍商轮之船价,以为常年维持之计,至宁绍航业发达而后已,闻同业已承认签允矣。(七月二十四日,9月8日)[①]

三十志宁绍人之团力〇河轮一业,以宁绍人最占多数,兹由史恒茂等,提议同业中,籍隶宁绍两属者,嗣后,往来沪甬,如遇宁绍班期,均须趁搭该轮,各同业,一律签允。(七月二十五日,9月9日)[②]

三十一志宁绍人之团力〇沪上宁绍帮鞋业数十家,昨在四明公所,集议由李坤鳌、包茂生、张圣德等议定,以后各货出入,及各友往返沪甬,均趁宁绍商轮,违者定予歇业。(七月二十六日,9月10日)[③]

三十三志宁绍人之团力〇沪上熟货业,由恒泰冯景帆、裕大董汝霖两君发起,召集同业中之宁绍两籍伙友,议定嗣后,如有不乘宁绍商轮者,一经察出有业者,立即辞歇,失业者,概不录用,闻该同业,均已承认矣。(七月二十七日,9月11日)[④]

三十四志宁绍人之团力〇沪上宁绍帮漆作一业,不下数千人,业由张祥华、郁全尧等发起,于二十五日,在四明公所召集同业议定,同业中,宁绍两府之人,必须乘坐宁绍商轮,嗣后,如有故意违背者,定即不认同行,闻各作头,均签字应允。(七月二十八日,9月12日)[⑤]

三十五志宁绍人之团力〇上海老从心会,系包饭作与各业所雇工人所设,二

---

① 《申报》第102册第13145号,上海:上海书店出版社,第110页。
② 《申报》第102册第13146号,上海:上海书店出版社,第124页。
③ 《申报》第102册第13147号,上海:上海书店出版社,第138页。
④ 《申报》第102册第13148号,上海:上海书店出版社,第151页。
⑤ 《申报》第102册第13149号,上海:上海书店出版社,第168页。

十四日各同业，在四明公所建醮之时间，闻由唐久江、夏聚成、叶阿如、邵元生、徐增荣、徐才如等提议，宁绍两帮亦应自立章程，以乘坐宁绍商轮为宗旨，如有故违不遵者，即行摈斥，概不录用。（七月二十九日，9月13日）①

三十六志宁绍人之团力〇贳器一业，以宁绍粤两帮之人为最多。兹由仁成号发起，邀齐同业议定，同业中之籍隶宁绍者，嗣后往来沪甬，须乘宁绍商轮，如有失业回籍者，船资由同业酌量津贴。（八月初二日，9月15日）②

三十八志宁绍人之团力〇沪上洗衣、作东伙两帮，以宁绍人最占多数，约有三四千人，向分协兴会为东帮集贤会为伙帮，兹由邬谟堂、严仁发等，于上月二十八日，在靶子路德福楼会议。又由乐阿鳌殷仁兴等二千余人，在四明公所，同时集议议定，同业往返沪甬，除不得已外，应择宁绍班期启行，以达乘坐己轮之目的云。（八月初四日，9月17日）③

三十九志宁绍人之团力〇沪甬两埠之点铜一物，已由甬江庆记号余顺泉君议决，嗣后均归宁绍商轮独家装运，同业莫不赞成。（八月初五日，9月18日）④

四十志宁绍人之团力〇宁绍航业维持会，昨得鄞县同乡来函，谓该邑教育会。同人对于宁绍船一事，异常热心，业由职员决议，凡学界中人，遇宁绍班期而不趁宁绍商轮者，会员出会教员职员罚俸一月，学生记大过一次，校役斥退并拟分，劝各学校教员职员，捐助辛俸百分之一，已通告各学堂照办矣。（八月初六日，9月19日）⑤

---

①《申报》第102册第13150号，上海：上海书店出版社，第181页。
②《申报》第102册第13152号，上海：上海书店出版社，第211页。
③《申报》第102册第13154号，上海：上海书店出版社，第241页。
④《申报》第102册第13155号，上海：上海书店出版社，第255页。
⑤《申报》第102册第13156号，上海：上海书店出版社，第272页。

四十一志宁绍人之团力○旅居日本神户之宁绍人,实繁有徒,兹在中华会馆,提议维持宁绍商轮办法,决议同乡回国后,均趁宁绍商轮,众皆签允遵守。

又沪上洋烛厂,同业祥生、竞立、南阳、祥顺、利用、日光、祥兴、同康、茂记九家,由朱雪帆君发起会议,此后装运货物,东伙往来,俱认定宁绍商轮,并由各厂,预买船票,以备分给同业中之无力者。(八月初八日,9月21日)①

《商务官报》宣统元年第23期(宣统元年八月初五日,1909年9月18日)

商务官报己酉年第二十三期目录

公司注册各案摘要

宁绍商轮股份有限公司

宣统元年五月二十五日,虞和德等创办总号在上海北市,分号在宁波江北岸。共集股份上海通用银一百万圆,每股银五圆,为股份有限公司经营汽船航业,宣统元年七月二十五日注册。②

《申报》第13122号(宣统元年七月初一日,1909年8月16日)

宁绍航业维持会广告　启者宁绍商轮为我国商办航业之嚆矢,而尤为我宁绍名誉辱之关键。商战时代本贵竞争,而团结力尤贵持久。今幸民智开通群筹补救登高一呼众山响应,实业前途未可限量。虽然联络之机关未备,补助之方法不完,非所以谋发达而持久远也。爰集同志倡捐巨款组织斯会分部办事,而尤以津贴无业无力同乡船资为切要办法。简章另订先此布闻○本会备有船票,每张售小洋三角,不足之数由本会津贴,售票处因布置不及暂在大达码头,余俟再告。发起人吴锦堂等同启　会所在小花园后宝安里内。③

宁绍同乡公鉴　启者为宁绍商轮,蒙诸同乡坚结团体竭诚维持,曷胜钦佩,但同乡人数众多,或有不甚明白及偶未检点之人,同乡识君既为乡谊公益计,正

① 《申报》第102册第13158号,上海:上海书店出版社,第304页。

② 《商务官报》宣统元年,台北:“故宫博物院”,1982年1月,第438页。

③ 《申报》第101册第13122号,上海:上海书店出版社,第693页。

可函劝而喻庶几异途同归。若风闻未确或措辞过激，不但有伤盛情，且恐伊无实济此，虽鄙人鳃鳃过虑，或亦为高明所原谅者乎。伏维公鉴　虞和德谨启①

《申报》第 13135 号（宣统元年七月十四日，1909 年 8 月 29 日）

宁绍航业维持会广告　启者本会以联络唯一案旨，一切办法均以和平出之。所有外面传单揭帖，种种过于激烈之举动，与会毫无干涉。特此声明。②

《申报》第 13144 号（宣统元年七月二十三日，1909 年 9 月 7 日）

宁绍商轮公司禀准注册 〇邮传部批上海商务总会禀云，据禀已悉该宁绍商轮公司总理虞和德等呈报规画公司情形，并续拟行轮章程缮具清折，附呈注册呈式股票息单式，据请核予注册给照分咨保护等情，查阅所拟章程，尚属周妥足见热心。提倡办事认真自应准如所请惟禀内请先向福建船政局购买第号轮船一艘，定期行驶，此舟究定何名，暨船身长广尺寸，机器马力速率，装载吨数客位任用船员人数，吃水浅深等项，均未叙明，仍应饬令该公司详细呈报，除粘抄原禀章程，先行分咨南洋大臣、浙江巡抚、江苏巡抚，并札饬宁绍台道松太道饬属一体保护外合，亟批饬该商会仰即转饬该公司将以上各项迅速补报，以凭办理可也。③

---

① 《申报》第 101 册第 13122 号，上海：上海书店出版社，第 693 页。

② 《申报》第 102 册第 13135 号，上海：上海书店出版社，第 893 页。

③ 《申报》第 102 册第 13144 号，上海：上海书店出版社，第 95 页。

第四章 海上丝绸之路与近代中日间轮船航运

第一节　清末中日间轮船航运的定期航线

一、绪言

19 世纪前半叶,英国轮船来到广州,在中国引发了水上交通工具的变革。1853 年 8 月香港中文月刊《遐迩贯珍》第一期的序言中写道:“火船,遇风水俱逆,每一时可行八十余里,中国一无所有。”[①]文中的“火船”即蒸汽船。这预示了中国交通革命的前兆。其后,欧美船只开始悄然出没于中国大陆沿海、长江流域至汉口航线上。1872 年,中国首家轮船公司,即轮船招商局宣告成立。[②]

17 到 19 世纪中日关系的主要形式是到长崎的中国商船所开展的贸易活动。江户时代的日本人把这些中国商船称作“唐船”,即中国海洋航行的传统帆船。[③] 1853 年美国佩里舰队抵达浦贺,这是轮船在日本的首次亮相,同时标志着日本锁国时代的结束。翌年日本港口即出现了大量欧美船只。

随着 19 世纪后半叶欧美列强入侵亚洲,抵达中国和日本的西洋式帆船逐渐

---

① 松浦章、内田庆市、沈国威:《遐迩贯珍——附解题·索引》,上海:上海辞书出版社,2005 年,第 715(4)页。

② 聂宝璋:《中国近代航运史资料·第一辑》上册,上海:上海人民出版社,1983 年,第 34—41、245—263 页。

③ 松浦章『江戸時代唐船による日中文化交流』思文閣、2007 年、11—16、345—361 頁。松浦章著,张新艺译:《清代帆船与中日文化交流》,上海:上海科学技术文献出版社,2012 年,第 5—9、247—258 页。

为轮船所替代。[①]

在此大背景下,中日交流也开始步入轮船时代。幕末明治初期,美国、英国、法国的轮船公司围绕中日航线开展了竞争。明治八年(1875 年),日本政府授意三菱邮船会社开设连接横滨、神户、下关、长崎和上海之间的航线,这也是日本最早的海外航线。之后,三菱邮船会社改名日本邮船会社,该航线成为中日之间的主干航线。[②] 另一方面,中国的轮船招商局也力图开辟日本航路,但因日方阻挠而不得不放弃。[③]

由此,日本轮船公司的上海定期航路成为近代中日交流的重要渠道。

本文主要阐述近代中日两国之间利用这一干线航路开展交流活动的状况。

二、清末中日间的轮船航路

连接日本和中国的定期航线始于 1859 年(咸丰九年,安政六年)9 月英国铁行轮船公司[④]开设的每月两次的上海—长崎航线[⑤]。该公司又在 1864 年(元治元年,同治三年)开设了每月两次的上海—横滨定期航线。[⑥]

当时抵达日本的外国船只日渐增多。其间情形从 1861 年 7 月至 10 月 1 日在长崎刊发的共 28 期《长崎船运名录广告报》[⑦]"航运情报"一栏中刊登的船舶信息可见一斑。据此可知进出长崎港的外国船名等信息。其中除了第 1、2 期情况不明之外,据第 3 期至终刊第 28 期,从 7 月 2 日至 9 月 30 日的 91 天内,不计

---

① 松浦章『近代日本中国台灣航路の研究』清文堂、2005 年、1—28 頁。

② 同書。

③ 松浦章「清国輪船招商局の日本航行」『関西大学東西学術研究所紀要』第 39 輯、2006 年、1—48 頁。

④ Boyd Cable, *0.A Hundred Year History of the P. & O: Peninsular and Oriental Steam Navigation Company 1837-1937*, London: I. Nicholson and Watson Ltd., 1937;中川敬一郎「P. & O.汽船会社の成立ーイギリス東洋海運史の一齣ー」『資本主義の成立と発展 土屋喬雄教授還暦記念論文集』(『経済学論集』第 26 巻第 1、2 号)有斐閣、1959 年 3 月、276—301 頁。

⑤ 小風秀雄『帝国主義下の日本海運　国際競争と対立自立』山川出版社、1995 年 2 月、18 頁。

⑥ 同書。

⑦ 《长崎船运名录广告报》(*The Nagasaki Shipping List and Advertiser*)留存至今只有第 3-28 期,第 1、2 期去处不明。

军舰,商船共入港48艘,出港49艘,基本上每两日有1艘外国船只驶入长崎港①。在入港的48艘外国船只中,计有英国籍船只24艘(50%)、美国籍船只13艘(27%)、荷兰籍船只8艘(17%)、法国籍船只3艘(6%)。其中轮船至少有英国籍2艘、美国籍1艘、法国籍2艘,合计5艘,此外均为三桅帆船、横帆双桅帆、纵帆船等西式帆船。至于这48艘外国船在抵达长崎之前的出发地,32艘(67%)来自上海,3艘(6%)来自天津,来自神奈川、新加坡、山东半岛的芝罘分别有2艘(4%),来自宁波、香港、阿姆斯特丹和鹿特丹的分别有1艘(2%),其余3艘来处不明②。虽然这些数据并不全面,但反映出当时日本与上海之间交通往来紧密,该航线对日本而言是重要的海外航海干线。

1865年(同治四年,庆应元年),法国邮船也开设了每月一次的上海—横滨定期航班③。

1867年(同治六年,庆应三年)1月1日,美国太平洋邮船公司的科罗拉多号驶离旧金山,远征亚洲,标志着美国至日本横滨和香港的定期航线从此开通,之后又有新建的木质明轮的伟大共和号、中国号、日本号、美国号投入该航线。太平洋邮船公司随后开通了横滨、神户、长崎至上海的支线航路④。

据《横滨每日新闻》第1号[1870年(明治三年)12月8日]的广告⑤,以及该报第3号(12月14日)的广告⑥,美国太平洋邮船公司当时已经开始运营连接旧金山、横滨、香港的航线。另据翌年《横滨每日新闻》第29号(1871年1月20日)整版刊登的题为《太平海飞脚蒸汽船社中》的广告可知,在“兵库—长崎—上海”定期航线中投入了金色年华号、纽约号、哥斯达黎加号、俄勒冈号、爱丽尔号5艘蒸汽船⑦。

---

① 松浦章『近世東アジア海域の文化交渉』思文閣、2010年11月、表1「1861年7月6日—10月1日長崎入港の外国船舶表」、93頁。

② 同書、92頁。

③ 小風秀雄『帝国主義下の日本海運—国際競争と対外自立』山川出版社、1995年2月、27頁。

④ John Haskell Kemble, “A Hundred Years of the Pacific Mail”, *The American Neptune*, April 1950, p.131.

⑤ 『横浜每日新聞』第1巻、不二出版、1989年、1頁。

⑥ 同書、3頁。

⑦ 『横浜每日新聞』第1巻、不二出版、1989年、5頁。

据1874年4月4日《日本每日先驱报》(*Japan Daily Herald*)3201号上的广告,美国太平洋邮船公司开通了连接中、日、美三国的航线,在旧金山搭乘横跨美国的中太平洋联合铁路即可抵达太平洋沿岸的纽约,而从纽约或阿斯平沃尔又可以选择各种轮船航线前往英国、法国、德国等欧洲各国。1873年出版的儒勒·凡尔纳(Jules Verne,1828—1905)的著名小说《八十天环游世界》[①]便是走的这条线路。该书中出现的往返于横滨和旧金山之间的客船即太平洋邮船公司的格兰德将军号。该船是2500吨的大型明轮船,设备相对齐全,速度相当快[②],由此可知当时的航运状况。

幕末日本与欧美各国缔结了条约,但与中国却一直未签订条约。直至1870年两国才缔结《日清条约》。《缔结清国实记》即与中国缔约的日方记录。该记录开篇写道:"明治三年岁次庚午七月二十九日,时九点钟",柳原外务权大丞等从外务省出发,"八月初一日"由横滨登上太平洋邮船公司的金色年华号。五点钟启碇驶离横滨。初四日途经神户,初五日经过"赤间关"即下关,同日"八点钟至长崎投碇"。翌日初六日从长崎起航,初九日"八点钟至上海投碇"。一行在北京完成公务后,回到上海再次乘船回国。闰十月十七日乘坐太平洋邮船公司的纽约号,从上海出港,"二十四晴,七点钟到横滨",历经七天的航行回到横滨。

由上可见,在日本轮船公司开辟定期航路之前,不论是日本人还是外国人,只能搭乘外国轮船往返于中日之间。前述1870年日本赴华使节的航程可谓经典。此种状态一直延续至1875年三菱会社开设上海航路。

三、清末日本开设上海航路

1875年(光绪元年,明治八年),日本三菱会社打破了由美国等外国轮船垄断日本海外航线的局面,开设了连接日本和中国上海的定期航线。

日本政府于1875年1月18日授意三菱会社开设上海航路。于是该社投入东京丸(总吨位2217,明轮木船)、新潟丸(总吨位1910,暗轮铁船)、金川丸(总

---

① Jules Verne, *Le Tour du Monde en Quatre-Vingts Jours*, *1873*. 鈴木啓二訳『八十日間世界一周』岩波文庫、2001年。

② 鈴木啓二訳『八十日間世界一周』岩波文庫、2001年、287頁。

吨位 1150,暗轮铁船)及高砂丸(总吨位 2217,暗轮铁船)4 艘轮船,开设了这条每周一班的横滨至上海定期航线①。这便是日本最初的海外定期航路。据 1875 年 1 月 20 日《横滨每日新闻》第 1241 号上刊载的《大藏省通告》②,三菱商会于 1875 年 2 月 3 日周三开始每周三使用东京丸及其他三艘轮船开设横滨至上海的定期航路,途中停靠日本神户、下关和长崎。据 1875 年 2 月 8 日《东京日日新闻》刊登的三菱商会广告③,可以确定东京丸以外的 3 艘船为新潟丸、金川丸、高砂丸。在英文的《日本每日先驱报》中也有相同内容的广告。

光绪元年正月初六日,即 1875 年 2 月 11 日《申报》第 854 号报道:

> 日本于上海设轮船公司 〇本报登有日本三菱轮船洋行之告白,因知该公司今开在法租界泰来洋行之旧基,定于华正月十二日开设也。每礼拜上海与东洋之间有火船来往。其初来之船,则前向万昌公司所购买者,其船名曰牛约,现已改名曰托局麦鲁,是为一大船也。此事系属创举,亦以见日本与中华通商增盛之一斑云。④

三菱商会在法租界泰来洋行(Telge & Co.)所在地于旧历正月十二日开设事务所,开通了每周日往返于上海和日本之间的定期航路。最早所用的船只是从万昌公司(Wolf & Co.)购买的纽约号,更用汉名为"托局麦鲁",显然是东京丸的发音。对于三菱公司开设上海事务所及上海—日本航路,中方认为有利于扩大对外通商,因此持欢迎态度。《申报》告示栏刊登的题为《创设火轮船公司》的广告内容如下:

> 启者,本东洋三菱轮船洋行今议定在横滨上海一路来往。每礼拜创走

① 『七十年史』日本郵船株式会社、1956 年、8 頁。

② 『横浜每日新聞』第 10 巻、不二出版、1989 年、67 頁。

③ 『東京日日新聞』第 928 号、東京日日新聞社、1875 年 2 月 28 日、28 頁。该广告从这一期开始断断续续登载至第 956 期(1875 年 3 月 12 日,第 40 页)。『七十年史』日本郵船株式会社、1956 年、10 頁。

④ 《申报》第 6 册第 854 号,上海:上海书店出版社,第 121 页。

火轮船均不停止，其船亦顺路到神户、实莫尼西气及长崎三处。现在船名托局麦鲁，即先名牛约者，准于西历二月初三日，即中历去腊二十七日自横滨开来中国。议于二月十七日，即华正月十二日自上海开回东洋等处。本公司各船皆请用西国船主及执事暨司器，各人咸精于航海者办理诸事，亦全照西国规例。今托船主可见宁驻札上海经理本公司各事。贵客欲装货、搭客及访问各事者向上海租界泰来洋行旧基，本公司新开分局便是。上海一千八百七十五年二月四日　禹气大佥名

三菱商会开设每周日的上海—横滨航线，船名为东京丸，原名为纽约号，一路停靠神户、下关、长崎等港口，2月3日由横滨出港，2月17日则由上海开往日本，并且注明该船为西洋船，船员也是西方人，有关航海规则均按照西洋方式操作。该广告之后连载数日。当日《申报》还刊登了船舶出入港一览表，其中预告“十二日出口船列左……托局麦鲁往东洋等处　三菱洋行”①。

《申报》第856号（光绪元年正月八日，1875年2月13日）第一版刊有题为《三菱轮船公司减价》的新闻：

本馆前日登有日本三菱轮船洋行告白，知已创行火船往来于上海、东洋，与万昌老公司争业。故先是万昌公司放一告白，谓搭客水脚皆可大减价云。乃逾一日则三菱公司亦登告白将各价又大减色。计华客往长崎者仅需银圆三元五角、往横滨者七元五角。货往长崎每担七分五、往横滨一角二分半。按此价公道之至系往常所未闻者。商贾既可籍以大装其货，而尤愿各游客可乘此机会往东洋一游也。盖该境风俗景致既多异于中土，故一游而大可赏心娱目。惟是现在之价恐未必可以耐久，故于定往去之价，亦应访问其回来之价也。追忆数年以前，美国有一野兽戏班，在大陆相隔少远之一海岛开演大戏，将所有各火船雇定而颁贴告白，谓曰：贵客如欲渡海看戏者皆可坐船，不取船价。诸客喜极，皆拥搭有万余人。不料日以昏暮，各客欲回

① 《申报》第6册第2267号，上海：上海书店出版社，第124页。

家,而戏班主人从容告白,曾经许空坐船而来,但其回去未曾立议。敢请贵客各出数元,始可便于从命。云此事。于今往东洋亦可为前鉴也。

文中报道三菱商会因与万昌公司竞争而降价,提议中国人借此廉价航运之际赴日旅游。关于三菱商会的运费,中国旅客前往长崎收费银元三元五角,前往横滨则为七元五角;从上海至长崎的货运是每担七分五,上海至横滨的货运则为一角二分半。该报道同时也提醒国人吸取以往因受美国轮船降价的诱惑而上当的教训,提防廉价风险。《申报》第 860 号(光绪元年正月十三日,1875 年 2 月 18 日)第一版上刊登了题为《奉劝华人往东洋赴博览会说》的社论:

本报之内列有告白一则:详言东洋今年在该国西京开设博览会一举。自正月二十四日起,此后历百日而止。吾闻此事,不禁勃然而兴,遍告同人曰:我国好游之人何不乘此机会、旷数日之光阴,赴东瀛之胜境,而广博见闻、开阔心胸乎?此实向来所未见之机会也。且适值东洋火船公司将搭客水脚银两格外减额,俾令华人可以结群联袂、以往观胜会,不至于又有踽踽独行之叹矣……

该日广告栏中同时登出了《东洋大博览会》广告。招揽理由之一就是三菱商会船价低廉。《申报》所记的"西京开设博览会"即 1875 年 3 月 15 日至 6 月 22 日在日本京都举行的第八届博览会。

上海的《北华捷报》第 406 期(1875 年 2 月 18 日)"通信栏"中,以三菱轮船社代理店康宁名义刊发了一则主要内容为"本社开设连接横滨—兵库—下关—长崎—上海之航线""本社旨在持续提供定期、快捷的轮船航运服务,纯属商业活动"的启事,下署日期为 2 月 13 日。

三菱商会于 1875 年 9 月 15 日接到日本政府的命令,获得无偿提供的东京丸等 13 艘轮船,且之后 15 年中每年有 25 万日元航运资助金。由此,三菱商会改名三菱邮船会社。[①]

该社在日本政府的指令下与共同运输会社合并，于1885年（明治十八年）9月29日创立日本邮船株式会社（以下简称日本邮船会社）。[②] 据《七十年史》记载，成立日本邮船会社之后的横滨—上海航路，“明治十九年十月起，东京丸（总吨位2194）、横滨丸、萨摩丸三船每周一次从横滨、上海两港口出航，往返均停靠神户、下关、长崎，在横滨可换乘太平洋邮船”[③]。

三菱邮船会社自从开设日本至上海的航路，就在每周一次的横滨—上海定期航路上投入使用东京丸、新潟丸、金川丸、高砂丸4艘轮船。[④]

从此，往来于中日之间的日本人及大多数外国人开始乘坐日本轮船公司的定期航船。

（一）中国旅客的乘船记录

从现有文献看，三菱商会开设横滨—上海航线不久，即有中国人乘坐该社轮船游日。著者不详的《东游日记》记录了从1876年（光绪二年，明治九年）4月下旬开始约一周的上海起航日本之行。[⑤] 光绪二年四月二十日（5月13日），作者在上海登上日本“宜发达”号出发。《申报》第1238号（光绪二年四月十七日，1876年5月10日）船舶出入港表[⑥]可以佐证，该船即三菱商会签约的美籍船内华达号。作者又于光绪二年四月二十六日（5月19日）乘坐三菱邮船会社的东京丸经长崎回国。[⑦]

晚清著名记者王韬于光绪五年（1879年）闰三月来日，在上海搭乘的是三菱邮船会社的玄海丸。[⑧]

清末高官王子春于光绪五年十月来日时搭乘的是三菱的隅田丸，十一月回

---

① 『七十年史』日本郵船株式会社、1956年、9—10頁。

② 同書、23頁。

③ 同書、30頁。

④ 『日本郵船株式会社五十年史』日本郵船株式会社、1935年、8頁。

⑤ 〔清〕王锡祺：《小方壶斋舆地丛钞》第十帙，三〇二丁表，杭州：西泠出版社，2004年。

⑥ 《申报》第8册，上海：上海书店出版社，第428页。

⑦ 〔清〕王锡祺：《小方壶斋舆地丛钞》第十帙，三〇三丁里、三〇四丁表，杭州：西泠出版社，2004年。

⑧ 松浦章『近代日本中国台湾航路の研究』清文堂、2005年、44頁。

国搭乘的则是三菱的东京丸。[①]

顾厚焜在日记中写道:"光绪十三年九月二十六日(明治二十年,1887年11月16日),东京丸,日本邮船。"[②]可见搭乘的是日本邮船会社时期的东京丸,明治十八年在英国格拉斯哥建造的双联式蒸汽主机铁壳船[③]。

据罗振玉的《扶桑两月记》[④],他于光绪二十七年(1901年)十一月搭乘日本邮船会社的神户丸来日,光绪二十八年(1902年)正月回国[⑤]时搭乘的是日本邮船会社的博爱丸[⑥]。

据张謇的《癸卯东游日记》,记有出发"光绪二十九年(明治三十六年,1903年)四月二十六日　博爱丸　邮船……五月初一日　晨三时　神户"[⑦],回国"六月初四日　长崎　弘济丸……初六日　上海"[⑧],往返均搭乘日本邮船会社的轮船。

胡景桂从天津赴日,搭乘的是日本邮船会社的神户—华北航线的芝罘丸。[⑨]芝罘丸总吨位1934吨,是1903年3月24日在长崎三菱造船厂建造的三联式主机蒸汽船。[⑩] 胡景桂乘坐的是刚建成不久的芝罘丸。回国时搭乘的应是日本邮船会社的神户丸。[⑪]

贺纶夔于宣统元年(1909年)闰二月赴日[⑫],搭乘的是日本邮船会社的博爱丸,回国搭乘的是日本邮船会社的平野丸[⑬]。

---

① 松浦章『近代日本中国台湾航路の研究』清文堂、2005年、46頁。

② 刘雨珍、孙雪梅:《日本政法考察记》,上海:上海古籍出版社,2002年,解题1页。

③ 『日本郵船百年史資料』日本郵船株式会社、1988年、660頁。

④ 王宝平:《晚清中国人日本考察记集成:教育考察记》(上),杭州:杭州大学出版社,1999年,第218页。

⑤ 同上,第232页。

⑥ 松浦章『近代日本中国台湾航路の研究』清文堂出版、2005年、48頁。

⑦ 王宝平:《晚清中国人日本考察记集成:教育考察记》(下),杭州:杭州大学出版社,1999年,第540页。

⑧ 同上,第559页。

⑨ 同上,第601页。

⑩ 『日本郵船百年史資料』日本郵船株式会社、1988年、665頁。

⑪ 王宝平:《晚清中国人日本考察记集成:教育考察记》(下),杭州:杭州大学出版社,1999年,第618页。

⑫ 刘雨珍、孙雪梅:《日本政法考察记》,上海:上海古籍出版社,2002年,第402页。

⑬ 同上,第427页。

（二）日本旅客的乘船记录

以下是主要依据各种游记所整理的乘坐上海航线的日本旅客的乘船记录。

据 1884 年（光绪十年，明治十七年）5 月前往上海的冈千仞的《观光纪游》中收录的“航沪日记”，“明治十七年甲申五月二十九日，光绪十年五月五日，晨装促发，新桥停车场辞送客……诣三菱馆……三菱社长岩崎君弥太郎深嘉余志，贶乘券……三十日，舰号东京，长五十余丈，中设食堂。……”[①]可见冈千仞于 5 月 30 日从横滨登上东京丸前往上海，31 日途经神户，6 月 2 日停靠下关、长崎，6 日从长江口上溯黄浦江，当日下午抵达上海登岸，受到岸田吟香的迎接。[②] 很显然冈千仞乘坐的是三菱商会的东京丸。

1884 年 8 月，尾崎行雄赴沪。据其《游清记》[③]，28 日经神户，31 日下午至长崎，9 月 1 日下午 4 时从长崎出港，3 日至长江口，4 日抵达上海登陆。[④] 尾崎行雄乘坐的是三菱商会的名护屋丸，但错记为名古屋丸。

大藏省官吏木村正宪被派往中国、朝鲜，于 1900 年（光绪二十六年，明治三十三年）4 月 14 日从神户登船。[⑤] 4 月 18 日下午 2 时抵达上海，从日本邮船会社的栈桥登岸。[⑥]

上述日本人均通过日本邮船会社的上海—横滨定期航路前往中国。

但是，从 1899 年（光绪二十五年，明治三十二年）开始，日本邮船会社又开设了从日本神户至天津大沽的每两周 1 次的神户—华北直航路线，途经下关及山东半岛芝罘。[⑦]

内藤湖南于 1899 年 9 月 5 日从神户登上日本邮船会社的仙台丸，在中途停靠港芝罘下船，11 日上午 11 点之后抵达大沽。[⑧]

---

① 岡千仞「観光紀游」『幕末明治中国見聞録集成』第 20 巻、ゆまに書房、1997 年 10 月、24 頁。

② 同書、25—29 頁。

③ 尾崎行雄「游清記」『幕末明治中国見聞録集成』第 3 巻、ゆまに書房、1997 年 6 月、11 頁。

④ 同書、12—14 頁。

⑤ 村木正憲「清韓紀行」『幕末明治中国見聞録集成』第 5 巻、ゆまに書房、1997 年 6 月、53 頁。

⑥ 同書、83—84 頁。

⑦ 『日本郵船会社資料』日本郵船株式会社、718 頁。

⑧ 「燕山楚水」「禹域鴻爪記」『内藤湖南全集』第二巻、筑摩書房、1973 年 3 月、19—26 頁。

嘉纳治五郎被派往中国时也是乘船前往。他在《关于我的清国行》[①]中提及行程安排:7 月 23 日从神户登上玄海丸前往中国,巡游了华北及长江流域[②]。

由上可见,到了 20 世纪,中日间航线开始从单一的横滨—上海而变得更为丰富。日本邮船会社的竞争对手大阪商船会社也是同样情形。该公司在 1896 年(光绪二十二年,明治二十九年)开设了台湾总督府指定的大阪—台湾航线,继而在 1899 年 9 月开设了途经天津的神户—牛庄航线和途经芝罘的神户—牛庄航线,又在 1902 年(光绪二十八年,明治三十五年)2 月将其合并为神户—华北航线。之后又相继于 1905 年(光绪三十一年,明治三十八年)1 月开设大阪—大连航线,同年 5 月开设大阪—汉口航线,1906 年(光绪三十二年,明治三十九年)2 月设大阪—天津航线。[③]

四、小结

江户锁国时代的中日关系主要靠中国帆船即"唐船"得以维系。到了 19 世纪后半叶,由于外国轮船,尤其是欧美轮船公司经营的轮船闯入东亚海域,导致中日往来也不得不改用外国轮船。

1875 年 8 年 1 月,三菱会社在日本政府的赞助下开设了往返于横滨和上海之间的定期航班,打破了欧美轮船公司的垄断。虽然每周只有一班,但很多日本人和中国人乘坐三菱会社的轮船穿行于东海海域。创立于 1885 年的日本邮船会社继续这一业务并加以拓展,运营东京丸、横滨丸、萨摩丸 3 艘轮船,每周一次,从横滨出发,一路停靠神户、下关、长崎,驶往上海,成为中日间的重要航线。

另一方面,中国招商局轮船公司也试图开辟通往日本的定期航线,但因日方

---

① 嘉纳治五郎:《关于我的清国行》,《国士》第 5 卷第 47 号,1902 年 8 月,第 1—2 页。关于嘉纳治五郎的中国行,可参见嘉纳本人撰写的《清国巡游所感(一)》(《国士》第 6 卷第 50 号,1902 年 11 月,第 1—5 页)和《清国巡游所感(二)》(《国士》第 6 卷第 51 号,1902 年 12 月,第 1—4 页)。此外还有随行人员老谷报的《嘉纳会长清国巡游记》(连载在《国士》第 48 号,第 22—28 页;《国士》第 49 号,第 28—31 页;《国士》第 50 号,第 26—37 页;《国士》第 52 号,第 31—39、53—57 页;《国士》第 54 号,第 35—38 页)。

② 『國士』第 47 号、1902 年 8 月、1 頁。

③ 『創業百年史資料』大阪三井船舶株式会社、1985 年、16—17 頁。

阻挠而受挫。[①] 在中日航线上，三菱轮船会社及日本邮船会社在相当一段时期内一直保持优势地位，至少明治时期大多数人选择搭乘日本邮船会社的轮船往返于中日之间。

---

① 松浦章「清国輪船招商局汽船の日本航行」『関西大学東西学術研究所紀要』第38輯、2006年、1—48頁。

第二节 1882年三菱邮便轮船公司从日本运到上海的海产品

一、绪言

日本的海产品,自江户时代长崎与中国进行贸易时,由中国的帆船——日本称为"唐船"运载出口到中国沿海的各个港口。其中尤以干鲍、鲨鱼鳍和干海鼠最为珍贵,干鲍在中国被称为鲍鱼或鳆鱼,鲨鱼鳍被称为鱼翅,干海鼠被称为海参。① 这些海产品干货从江户时代中后期开始由长崎向中国大量出口。到明治时期,日本对中国的海产品出口量非但没有减少,反而大幅增长。其中就有"昆布",在中国称为海带。明治十九年(光绪十二年,1886年)的《清国输出日本水产图说》中有如下记载:

> 海带本是产于北海道十一国及三陆沿海的藻类,自古以来就作为菜肴摆上餐桌,又是对清贸易的重要产品。近年来,其出口比例不断扩大,成为水产品中屈指可数的物产。实为我邦最为重要的财富资源。②

如上所述,日本海带分布于北海道沿海至三陆海岸一带(三陆指陆前、陆

① 松浦章『清代海外贸易史の研究』朋友書店、2002年、382—402頁。

② 水產局編纂「昆布」『清國輸出日本水產圖說』農商務省藏板、1886年、1頁。

中、陆奥,即现在的宫城、岩手、青森三县),海带是一种附生于岩礁上呈褐色的带状海藻,自古以来就为人们所食用。晒干后的海带"宽三四寸至七八寸,或至一尺有余,长六七尺至一丈有余,质厚呈墨绿色"①,经干燥处理"将其延展开来反复折叠,分两到三处进行捆绑"②(请参照图4-1),以此形态运销到全国各地,并出口海外。在中国,一般将海带洗净后用开水烫一下,然后切成适当的大小,再将其与鸡肉、鱼肉、猪肉等一起炖煮③,因此海带在中国各地被广泛食用。

关于日本产海带对中国的出口,目前可考究的是,1882年(光绪八年,明治十五年)8月到10月的两个月内,日本三菱邮便轮船公司及欧洲籍轮船运载的海产品的载重量及运载地,特别是各轮船运载海带④的重量。

本文主要介绍三菱邮便轮船公司的轮船运载的海带数量等具体情况,以及针对运到上海的日本产海带,是如何从上海被运到中国各地而进行的报告。

图4-1 长切昆布 蕙蒲160斤

资料来源:《通商汇纂》明治四十一年第17号,1908年3月28日

二、三菱邮便公司轮船从日本运载出口到上海的海带

1882年11月7日上海的品川总领事写给外务大辅吉田清成的《昆布卖售意见书》的附件中有关于自1882年8月末日本对中国上海出口的海带的记录,

---

① 水產局編纂「昆布」『清國輸出日本水產圖說』農商務省藏板、1886年、1頁。

② 同書、7頁。

③ 『水產貿易要覧』農商務省水產局,1903年;『明治後期產業発達史資料』第96卷、龍溪書舍,1992年3月,312頁。

④ 『通商彙編』明治十五年、外務省記錄局、1883年、289頁。

内容如下:

> 八月三十一日入港的东京丸约载三千包新鲜海带。以每百斤二两七文目[①]至二两七文目一分的价格出售。

接着又写道:

> 而后至九月中旬,到货三百零八担,另外英国帆船德罗赛号约载四千包入港,以每百斤二两五、六文目的价格出售。[②]

即 9 月中旬驶入上海港的英国帆船德罗赛号(Johndroe),约运载了 4000 包海带,以每 100 斤 2.5 两至 2.6 两银的价格出售。

之后,23 日入港的瓦尔塔希古法拉号(Valtasigu Fala)、安格鲁印吉安号(Angeloindian)及布尔塔号(Boruta)3 只帆船共运载了 14000 余包海带,10 月 13 日入港的名古屋丸运载了 3000 余包海带。[③]

对这些从日本进口的海产品,驻上海的总领事品川忠道在 1882 年 12 月 2 日写给外务卿井上馨的报告中,说道:

> 来自清朝内地的各买家惊于其运载量持续增加而望而却步,不敢出手。[④]

如上所述,上海总领事品川忠道针对日本海产品对上海的大量出口指出了

---

① 文目:文目指日本江户时代的银币重量单位,约为一两的 1/50 到 1/80。根据时代和每日的行情不同而有所增减。——译者注

② 『通商彙編』明治十五年、外務省記録局、1883 年、289 頁。

③ 同書、289—290 頁。

④ 同書、295 頁。

中国商人因担心价格下跌而迟迟不肯购买这一情况。

这里想指出的是日本的海产品大多是被包括外国帆船在内的船舶运载出口到上海的。特别是针对海带如何捆绑并出口的形态,参考《通商汇纂》1908 年(光绪三十四年,明治四十一年)3 月 28 日刊登的如图 4-1 所示的照片可知,是将 160 斤(日本重量单位),约合 96kg 的海带用草帘捆绑之后再出口。

关于从日本运载海产品至上海的船舶的具体数量,可以参考《通商汇纂》的附录。从中可以了解到日本各公司的轮船运载出口到中国上海的日本产海带的数量,如下所示:

表 4-1　1882 年日本海带进口表[①]

月/日	船名	出发地	重量
8/31	东京丸	函馆	4870 担 25 斤
		长崎	54 担 69 斤
		神户	17 担 55 斤
9/08	玄海丸	长崎	18 担 54 斤
		神户	103 担 04 斤
9/12	丢卡利翁号(Deucalion)	横滨	1248 担 80 斤
9/13	名古屋丸	神户	206 担
9/15	桃乐西号		6681 担 60 斤
9/22	广岛丸	函馆	3617 担
		长崎	26 担
		神户	15 担
9/23	沃尔特西格夫里号	函馆	8902 担 92 斤
9/28	东京丸	横滨	21 担 90 斤
9/29	泰恩号		10930 担 76 斤
		共计	36721 担 05 斤

① 『通商彙編』明治十五年、外務省記録局、1883 年、295—298 頁。1882 年 8 月 31 日至 11 月 22 日的记录原文录入的是旧汉字,为了便于整理,这里改写成了阿拉伯数字。

(续表)

月/日	船名	出发地	重量
10/04	玄海丸	神户	667 担 12 斤
10/13	名古屋丸	函馆	3800 担 30 斤
		横滨	864 担 13 斤
		长崎	8 担 35 斤
		神户	554 担 50 斤
10/13	彭布鲁克郡号	横滨	2150 担 88 斤
10/20	广岛丸	长崎	962 担 40 斤
10/20	泰恩号	函馆	10156 担 89 斤
10/26	乔维斯号	函馆	10331 担 66 斤
10/26	东京丸	长崎	7 担 20 斤
		神户	2998 担
		横滨	18 担 80 斤
		函馆	2436 担 71 斤
		共计	34956 担 94 斤
11/09	名古屋丸	长崎	14 担 15 斤
		横滨	14 担 15 斤
		函馆	1626 担 40 斤
11/11	黛安芬号	神户	1042 担 90 斤
		横滨	317 担
11/11	路西塔尼亚号	函馆	16626 担 18 斤
11/11	路易莎号	函馆	4915 担 63 斤
11/20	广岛丸	神户	1837 担 80 斤
11/22	东京丸	神户	2286 担 30 斤
11/22	牛津郡号	横滨	1474 担 98 斤
		共计	30,241 担 34 斤

由上表可知,自 1882 年 8 月 31 日至 11 月 22 日这段时间,日本驶往上海的 23 只船舶运载海带进入中国市场。

自8月末至9月末，三菱邮便轮船公司派遣的5只轮船共向上海出口了日本产海带8900余担，与之相比，欧洲籍的船舶输送了27700余担。运载比率为日本轮船24%，欧洲籍船舶76%。

10月份三菱邮便轮船公司的4只船共输送海带12300余担，相较之，欧洲籍船舶输送了22600余担。运载比率为日本轮船35%，欧洲籍船舶65%。

11月份三菱邮便轮船公司的3只船共输送海带5700余担，相较之，欧洲籍船舶输送了24300余担。运载比率为日本轮船19%，欧洲籍船舶81%。

从以上三个月的例子来看，可知虽是日本产海带，但运至上海的海带中却有60%—80%是由欧洲籍船舶运载的。日本方面，运营上海与日本之间定期航路的三菱邮便轮船公司的轮船是重要的运输工具。

为了确定以上船舶是否驶入上海港，这里结合上海发行的英文报纸《北华捷报》上刊登的"船务信息"中有关的船舶信息，制成下表。

表4-2中的汉字名为上述"日本海带进口表"中出现的船名。

表4-2 1882年从日本驶入上海的船舶一览

序号	年/月/日	船名	船籍船型	吨位	船长	始发地	出航日期	货物	收货方
794	1882/08/31	东京丸	日本蒸汽船	1146	Swain	日本	829	邮寄物品等	三菱邮便汽船公司
794	1882/09/07	玄海丸	日本蒸汽船	1084	Conner	日本		一般货物	三菱邮便汽船公司
795	1882/09/11	丢卡利翁号	英国蒸汽船	1639	Purdy	神户	907	一般货物	太古洋行
795	1882/09/13	名古屋丸	日本蒸汽船	1054	Walker	日本	911	邮寄物品等	三菱邮便汽船公司
796	1882/09/15	桃乐西号(Dorethy)	英国帆船	310	Croal	函馆	800	海带	德兴洋行
796	1882/09/21	广岛丸	日本蒸汽船	1158	Haswell	长崎	918	一般货物	三菱邮便汽船公司

(续表)

序号	年/月/日	船名	船籍船型	吨位	船长	始发地	出航日期	货物	收货方
797	1882/09/23	沃尔特西格夫里号(Walter Siegfried)	法国帆船	600	Hauson	函馆		海带	赉赐洋行
797	1882/09/28	东京丸	日本蒸汽船	1146	Hussey	日本	926	一般货物	三菱邮便汽船公司
797	1882/09/29	泰恩号(Tyne)	英国蒸汽船	434	Hazard	函馆	923	海带	三菱邮便汽船公司
798	1882/10/04	玄海丸	日本蒸汽船	1084	Conner	日本	1002	一般货物	三菱邮便汽船公司
799	1882/10/13	名古屋丸	日本蒸汽船	1914	Walker	日本	1010	邮寄物品等	三菱邮便汽船公司
799	1882/10/13	彭布鲁克郡号(Pembrokeshire)	英国蒸汽船	1716	Richard	长崎		一般货物	天祥洋行
800	1882/10/19	广岛丸	日本蒸汽船	1158	Haswell	日本	1017	邮寄物品等	三菱邮便汽船公司
800	1882/10/21	泰恩号	英国蒸汽船	434	Hazard	函馆	1015	煤	三菱邮便汽船公司
801	1882/10/25	乔维斯号(Gervase)	英国蒸汽船	417	Crawford	函馆	1019	一般货物	裕昌洋行
801	1882/10/26	东京丸	日本蒸汽船	1146	Hussey	日本	1024	一般货物	三菱邮便汽船公司
802	1882/11/01	玄海丸	日本蒸汽船	1084	Conner	日本	1025	邮寄物品等	三菱邮便汽船公司
803	1882/11/09	名古屋丸	日本蒸汽船	1914	Walker	日本	1107	一般货物	三菱邮便汽船公司

（续表）

序号	年/月/日	船名	船籍船型	吨位	船长	始发地	出航日期	货物	收货方
803	1882/11/10	路西塔尼亚号（Lusitania）	德国蒸汽船	787	Niekeksen	函馆	1103	海带	怡和洋行
803	1882/11/10	黛安芬号（Triumph）	德国蒸汽船	2749	Gould	神户		一般货物	天祥洋行
803	1882/11/11	路易莎号（Louisa）	德国帆船	245	Schierlach	函馆		一般货物	些剌士洋行
804	1882/11/18	广岛丸	日本蒸汽船	1158	Haswell	日本	1116	邮寄物品等	三菱邮便汽船公司
805	1882/11/22	东京丸	日本蒸汽船	1146	Hussey	日本	1120	一般货物	三菱邮便汽船公司
805	1882/11/22	牛津郡号（Oxfordshire）	英国蒸汽船	998	Jones	日本		一般货物	旗昌洋行

如表4-2所示，自1882年8月31日至11月22日驶入上海港的24只船舶中，没有运载海带的只有11月1日入港的玄海丸，其余的23只船全都运载了海带。

关于表4-2中出现的从日本横滨出发的轮船，通过《横滨每日新闻》中轮船启锚广告整理如下：

表4-3　1885年8—12月由横滨开往上海、香港的轮船一览

号数	船名	启锚时间	启锚地	经由地	目的地	页码
3500	东京丸	823.6pm	横滨	神户、马关、长崎	上海	34—400
3506	玄海丸	830.6pm	横滨	神户、马关、长崎	上海	34—424
3510	新潟丸	902.6pm	横滨	神户、长崎	香港	35—4
3512	名护屋丸	906.6pm	横滨	神户、马关、长崎	上海	12
3516	广岛丸	913.6pm	横滨	神户、马关、长崎	上海	28
3525	东京丸	920.6pm	横滨	神户、马关、长崎	上海	66

(续表)

号数	船名	启锚时间	启锚地	经由地	目的地	页码
3529	玄海丸	927.6pm	横滨	神户、马关、长崎	上海	82
3533	新潟丸	930.6pm	横滨	神户、长崎	香港	98
3533	名护屋丸	1004.4pm	横滨	神户、马关、长崎	上海	98
3543	广岛丸	1012.4pm	横滨	神户、马关、长崎	上海	118
3548	东京丸	1018.4pm	横滨	神户、马关、长崎	上海	158
3550	玄海丸	1025.4pm	横滨	神户、马关、长崎	上海	166
3556	名护屋丸	1102.4pm	横滨	神户、马关、长崎	上海	190
3564	广岛丸	1111.4pm	横滨	神户、马关、长崎	上海	224
3570	东京丸	1115.4:30pm	横滨	神户、马关、长崎	上海	246
3573	玄海丸	1122.4pm	横滨	神户、马关、长崎	上海	264
3579	名古屋丸	1129.4:30pm	横滨	神户、马关、长崎	上海	290
3585	广岛丸	1207.4:30pm	横滨	神户、马关、长崎	上海	310

资料来源:《横滨每日新闻》第35卷,东京:不二出版,1991年7月。

以下整理了《申报》中刊登的船舶信息,如下表4-4所示。《申报》的船舶信息中只有三菱邮船公司的船名,而没有表4-1中所示的日本以外其他国籍的船舶信息。

表4-4 1882年8月末至12月驶入上海港的三菱公司轮船名一览

号数	进港日(年/月/日)	船名	原船名	由	公司名	21册页数
3353	1882/08/31	托开耶麦鲁①	东京丸	东洋	三菱公司	376
3360	1882/09/07	成开麦鲁	玄海丸	东洋	三菱公司	418
3366	1882/09/13	纳格约麦鲁	名古屋丸	东洋	三菱公司	454
3374	1882/09/21	希鲁西麦鲁	广岛丸	东洋	三菱公司	502
3381	1882/09/28	托局鲁麦	东京丸	东洋	三菱公司	544

① 托开耶麦鲁:日文的中文直译,下同。——译者注

（续表）

号数	进港日（年/月/日）	船名	原船名	由	公司名	21册页数
3387	1882/10/04	成开麦鲁	玄海丸	东洋	三菱公司	580
3396	1882/10/13	纳格约麦鲁	名古屋丸	东洋	三菱公司	634
3402	1882/10/19	希鲁西麦鲁	广岛丸	东洋	三菱公司	670
3414	1882/11/01	托局鲁麦	东京丸	东洋	三菱公司	742
3415	1882/11/01	成开麦鲁	玄海丸	东洋	三菱公司	748
3418	1882/11/04	希鲁西麦鲁	广岛丸	东洋	三菱公司	766
3436	1882/11/22	托局鲁麦	东京丸	东洋	三菱公司	874
3443	1882/11/29	成开麦鲁	玄海丸	东洋	三菱公司	916
3451	1882/12/07	纳格约麦鲁	名古屋丸	东洋	三菱公司	964
3458	1882/12/14	希鲁西麦鲁	广岛丸	东洋	三菱公司	1006
3465	1882/12/21	成开麦鲁	玄海丸	东洋	三菱公司	1048
3472	1882/12/28	托局鲁麦	东京丸	东洋	三菱公司	1084

资料来源：《申报》第21册，上海书店影印，1983年7月，《申报》中刊登的是中国名的船名，所以便添加了其原船名。

上述的23只轮船中，有12只船，约相当于总数的一半，是三菱邮便轮船公司的轮船。即东京丸4次、玄海丸2次、名古屋丸3次、广岛丸3次，将海带从日本运载出口到了上海。剩下的11只全部是欧洲籍的船舶。

关于三菱邮船公司以外的船舶的具体情况，请参考表4-1的记录。即以下船舶：

丢卡利翁号为英国籍轮船，收货人是太古洋行（Butterfield and Swire）。

桃乐西号为英国籍三桅帆船，收货人是德兴洋行（Drysdale，Ringer&Co）。

沃尔特西格夫里号为载重量600吨的法国籍三桅帆船，收货人是赉赐洋行（Nils Moller）。

泰恩号为载重量434吨的英国籍轮船，收货人是三菱邮便轮船公司。有两次入港的记录。

彭布鲁克郡号为载重量1716吨的英国籍轮船,收货人是天祥洋行(Adamson,Bell and Co.)。

乔维斯号为载重量417吨的英国籍轮船,收货人是裕昌洋行(W. Hewett&Co)。

路西塔尼亚号为载重量787吨的德国籍轮船,收货人是怡和洋行。

黛安芬号为载重量2749吨的德国籍轮船,收货人是天祥洋行(Adamson, Bell and Co.)。

路易莎号为载重量245吨的德国籍纵帆船,收货人是些剌士洋行(Eduard Schellhass &Co.)。

牛津郡号为载重量998吨的英国籍轮船,收货人是旗昌洋行(Russell and Co.)。

以上10只船中有7只轮船、3只帆船,包括英国籍6只7次航海(泰恩号航行2次),德国籍3只,法国籍1只。

从收货人来看,M.B.M.S.S.主要利用横滨—上海的定期航路进行输送,另外还租用泰恩号输送过两次。

此外,19世纪中期以后进军东亚的英国怡和洋行、太古洋行以及美国的花旗银行也参与了日本至上海的海产品贸易,这件事在《北华捷报》的船只信息中有明确的记录。

从以上的船舶信息来看,可知自1882年8月末至11月末的约3个月中,三菱邮便轮船公司参与了日本出口至上海的日本产海带的近半数贸易,因为这近半数的海带是由三菱邮便轮船公司的轮船及其租借的英国籍载重量434吨的轮船泰恩号运载的。

三菱邮便轮船公司于1875年开始运行日本—上海的定期航路。这个定期航路作为运送旅客和货物的干线航路发挥了重要作用。

由上可知,19世纪80年代上海已经成为日本海产品出口的重要窗口。

三、运至上海的海带在中国国内的再次销售

上海从日本进口的海带,在中国的具体销售情况是怎样的呢?

《申报》第1146号(光绪元年十二月廿二日,1876年1月18日)刊载如下上海县示:

> 为出示晓谕事,照得本州,现奉关道宪冯札准,日本总领事品川照会,准外务衙门咨准开拓使咨商,海带丝一物为日本出口大宗,制于北海营业者颇多。每用绿矾加于原物之上,希图颜色苍翠,易于出售,殊不如绿矾一物嗜之大害于人,自应从严普禁,转请咨会中国地方官,晓谕商民周知等因,照会到道,查海带丝一项为日本出口货物大宗,载明通商税则,既有加用绿矾之弊,应即通饬晓谕,除呈请南北洋通商大臣檄行各海关知照并札上海县出示晓谕外,饬即一体示谕等因,奉此合行出示晓谕,为此示仰租界商民人等知悉,嗣后买卖海带丝一物,务择原质之优劣,勿图颜色之新鲜,免至贻害生民,各宜慎之毋违特示。①

这则《申报》报道的是光绪元年(明治七—八年,1875—1876年)前后出口到中国的海带大多是北海道产,但也有用绿色颜料制成的看起来颜色苍翠的假冒伪劣产品充斥上海市场。

《申报》第6175号(光绪十六年五月十四日,1890年6月30日)的评论文章《中日通商议》中论及中日海带贸易:

> 日本海产以海带丝为最多,昔年华人之往箱馆等处,装载来华者,每年值银三百余万两之谱,近则日人自设一公司,将海带悉数售入公司中,由公司贩来我国,我国人之向业此者,不无觖望之心,经驻日星使驳诘多时,尚未妥洽。所望,彼国商务大臣公平办事,不依不偏,则庶乎有无相通,彼此均有裨益乎。②

① 《申报》第8册,上海:上海书店出版社,1983年,第57页。

② 《申报》第36册,上海:上海书店出版社,1983年,第1069页。

数年后的 1890 年,中国与日本间的通商,日本出口至中国的大部分海产品都是海带。

从收录于《中国旧海关史料(1859—1948)》的《进口洋货》(*Inport of Foreign Goods from Foreign Countries*)中的“杂项”可以找到 1880 年至 1890 年中国进口海带与海菜的数量。如表 4-5 所示。[①]

表 4-5 1880—1890 年中国进口的海菜、海带数量表

公历(年)	海菜、海带(担)	公历(年)	海菜、海带(担)
1880	439984.57	1886	491464.57
1881	388103.74	1887	428035.64
1882	400106.27	1888	491605.50
1883	339342.41	1889	437188.91
1884	302951.25	1890	480009.53
1885	433584.90		

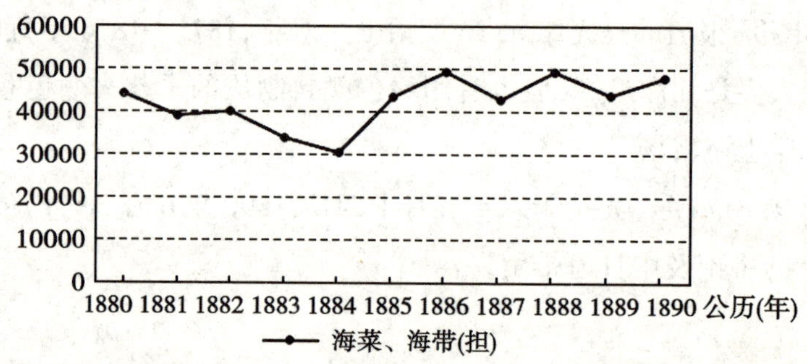

图 4-2 1880—1890 年中国进口的海菜、海带数量图

海关报告中所说的“Seaweed and Agar-agar”,中文译为“海带和海菜”,“Seaweed”指海带,“Agar-agar”指海菜、琼脂。其中的大部分都是从日本进口的。

运至上海的海带又运销到了中国国内的哪些地方呢?领事报告中写道:

① 中国第二历史档案馆、中国海关总署办公厅:《中国旧海关史料(1859—1948)》,北京:京华出版社,2001 年。本文参考了第 1 册及第 9—16 册。

上海进口的海带……江苏省内每年约消费二百万斤，其他的全部都被运载到长江河口一带。①

上海进口的日本产海产品又是如何从上海运销出去的呢？可参考明治七年(同治十三年，1874年)的记录。

表4-6　明治七年上海进口的海产品的再销售量及比率②

消费地方	平均进口额(斤)	各地进口比③
上海	2020400	848
镇江	889700	373
芜湖	37800	16
九江	4287600	1800
汉口	10010200	4202
宜昌	544700	229
牛庄	188400	79
芝罘	1691000	710
天津	2427000	1019
宁波	614200	258
温州	255700	107
福州	678200	285
厦门	10200	4
汕头	79600	33
广东	88200	37
合计	23822900	10000

① 「明治十四年本邦貨物上海輸入年報」(明治十四年十二月)、『通商彙編』明治十四年、外務省記録局、211頁。

② 同書、211—212頁。

③ 同表的原史料是以10000为基准算出的比率。

如上所述,江苏省内消费约200万斤,其他的被运销到长江河口流域及其他地区。其运输途径为:“水运纵不及汉口便利,其地虽小但消费甚多的为芝罘。”①

如上所示,进口到上海的海带,被进一步从上海运销到了中国国内的其他地区。其重要的运输航路是长江的水运。有近半数的海带被运到了长江流域最大的市场——汉口。从表4-6中也可发现1874年中国进口海带的42%,约1000万斤被运销到了汉口、武汉。但这些海带应该并没有全部在汉口消费,估计是通过长江水运及汉江水运②又从汉口运销到了四川省、湖南省及陕西省。

1882年,平均每年约有8563285斤的海产品从日本出口至上海。其品质极好且价格低廉,其市场占有率比俄罗斯产的海产品更高。

1882年进口的日本产干海参,总价以银计算达395790元,比1880年多了119328元,在中国最有人气,价格也最高。由此,日本积极推行向中国出口。

1882年6月21日的报告中称赞日本的干海参“色黑肉薄,其味最美”。上海也从吕宋及东南亚的“望加锡”③等地进口干海参,这种干海参肉厚,呈浅灰色,味道远差于日本产的,价格也不及其一半。

根据《昆布商况并昆布制造改良意见上申书》④可知海带出口到上海也出现了各种各样的问题。由于对海带处理不当,产生了受潮变质及含尘灰等问题。特别是海带的生产地北海道距进口地上海较远,“北海道地处绝海,货物运输之际,有波涛浸润之忧”⑤。而且将海带从上海再运销到中国国内各地时:

本港介于产地与消费地之间之中心市场,产地之货物一应输入于此,而

---

① 『通商彙编』外務省記錄局、1883年、211頁。

② 松浦章『清代内河水運史の研究』関西大学出版部、2009年;松浦章:《清代内河水运史研究》,董科译,南京:江苏人民出版社,2010年。

③ 望加锡:位于南苏拉威西,中文名望加锡,当地华人更亲切地称之为锡江。300年前是东南亚最大的城市、最大的港口、最开放的自由贸易口岸、海上丝绸之路的中转站、香料群岛的门户和交易集散地。——译者注

④ 『通商彙编』明治十五年、外務省記錄局、1883年、282—285頁。

⑤ 同書、283頁。

后再输入,依水路或陆路,经过许多时日,渐得送达消费地。[①]

从上海到中国国内各地的再输送,经过水路和陆路,需要更长的时间,海带被指出产生了质量变坏等问题。

运至上海的海带,正如“钏路、厚岸、幌泉、静内产品需用多”[②]所述,对北海道的钏路及厚岸等北海道东部沿海地区生产的海带的需求量极高。“而根室离岛产品质稍劣,需用薄”[③],所以称根室离岛产的海带为“需求较低的次等品”。[④]日本充分审议了“中国贸易重要产品海带”[⑤]的评价,为了日本产海带的“振兴和海外出口”[⑥],提出了有必要“弃小利,期永远之大利,进行制造改良”[⑦]。由此,1882年6月19日广业商会上海分店广业洋行经理鹤田幸吉指出日本在生产海带时,要充分注重海带的干燥度,应将海带晒干,收获时尽量不要混进土沙等,包装时也要注意不要混入枯叶灰尘等。

四、小结

1875年三菱邮便轮船公司开通了连接日本与中国的基干航路。这条航路从横滨出发,经由神户、下关、长崎,是驶往上海的唯一航路。[⑧] 这一状况直至数年后的1882年依旧保持着。该航路不仅承担了横滨—上海的人员移动,还承担了日本对中贸易的重要出口品海带的输送。但当时的日本没有足够的运送船只,船舶保有力不足,不得不依靠外籍船舶。从1882年8月下旬至11月下旬的约三个月的例子来看,可知虽是日本产海带,但运至上海的海带中却有60%—80%是由欧洲籍船舶运载的。换言之,因为日本没有足够的船舶保有力而不得

① 『通商彙编』明治十五年、外務省記錄局、1883年、283頁。
② 『通商彙编』明治十五年、外務省記錄局、1883年、284頁。
③ 同書。
④ 同書。
⑤ 同書。
⑥ 同書。
⑦ 『通商彙编』明治十五年、外務省記錄局、1883年、284—285頁。
⑧ 松浦章『近代日本中国台湾航路の研究』清文堂、2005年、33—39頁。

不让外国船舶加入运输。

另外,当时的日本认为上海是进入中国大陆的重要窗口。如表 4-3 所示,1882 年 8 月下旬至 11 月下旬从横滨出发驶向上海和香港的轮船共有 18 只。与开往上海的 16 只相比,开往香港的只有 2 只,而且开往香港的仅有新潟丸 1 只,便可确定对于当时的日本来说,进入中国大陆的窗口是上海。而且从香港为英国的殖民地也可知,在明治政府推行开国政策的数十年间,日本进入中国的窗口应为上海。

综上所述,当时的上海对日本来说是通往海外的重要窗口。

第三节　日清汽船株式会社与中国

一、绪言

明治政府为了稳固中国市场的运输根基,以政府补助金的形式对日本的汽船会社进行资助。其中,日本邮船株式会社开辟了日本至上海的中国航线及上海至汉口的长江航线。大阪商船会社运营日本经由上海至汉口的上海航线。大东汽船会社则在运营上海、杭州、苏州三角航线。湖南汽船会社则开辟了汉口至长沙的湖南航线。1907 年 4 月,明治政府为了充实中国航线,合并上述四家公司,成立了新的资本达 810 万日元的日清汽船株式会社(以下简称日清汽船会社)。①

对于清代中国内河航线的重要性,东洋学泰斗内藤湖南在任教京都帝国大学之前,曾于 1900 年 1 月 30 日在《万朝报》第 2273 号上发表评论。这篇用笔名"潜夫"发表的《支那内河航线》,如实陈述了明治政府应该采取的政策,指出了中国内河航线的重要性。在此指出的航线主要包括:汉口至襄阳的汉水航线、洞庭湖航线、鄱阳湖航线、九江与南昌间的航线及长江航线。② 同时论及日本汽船会社参与这些航线开发的可能性。

---

① 浅居誠一『日清汽船株式会社三十年史及追補』日清汽船株式会社、1941 年 4 月、35—36 頁。

② 『内藤湖南全集』第二巻、筑摩書房、1973 年 3 月、151—152 頁。

内藤湖南指出,对明治时代的日本而言,扩大日本汽船会社在华内陆航线是一项重要的政策,尤其强调上海至汉口的长江航线、汉口经由洞庭湖的湖南航线,还有从位于长江中游的江西九江经由南部鄱阳湖至江西省会南昌的航线等内陆航线扩张的必要性。此外,他还力证开辟英国和清朝尚未关注的内河航线的必要性。

可能是由于这些论述的影响,在此后十年间,为了构筑稳固的在华内河航运基础,明治政府力求避免在华日本汽船会社之间的相互竞争,合并汽船会社,统和总体实力,并给予经济援助。

关于主营中国航线的日清汽船会社如何在日本政府的援助下开辟中国航运市场,本文将就此展开论述。

二、日清汽船会社的成立

明治政府面向轮船公司发放政府补助金,引发日本国内质疑①,并成为帝国议会的讨论话题。1906 年帝国议会众议院委员会以“有关航海补助方案”为话题进行了长达六次的讨论,其中明治政府的补助金发放对象包含中国内河航线。而对上海至汉口、汉口至宜昌间的长江航线②、上海至苏州航线③不予补助。尤其将最初为上海至苏州间航线的补助金从 50000 余日元缩减到 30000 日元。日本为了加强对中国的交通和贸易的控制,必须确保定期航线的开通。这也是明治政府给予政府补助金的一大目的。

就在经营中国内河航线的四家公司合并之前,1907 年(明治四十年)2 月 7 日,《时事新报》上刊登《四公司合并,进军长江航线》④一文,正式合并日本邮船株式会社、大阪商船株式会社、湖南汽船会社、大东汽船会社四家公司,成立资本

① 鹽島仁吉『航海補助に關する建議』『東京経済雜誌』第 53 卷第 1325 号、1906 年 2 月、5—7 頁。该书第 6 页提到当时强烈的反对意见,即垄断重要航路,“会阻碍普通航海事业的发展”。

② 第六類第二号「航海補助ニ関スル建議案委員会会議録」第二回、明治三十九年二月十七日、『帝国議会衆議院委員会議録　明治編 38、第二二回議会　明治三八年』東京大学出版会、1988 年 6 月。

③ 同書、19 頁。

④ 『明治ニュース事典』第七巻、毎日コミュニケーションズ、1986 年 1 月、612 頁。

达1200万日元的日清汽船会社。

日清汽船会社于1907年2月13日，在东京日本桥区阪本町东京银行集会所召开第一次创立委员会，涩泽荣一任创立委员长，岩永省一、田边为三郎、竹内直哉、白岩龙平和土佐孝太郎五位任常务委员。[①] 其后2月16日，又召开第二次创立委员会。根据政府指示，新公司的资本预计为1200万日元，但通过公开募集巨额资金无法赶上4月1日的开业。于是委员会决定，先筹集810万日元本金，即发放面额50日元的162000股份，其中的160000股由大阪商船会社、日本邮船会社、湖南汽船会社和大东汽船会社出资，剩余2000股由发起人筹集，营业开始后再增资390万日元，由此达到1200万日元资本的要求。[②]

1907年2月22日的《时事新报》上登载《有望进军清国南部沿岸贸易》一文，展望这家新公司的未来。日清汽船会社合并邮船、商船，以及湖南和大东四家公司所持有的长江主支流的船舶和陆上设备，成为拥有大小轮船25艘，共27000吨的轮船公司[③]。3月25日在位于有乐町的日本邮船会社，日清汽船会社的创立总会召开了。新会社资本达到810万日元，成为继资本2200万日元的日本邮船会社、1650万日元的大阪商船会社、1300万日元的东洋汽船会社之后排名第四的轮船公司。从通信省管船局管理科长职位退休的石渡邦之任总经理，创立委员土佐、竹内和白岩任专务董事，田边则任监查一职。[④]

下面是日清汽船会社所拥有的上述四家公司出资的船舶。

---

① 浅居誠一『日清汽船株式会社三十年史及追補』日清汽船株式会社、1941年4月、35頁。

② 同書、35—36頁。

③ 『明治ニュース事典』第七巻、毎日コミュニケーションズ、1986年1月、612頁。另外有关日本汽船株式会社，刊登在《东京日日新闻》第10841号，1907年3月1号上的《日本汽船株式会社株式募集广告》，占了第5页整整一个版面。

④ 浅居誠一『日清汽船株式会社三十年史及追補』日清汽船株式会社、1941年4月、36—37頁。

表 4-7 日清汽船会社创业之初保有船舶表 ①

船　名	总吨位	小　计	旧会社
大贞丸	2711.83	10 艘 13412.66 吨 （44.8%）	大阪商船会社
大利丸	2246.97		
大吉丸	2076.09		
大福丸	2836.00		
大元丸	1694.67		
大亨丸	1759.63		
鹤岛丸	24.37		
海棠丸	18.12		
勋　丸	22.88		
海清丸	22.10		
萃　利	962.00	6 艘 12798.80 吨 （42.8%）	日本邮船会社
华　利	1037.00		
南阳丸	3588.33		
襄阳丸	3588.33		
岳阳丸	3588.33		
雁山丸	34.11		
湘江丸	934.52	3 艘 3329.40 吨 （11.1%）	湖南汽船会社
沅江丸	934.52		
武陵丸	1458.56		

① 浅居誠一『日清汽船株式会社三十年史及追補』日清汽船株式会社、1941 年 4 月、36—37 頁。

（续表）

船 名	总吨位	小 计	旧会社
环瀛丸	15.17	15 艘 383.68 吨 （1.3%）	大东汽船会社
义源丸	34.41		
澄源丸	34.57		
瑞舫丸	13.83		
蓬莱丸	23.08		
大昌丸	15.63		
西安丸	21.95		
保安丸	26.32		
清江丸	22.25		
广陵丸	21.13		
洛阳丸	29.93		
奉天丸	28.73		
大东丸	28.73		
吉林丸	28.73		
江南丸	39.22		
合计	29915.54	34 艘 29925.54 吨（100%）	

尽管大东汽船会社出资的船舶数量最多，但是主要以运营江南运河的小型汽船为主，因此总吨位数仅占 1.3%。大阪商船会社总吨位数占 44.8%，与日本邮船会社的 42.8%基本持平，而运营船舶吃水较浅的洞庭湖航线的湖南汽船会社则只占 11.1%。

下面看一下，各公司在日清汽船会社创立之初的出资情况。表 4-8 为各公司在日清汽船会社创立前所拥有的财产和航线，表 4-9 为日清汽船会社成立时各公司分摊的股份数额和出资额的比率。

表 4-8 日清汽船会社创立时各公司出资价格与提供航线①

公司名	出资合计价格(日元)	提供航线
大阪商船会社	370 万	上海至宜昌航线
日本邮船会社	329 万	上海至汉口航线
湖南汽船会社	81 万	汉口至湘潭航线
大东汽船会社	20 万	上海、苏州及杭州间、苏州和清江浦间航线

表 4-9 日清汽船会社创立时各公司分摊股份及出资额比率②

公司名	分摊股份(股)	比率(%)	出资额(日元)	比率(%)
大阪商船会社	74350	46.3	3717500	46.3
日本邮船会社	65950	41.1	3297500	41.1
湖南汽船会社	16200	10.1	810000	10.1
大东汽船会社	4000	2.5	200000	2.5
合　计	160500	100	8025000	100

正如表 4-8 和表 4-9 所示,在日清汽船会社成立之时,各公司所提供的船舶总吨位数,基本相当于各公司的出资额。

1907 年 4 月 1 日,通信大臣山县伊三郎向日清汽船会社发布的命令书第 491 号,共 53 条。第一条③规定,日清汽船会社以运营中国国内内河航线及沿海航线为目的。第七条规定,日清汽船会社运营航线有以下 9 条:

一、上海汉口线(停靠镇江、南京、芜湖和九江。通州、张黄港、江阴、天星桥、仪征、大通、安庆、湖口、武穴、蕲州、黄石港、黄州可停船)

二、汉口宜昌线(停靠沙市)

三、上海苏州线

四、上海杭州线(可停船嘉善、嘉兴)

---

① 浅居誠一『日清汽船株式会社三十年史及追補』日清汽船株式会社、1941 年 4 月、41、42、43、46 頁。

② 分摊股份数额及出资额主要参照:浅居誠一『日清汽船株式会社三十年史及追補』日清汽船株式会社、1941 年 4 月、46 頁。

③ 浅居誠一『日清汽船株式会社三十年史及追補』日清汽船株式会社、1941 年 4 月、56 頁。

五、苏州杭州线(可停船平望、南浔和湖州)

六、镇江清江线(可停船扬州、高邮、宝应、淮安)

七、汉口湘潭线(停靠长沙,可停船宝塔州、新堤、城陵矶、岳州府、芦林潭、湘阴、陵吉口、靖港)

八、汉口常德线(可停船宝塔州、新堤、城陵矶、岳州府)

九、鄱阳湖线(航行于九江与南昌间,在汉口回船,可停船吴城,枯水期取消停船吴城)①

这9条航线的航行时间包括各地的停泊时间,在第九条规定如下:

上海汉口线 10天 汉口宜昌线 14天 上海苏州线 4天 上海杭州线 5天

苏州杭州线 5天 镇江清江浦线 5天 汉口湘潭线 8天

汉口常德线 15天 鄱阳湖线 15天②

下面探讨一下日清汽船会社成立之初的航运情况。

三、日清汽船会社在华的航运

关于白岩龙平创设的大东汽船会社,《通商汇纂》1907年4月14日第31号所登载的日本在苏州帝国领事馆报告《大东汽船株式会社航运业转让》一文,日清汽船会社原封不动地继承大东汽船会社的航线,并于1907年4月1日起,同大东汽船会社时代一样每日运营上海至杭州航线,隔日运营上海至镇江航线。

据《通商汇纂》1907年6月15日第42号刊登的在长沙帝国领事馆报告《开辟常德航线》一文,在湖南汽船会社运营的湖南航线上,日清汽船会社从6月24日起新增常德航线。该航线从汉口出港,穿过洞庭湖,前往从四川省附近东流而

① 浅居誠一『日清汽船株式会社三十年史及追補』日清汽船株式会社、1941年4月、57頁。

② 同書、58—59頁。

来的沅江口附近、位于洞庭湖西侧的物资集散地常德。对于常德航线的情况，据刊登在《通商汇纂》1907 年 7 月 4 日第 45 号上的驻汉口帝国领事馆报告《开辟汉口常德航线》一文的记载，日清汽船会社的湘江丸号于 6 月 25 日从汉口出港，28 日抵达常德，运行间隔 7—8 天的定期航运，持续 3 个月之久。

日清汽船会社湘江丸号的汉口至常德的航线，由于受到洞庭湖水位的影响，从 6 月下旬起航行 3 个月。至于运输的货物，“上行航线货为砂糖、棉线，下行航线货为五谷杂粮、药材和香皂等其他重要货物”①。“如同这次湘江丸下行航线装载药材两百个，该航线很有发展前景。而作为四川、贵州、云南的货物集散地的常德，应该快速推进该航线的发展。”②此航线被视为从常德运出农作物的一条很有前途的航线。

据刊登在《通商汇纂》1907 年 8 月 5 日第 50 号上的驻汉口帝国领事馆报告《日清汽船会社汉口至常德及九江至南昌间航线开辟后的情况和未来的展望附太古洋行之竞争》一文，可以了解运营汉口至常德间航线的湘江丸的载货情况。

表 4-10 湘江丸上行航线货物装载表

航海次数	品名	数量	备注
第一次	—	—	杂货若干
第二次	—	—	同上
第三次	竹笋 染料 棉线	七七担八〇 六担〇〇 六二担〇〇	外加杂货十四个
第四次	精制糖 棉线 洋钉	二七担〇〇 六八担二〇 十八担七五	外加杂货若干

① 『通商彙纂』明治四十年(1907 年)第 45 号『漢口常德ノ航路開始』。

② 同書。

表 4-11　湘江丸下行航线货物装载表

航海次数	品名	数量	备注
第一次	牛皮	十担六九	
	植物油	二四六担六〇	
第二次	牛皮	五七担七八	外加货物若干
	土布	六八担五一	
	猪毛(黑)	五担一〇	
第三次	苎麻	九一担八三	
	土布	二三三担二〇	
	棉花	一一八担二〇	
	牛皮	一八担五七	
第四次	厚板	二二担〇〇	
	牛皮	一四担〇〇	
	桐油	一二〇担〇〇	
	土布	一二九担八九①	

如上所述,在日清汽船会社成立后的 4 个月中,运营湖南航线的湘江丸,装载棉线、砂糖、染料和建筑用的外国钉等从汉口至常德,而常德至汉口的航线中则装载牛皮、苎麻、湖南产棉布、桐油和木材等。

据刊登在《通商汇纂》1907 年 8 月 5 日第 50 号上的驻汉口帝国领事馆报告《日清汽船会社汉口至常德及九江至南昌间航线开辟后的情况和未来的展望 附太古洋行之竞争》一文,同样可以知道江西省的九江至南昌间的航运状况。南昌府乃江西省省会,且位于广东、湖南、福建、安徽和湖北之间,与开放港口九江相连,临近鄱阳湖,水路四通八达,是大米、烟草、苎麻和矿石等物产的集散地。日清汽船会社与太古洋行相对抗,也在南昌府开辟航线,并于 6 月 23 日由该会社的萃利号(Sual)②进行了首次前往南昌的航行。该航线从九江起,经由湖口,

① 『通商彙纂』明治四十年(1907 年)第 50 号。

② 萃利号原为英国麦边洋行所有,日本邮船会社收购之后投入长江航线。浅居誠一『日清汽船株式会社三十年史及追補』日清汽船株式会社、1941 年 4 月、32 頁。

进入鄱阳湖,再经由姑塘,抵达吴城。吴城位于九江与南昌之间鄱阳湖岸。只是由于从吴城至南昌间的水深不够,进一步航行十分困难,才将吴城定为该航线的终点。九江至吴城间的运输货物为砂糖、棉布和棉线等,而吴城至九江间则为茶叶、纸、麻布、烟草和大米等。4 月之后,萃利号已经出航 8 次[①]。

英国太古洋行曾率先运营江西航线。而日清汽船会社由于鄱阳湖水位的关系,航线终点未能设在省会南昌,而是设在鄱阳湖西岸的吴城。投入该航线的萃利号原属麦边会社,被日本邮船会社收购,又被转让给日清汽船会社。

上海发行的《中外日报》第 3096 号(光绪三十三年二月十六日,1907 年 3 月 29 日)第一版上,刊登了如下的广告:

> 上海苏州　内河轮船大减价
>
> 启者西四月一号、即华二月十九日起,往来苏、申两埠,一律减价。计开包官舱五元,官舱一元,大房舱二元,小房舱一元四角,客舱五角,烟篷三角,不取饭资用。特广告。

该广告之后又刊登在《中外日报》第 3105 号(光绪三十三年二月二十五日,1907 年 4 月 7 日)第一版。

广告中并未使用新公司的名称日清汽船会社,而是仍然沿用大东汽船会社之名。

在之后的《中外日报》第 3132 号(光绪三十三年三月二十二日,1907 年 5 月 4 日)的"实业"一栏刊登了如下报道:

> 杭州　求请保护航业〇日清汽船会社、戴胜昌轮船公司,会禀日本领事,以开茂轮船,新开申班,各处所派拉客者,即系本地游民,名为野鸡,硬拉来往船客,或强夺行李,扰害商旅,实为不浅,叩请援照苏、申两处,现行办法

① 『通商彙纂』明治四十年(1907 年)第 50 号、「日清汽船会社漢口常德間及九江南昌間航路開始後ノ景況并将来の見込　附太古洋行ノ競争」。

设立禁止。昨闻日领事已函知地方官暨洋务局，请为严禁矣。

据上述报道，在《中外日报》中首次出现日清汽船会社的名称。针对新成立的开茂轮船的强行拉客行为，日清汽船会社与戴生昌轮船公司一同诉诸日本领事，日本领事向中国地方官员提出了抗议。关于开茂轮船，《中外日报》第3123号(光绪三十三年三月十三日，1907年4月25日)第二版刊登了该公司的广告，内容如下：

上海新闻　英商怡昌开茂公司内河轮船　开往杭州　择于三月初九日开班

本公司自置坚快轮、新造样式异样公司船，搭客价目，格外克己，代客报关，装载货物，迅速稳当，上海局设汤弄桥北西首，杜怡昌老码头，嘉兴局端平桥，杭州局拱宸桥，杭州城内石牌楼，沿途各埠，均立分局。

上述广告中提到的英商怡昌开茂公司内河轮船即为开茂轮船。开茂轮船在上海至杭州间的内河航线上引入新造快艇，试图对抗日清汽船会社和戴生昌轮船公司。

另据上海《时报》第1301号(光绪三十四年正月初七日，1908年2月8日)本埠新闻报道中《沪道札松江府饬华娄两县协缉枭匪》一文：

招商、大东、戴生昌等之内河杭班小轮，去腊在飞来庙河面被抢劫一案，除由浙抚浦星帅商由沪道在申代雇小轮五艘驰杭拖带炮艇弁勇分往查拿盗党外，兹悉沪道梁观察以该轮船等被抢之处，系浙江之嘉善、松江之娄县交界之所。

光绪三十三年十二月运营上海至杭州的内河航线的招商局、大东和戴生昌汽船均因被盗受到损失。此时，尽管大东汽船已经被日清汽船会社吞并，《时报》却仍然沿用大东汽船的名称。

《时报》第 1303 号(光绪三十四年正月初九日,1908 年 2 月 10 日)的本埠新闻上刊登的《日本领事又催办枭劫小轮案》一文中,称“内河、大东等杭班小轮被劫一案”。在同日刊登的《宪札沪道饬租界综巡一体协缉枭匪》一文中,也称“招商、大东、戴生昌等内河杭班小轮被劫,并伤毙搭客多命一则”。可见并未使用日清汽船会社的名称,仍沿用“大东”这一名称,由此显示出日清汽船会社在华认知度很低。

据 1909 年 6 月《东京经济杂志》刊登的《日清汽船总会》[①]一文,可以了解日清汽船会社创立初期的活动情况。日清汽船会社第二年度下半期的股东大会指出,日清汽船会社创业初期的明治四十二年(宣统元年,1909 年),日本商界不景气,而清朝光绪帝及垂帘听政的西太后相继去世,中国商业活动停滞,且在重要经济都市上海和汉口等地,华资银行接连倒闭,长江航运活动也逐渐萧条。正是这些原因导致日清汽船会社的营业成绩并不理想。

关于日清汽船会社具体的航运活动,在《时报》第 1316 号(光绪三十四年正月二十二日,1908 年 2 月 23 日)本埠新闻上刊登的《日本在湘鄂等省所购之米续行出口》一文中有所记载:

> 日本昨年歉收致钦乏食米,曾由日政府商外务部,允准在于湘、鄂、皖、赣四省采购米,以六十万石为限,不准多运。自去冬为始,业已陆续购办运回日本济用,在案兹由日商铃木,又在汉口购办白米一千三百七十石,装输运沪。日前驻沪日本领事永陇君,拟以大贞丸输船装运第七批食米一千零七十石,以岳阳输船装运第八批食米三百十石,故特函请沪道给发护照两张一面,报由江海关税务司,准予日内验放出口,以便运往日本济用。

明治四十年,由于日本稻米歉收,日本商务省从中国湖南、四川、安徽和江西四省进口谷物 60 万石。1908 年 2 月已开始采办,由铃木商店筹办。其中有关从

---

① 『東京経済雑誌』第 59 卷、第 1439 号、1909 年(明治四十二年)6 月 5 日、彙報「日清汽船総会」30—31 頁。

汉口用轮船运往上海的1370石大米一事，根据日本领事永陇的指示，大贞丸运输1070石，岳阳丸运输310石。大贞丸和岳阳丸是日清汽船会社从1907年4月起拥有的船只。[①] 由此可知，两船当时都是依据日本国策而执行运输任务的。

1916年1月《东京经济杂志》刊登的《长江航运平调》[②]一文预测，尽管中国中南部的动乱在扩大，当地通商关系恶化，但是长江流域前一年的农产品生产却取得丰收，因此今春物资流通趋势良好。

关于1919年日清汽船会社的经营情况，东京经济杂志的记者撰文《日清汽船会社今后的成绩预想》[③]，指出该公司的上海—汉口航线、汉口—宜昌航线、汉口—湘潭航线、汉口—常德航线及大阪—汉口航线在上上期极其萧条，上期情况有所好转。

据1919年5月《东京经济杂志》刊登的会社汇报《日清汽船总会》[④]，可知日清汽船的活动情况。日清汽船会社在这段时期向股东提供15%的利益。日清汽船会社主要航路包括中国内河航线和海外航线两部分。其中国内河航线包括连接长江航线中的汉口和上海的航线、属长江中上游的汉口和宜昌间的航线、汉口至湖南间的湖南航线，还有同属湖南航线的汉口至湘潭间的航线和连接汉口至常德间的航线。其海外航线包括汉口经由上海通过外洋至日本大阪的航线。这些航线作为交通动脉，主要承担运输中国的农产品至日本的任务。

然而，上海至日本的航线并非日清汽船会社一家独占。1915年4月《东京经济杂志》“杂报”栏发表一篇《上海航路的改善》[⑤]的报道。文章指出，日本邮船会社的上海航线照常运营，但是此前一直为主线的横滨—上海航线成为附属航线，神户—上海航线成为主线。横滨—上海航线投入2500吨到3500吨级的

---

① 浅居誠一『日清汽船株式会社三十年史及追補』日清汽船株式会社、1941年4月。从其中可知总吨位2711.38吨的大贞丸和总吨位3588.33吨的岳阳丸分别是由大阪商船株式会社（第37页）和日本邮船株式会社（第41页）出资的轮船。

② 『東京経済雜誌』第73卷、第1835号、1916年1月22日、雜報「長江航運平調」36頁。

③ 『東京経済雜誌』第79卷、第1988号、1919年3月29日、『東京経済雜誌15』日本経済評論社，1987年9月、362頁。

④ 『東京経済雜誌』第79卷、第2007号、1919年5月31日、「會社彙報」の「日清汽船総会」28頁。

⑤ 『東京経済雜誌』第71卷、第1795号、1915年4月10日、雜報「上海航路の改善」29頁。

轮船 5 艘,神户—上海航线投入 3800 吨的轮船 2 艘,每周一次,一年中定期运营 52 次。另外,停止停靠长崎港,只停靠门司港。

日清汽船会社的运营,一直遭到中方的阻碍。《大阪每日新闻》1913 年(大正二年)7 月 16 日刊登的《军舰千早号为保护日本人溯江开往九江》一文记载:

> 本月十二日,在九江附近的南北两军冲突之际,航行于九江附近的日清汽船会社大冶丸号遭到开炮袭击。我第三舰队司令官已对支那方提出严正抗议,所幸船体无碍,无人员伤亡。[①]

此外,对于抵制日货运动的影响,在 1915 年(大正四年)5 月 24 日《中外商业》刊登的《排日浪潮已扩展至华南、华北》一文中有所报道:

> 长江流域为日清汽船会社的营业区域。但是要求委托载货的货主,自不必说绝对禁止在上、下行航线使用日清汽船会社运货,甚至必须拒绝经营日清汽船会社运载货物。一旦违背规定,便施以暴力,其狂妄情形已达极致。[②]

该报道表明,受排斥日货的影响,中国已明显出现禁止使用日本汽船会社运输的动向。

1928 年(昭和三年)5 月 15 日《中外商业》刊登《日清汽船货客皆无、各商店交易减少》一文。《上海排日猛烈(上海十三日电通发电)》一文,显示出中方对日本产品强烈的抵制,坊间流布"经营日本商品者,应遭暗杀的谣言",甚至出现"今早日清汽船没有收到一个支那方面的载货请求,船客皆无"[③]的情况。这些都反映出,受到在华排日运动的影响,日清汽船会社的航运活动已经陷入极其困

① 『大正ニュース事典第一巻[大正一年—大正三年]』(株)毎日コミュニケーションズ、1986 年、502 頁。

② 同書、536 頁。

③ 同書、447—448 頁。

难的境地。

《时事新报》1917 年(大正六年)4 月 7 日题为《千吨以上的日本商船四百四十六艘》的报道为通信省所调查的 10000 吨以上船主的信息。摘抄如下：

日本邮船会社	98 艘	455676 吨
大阪商船会社	57 艘	190136 吨
东洋汽船	11 艘	94916 吨
三井物产会社	11 艘	35086 吨
日清汽船会社	12 艘	29663 吨
山下汽船会社	10 艘	24161 吨①

(下略)

其中只列举出 20000 吨以上的 6 家公司。在 1917 年,日清汽船会社排名在前五位,三井物产会社虽是商社,但在轮船公司排名中位列第四名,同样是家颇有实力的轮船会社。

在 1926 年(大正十五年)10 月 10 日《申报》“国庆纪年增刊实业”栏上用笔名“退之”发表《长江航运业概况》一文:

中国最大航线,扬子江实占第一位,自四川之重庆,下迨上海之吴淞,全长三千二百英里……沪上中外商轮公司之经营扬子江航业者,都以上中下三部为主要之路线也。查扬子江现行的中外商轮,共有六家。即一招商,二太古,三怡和,四日清,五三北(鸿北附),六宁绍。此六公司中,英商占其二,日商占一,华商则占三家也。扬子江之通行外轮,始于天津条约所订辟。(大约咸丰八年)迄今已历八十年之久,始创斯路之长江汽轮者,厥为英商之太古、怡和两轮公司,若吾国之招商局轮,固犹在其后,日轮之加航长江,

① 『大正ニュース事典第一巻[大正一年—大正三年]』(株)毎日コミュニケーションズ、1986 年 10 月、54—55 頁。

系在中日战争之后,至光绪二十四年,日商大阪公司始辟斯路。但经行数年以后,便即让渡与日清汽船会社,此外若三北、若宁绍等,均在最近十年之间,而始增航海者也。

1926年,中国的招商局汽船会社、英国的斯威尔商会的太古洋行、渣甸—马地臣合股公司的怡和洋行在当时的中国长江航线占据优势。而日本的日清汽船会社则位居第四。另有中资的三北轮船与宁商轮船。在这六家公司当中,英国的两家公司、中国的招商局以及日清汽船会社颇有实力。

1933年(昭和八年)4月1日至9月30日间的日清汽船株式会社的《第二十七年度前半期事业报告书》留存至今。该报告包括营业报告,股东大会,航线,船舶,地皮、码头、栈桥、建筑物,各店位置,董事和社员;1933年9月30日的日清汽船株式会社盈亏计算书,包括盈亏账目表、船舶保险备用金账目表、船舶修缮备用金账目表;1933年9月30日的日清汽船株式会社借贷对照表,同日的日清汽船株式会社财产目录,盈亏均分案构成。最后附有1933年10月31日的日清汽船株式会社股东名单。

股东名单的首席是拥有216股的宫内省,而持有1000股以上的股东分别为:157163股的大阪商船株式会社、143359股的日本邮船株式会社、3010股的大阪海上火灾保险株式会社、1500股的近藤滋弥、1106股的堀越角次郎和1080股的岩崎久弥。1000股以下的最大股东则为604股的涩泽同族会社。大阪商船株式会社和日本邮船株式会社则依旧保持大股东的地位。以下是这一时期航线的航运情况:

当期航线如下所示:

上海汉口线,轮船四艘,每月航行九次以上。在上海和汉口两地发船往返,停靠镇江、南京、芜湖和九江。

汉口宜昌线,轮船一艘,每月航行三次以上。在汉口和宜昌两地发船往返,停靠沙市。

汉口长沙线,轮船一艘,每月航行两次以上。在汉口和长沙两地发船,枯水期停航。

汉口常德线,在此期间停航。

宜昌重庆线,在此期间停航。

支那沿岸航线南方线,轮船两艘,每月航行三次以上。在上海和广东两地发船往返,停靠香港。根据装货情况,有时出航停靠基隆。

支那沿岸航线北方线,轮船两艘,每月航行三次以上。在上海和天津两地发船,出航停靠青岛,返航停靠大连和青岛。

上海宜昌线,在此期间停航。①

此外根据刊登在1935年(昭和十年)1月发行的《支那》第26卷第1号版权页上的日清汽船株式会社的广告,可以了解当时的运营情况:

日清汽船株式会社 资本金 一千六百万圆　轮船总吨位数 四万五千吨

本社 东京市麹町区内幸町一ノ三 电话银座二一二七　二一二八

支店 上海及汉口

事务所　芜湖、九江、长沙、宜昌、重庆、广东

◎主要航线◎

▲上海汉口线(上海—镇江—南京—芜湖—九江—汉口)

▲汉口宜昌线(汉口—岳州—沙市—宜昌)

▲汉口长沙线(汉口—岳州—长沙)

▲汉口常德线(汉口—岳州—常德)

▲支那沿岸线(天津—大连—青岛—上海—厦门—汕头—香港—广东)

◎日本邮船、大阪商船各航线及货物联络处理②

---

① 『第二十七年度前半期事業報告』自昭和八年四月一日至昭和八年九月三十日、日清汽船株式会社、3—4頁。

② 『支那』第26卷第1号、1935年1月1日、版権頁。

1933 年至 1935 年年间,日清汽船会社主要运营上海至汉口的长江航线、汉口至宜昌的航线、湖南航线中的汉口至长沙的航线、汉口至常德的航线,还有以上海为中心北至天津南至广东的航线。

四、小结

日本在明治十年(1877 年)通过三菱会社开辟了日本首个海外定期航线。该航线经由横滨、神户、下关、长崎等地至中国上海,并由成立于明治十八年的日本邮船会社继承,成为一条日本至中国大陆的长期主干航线。①

随着 1895 年甲午战争结束后中日签订《马关条约》,日本轮船在中国内河也开始开设定期航线。最早的航线由白岩龙平成立的大东新利洋行开设,后由大东汽船会社继承。②

继而,大阪汽船会社开辟上海至汉口的长江航线,湖南汽船会社则运营汉口至湖南省内航线。作为中国内河航运后起之秀的日本邮船会社收购英商麦边会社的长江航线,开辟了上海至汉口间的长江航线。③

关于运营长江航线的日本两家公司的评价,《中外日报》第 3177 号(光绪三十三年五月初八日,1907 年 6 月 18 日)“论说”栏刊登《论中国宜亟挽回长江航路权利》一文如下:

> 查扬子江航业,初兴之始,乃为中英所共有,即招商、太古、怡和三公司之行船契约是也。嗣后乃有法公司、德公司之设立。至乙未年后,日本始注意于扬子江航业之利,设立邮船会社,嗣又设立大阪商船会社。近二十年来,三公司之中,增造新船最多者,断推英怡和公司。其新造之船,皆舱位宽广,款待优渥。故凡从长江为旅行者,多乐乘怡和之船。至日本邮船会社,及大阪商船会社,亦复多造新船,行驶便捷,舱位清洁。中国之人,亦多乐乘之。独招商局,开立垂四十年,增建新船甚多。所有来往长江之船,如江永、

① 松浦章『近代日本中国台湾航路の研究』清文堂、2005 年 6 月、31—68 頁。

② 同書、169—220 頁。

③ 同書、221—236 頁。

江宽诸船,率皆机器朽敝,行驶甚缓,船身既旧,舱位尤以不清洁著闻。虽华人生性爱国,每乐乘招商之船,然以其积弊既深,不知振作。近数年来,中国之人,每多喜乘英日公司之船,而不就招商局之船,其营业之利,实已远不如前。

由上文可知1907年乘客对长江航线各轮船公司的评价。在中国招商局、英国太古及怡和公司占上风的情况下,后起的日本大阪汽船会社与日本邮船会社加入长江航线的竞争。各家公司导入新船,展开乘客争夺大战,自然中国人占乘客的多数。受到中国乘客最多好评的是怡和公司,还有积极导入新船的日本大阪商船会社及日本邮船会社两家公司。尽管中国人青睐本国公司,但是他们对招商局的老化船舶已经失望厌倦,更愿意搭乘英国、日本轮船公司的轮船。

在中国各地运营定期航线的日本大阪商船、日本邮船、大东汽船及湖南汽船这四家公司,由于在一些航线互相竞争而蒙受损失,最终,这四家公司于1907年4月合并为日清汽船株式会社。1939年(昭和十四年)在政府指导下东亚海运会社成立,日清汽船株式会社为其提供资金和社员,并成为其控股公司。而在这之前的30余年间,日清汽船株式会社一直运营中国内河定期航线。

第四节　北清轮船公司在渤海的航运

一、绪言

20 世纪初东亚海域兴起了很多轮船公司,活跃在第一线的是中国和日本的轮船公司。① 其中,辽东半岛的良港大连是中国东北地区的主要港口,在日本进驻中国大陆市场的过程中备受重视。大连轮船公司就是依托轮船航运业发展起来的公司。② 大连轮船公司的领导人如是记载:“海运业的盛衰与一个国家的通商、产业以及殖民事业的盛衰紧密相连,这是不言自明的。”③

以上序言的撰写者增田义男是大连轮船公司的专务董事。大连轮船公司的创立得到了以大连为据点在中国东北地区开展基础铁道事业的南满洲铁道株式会社的赞助。

大连轮船公司始于 1913 年 1 月在大连投资 10 万日元创立而成的大连轮船合名公司。之后,该公司不断发展壮大,实力仅次于日本邮船公司、大阪商船公司等大型轮船公司。

---

① 松浦章「海運一清朝中国と明治日本の海運競業」、岩波講座『東アジア近現代通史　別巻アジア研究の来歴と展望』岩波書店、2011 年 9 月、203—218 頁。

② 『大連汽船株式会社二十年略史』大連汽船株式会社、1935 年 6 月。『社史で見る日本経済史　植民地編 第 21 巻 大連汽船株式会社略史』ゆまに書房、2003 年 7 月。

③ 『大連汽船株式会社二十年略史』大連汽船株式会社、1935 年 6 月、序 1 頁。

但是大连轮船公司并非一举设立而成的。北清轮船公司作为其前身也活动过一段时间,因其存在时间短而往往被忽视。

因此,本文试对北清轮船公司的航运活动展开论述。

二、渤海湾、黄海的轮船航运

中国沿海地区的轮船航运活动主要由欧美轮船公司以上海、广州为中心所展开。[①] 1892 年,招商局轮船公司开始在天津和东北辽河的河港牛庄之间开设定期航路。[②] 1898 年,德国租借山东半岛的胶州湾之后不久,就开始在青岛和上海之间开展定期航运。[③] 长江以北的黄海、渤海海域的航运活动也逐渐开展起来。在 1894 年甲午战争爆发前夕,日本人高桥藤平以山东半岛的芝罘为据点所经营的高桥洋行,开始从事渤海湾内的轮船航运活动。[④] 虽然关于高桥洋行的详细情况尚不清楚,但根据 1890 年(光绪十六年,明治二十三年)1 月 18 日的第 1964 号《官报》中《芝罘港谷物商况》一文可知,高桥洋行在山东半岛的芝罘,即现在的烟台开展过商业活动。芝罘大米供应不足,要考虑从别处购买粮食。但是,江苏、浙江等省的粮食价格高涨,购买比较困难。具体说来就是江苏省的盐城大米需经上海再运往芝罘,所以价格昂贵。因此芝罘的商号顺泰号,试图从朝鲜半岛进口大米。于是展开了从朝鲜半岛的仁川港向芝罘运送朝鲜大米的航运活动。

> 本月(明治二十二年十二月)一日,进入本港的肥后丸运来五百十三袋,同月二日进港的敦贺丸运来六百七十八袋,共计进口千百九十一袋(即五百九十五石五斗)朝鲜大米。进口商的店号及袋数如左所示。[⑤]

---

① 早期的重要成果为:Liu Kwang-Ching,*Anglo-American Steamship Rivalry in China 1862-1974*,Cambridge:Harvard University Press,1962.

② 『大連汽船株式会社二十年略史』大連汽船株式会社、19 頁。

③ 松浦章「ドイツ占領期の青島と上海間の汽船航路」『海事史研究』第 67 号、2010 年 12 月、1—16 頁。

④ 同書、19 頁。

⑤ 『官報』第 1964 号、1890 年(明治二十三年)1 月 18 日付「芝罘港穀物商況」。

在芝罘从事朝鲜大米进口的是以下店铺:三井物产公司进口 498 袋,怡顺号 136 袋,永来盛号 59 袋,兴来盛号 20 袋,履太谦号 114 袋,双盛号 171 袋,高桥洋行 15 袋,锦盛号 55 袋,新祥和号 16 袋,仁昌号 7 袋,公和顺号 100 袋。以上店铺共计 1191 袋大米均经由“清商九铺”进口而来。[①] 此外,高桥洋行运销的 513 袋大米是“在仁川港我商人委托本港三井物产公司之外的公司所贩卖的商品”[②]。可见当时高桥洋行的名气仅次于三井物产公司。

此次我商人委托三井及高桥洋行等进口的大米,与同时期清商从仁川港进口的大米相比,品质有非常之等差。米粒虽大小齐一,但精磨加工颇为粗糙,不如清商进口的大米纯白。而且砂石糟糠等掺杂物甚多。因此在价格方面,清商进口的大米作为上等大米,一斛可卖九两五钱,而我商人的大米只能作为中等大米,一斛只卖八两五钱。[③]

如上所述,三井物产和高桥洋行从仁川港运往芝罘的大米,其质量不如中国商人所进口的大米。

关于这一时期以芝罘为中心的海运活动,在 1890 年 6 月 11 日的第 2083 号《官报》中的《芝罘的商业习惯及例规》一文“运输”条目中如是记载:

山东省的东、南、北三面海运便利,特别是由于本港位于山东省东北角突出位置,便于大小船舶停靠,通常都有上百艘往来船舶停泊于此。且说以往都是用蓬船来运输货物的清国人,近年来也开始意识到用轮船运输要比蓬船便利且牢固,并且轮船运输的费用在逐年下降,蓬船数量虽有所减少,但一年中仍有来自江南的沙船三百余艘,宁波船三四十艘,广东船十余艘,福州船五六艘,来自盛京省船只三千余艘,直隶船百余艘,共计三千四五百艘。此外,从外国进口的商品,大部分来自上海港,其十之八九是用轮船运

① 『官報』第 1964 号、1890 年(明治二十三年)1 月 18 日付「芝罘港穀物商況」。
② 同書。
③ 同書。

输;而本国所产商品一般是用蓬船运输。由本港运往山东省内各地的货物,沿海的地方依靠海运,距海滨达数十里之地则依靠人力或畜力。省内有名的城市、市场或货物产地均靠近河海,由于占据货物搬运的地利,历来使用大小蓬船。去年三月,在本港的海关道新设了内地民轮局,该港距西北方位的登州府龙口湾、青州府大平湾百二十五里,每两周开展一次定期航运,加之有吨位达四百余吨的广济号,蓬船、轮船交织往来,与内地的交通运输变得愈发迅速便利。此外,再由龙口湾或大平湾运往内地,便可利用各大小江河,在当地换成小船进行运输。①

在1890年的芝罘港,不仅可见以往的帆船,还能看到刚刚兴起的轮船。光绪十五年三月芝罘新设民轮局,芝罘港与距之125里的登州府龙口湾、青州府大平湾之间,隔周开设一次定期航运,这样沿海地区的轮船航运得以扩展。高桥洋行就是在这样的背景之下,以芝罘为据点开始从事轮船业和贸易业务的。

正是在同一时期,大连也开设了运营定期航运的轮船公司。

三、北清轮船公司的活动

北清轮船公司设立于1911年(宣统三年,明治四十四年)6月。在《大连汽船株式会社二十年略史》中《北清轮船公司的设立》一文记录了北清轮船公司设立的经过:

明治四十四年六月,松茂洋行的河边胜、田中商会的田中末雄二人共同出资二万圆在大连设立了北清轮船公司,旨在以大连为基点开拓北支沿岸的各航路。总店设在大连市东乡町二十四号地,河边氏、田中氏二人作为代表社员,开始经营海运业及仓库业。该公司拥有福星丸(七八九总吨)及龙平丸(七五七总吨)二艘轮船,福星丸每月二次,以大连为起点,在芝罘、安东县、天津之间开展航运;龙平丸则每月五次,以大连为起点,在旅顺、登州、

① 『官報』第2083号、1890年(明治二十三年)6月11日付「芝罘ノ商業習慣及例規」。

龙口之间开展航运。由于本航路对于南满洲与山东、直隶二省的交通贸易有重大的影响,关东都督府认定为命令航路,每年补贴福星丸一万六千圓,龙平丸一万七千七百圓的航路补助金。①

以下将探讨参与设立北清轮船公司的松茂洋行和田中商会的情况。关于松茂洋行的情况尚不清楚,但宣统三年正月十六日(2 月 14 日)的第 650 号《泰东日报》②中有如下一则广告,如图 4-3 所示:

松茂洋行

运输公司　大连监部通二丁目

电话　长五一五番　二五九番

图 4-3

该洋行的旗帜上印有“河”字图案化的纹样,可见此处“河”是意指“河边胜”。

《泰东日报》中也有关于田中商会的广告。田中商会在设立北清轮船公司之前所从事的轮船事业的部分情况可参阅《泰东日报》中的记载。

宣统三年正月十一日(2 月 9 日)的第 647 号《泰东日报》中有如下一则广告,如图 4-4 所示:

田中商会轮船由大连开往各埠头日期广告

◎第二十永田丸　廿八日早十一点钟　由大连开往　烟台　龙口

◎龙平丸　廿九日晚五点钟　由大连开往　每四天开往

旅顺　烟台　登州府龙口

抚顺煤发卖

① 『大連汽船株式会社二十年略史』大連汽船株式会社、1935 年 6 月、27—28 頁。

② 本稿所使用的《泰东日报》均依据上海图书馆的微型胶卷。

大连市加贺町　电话二七八番　田中商会

图 4-4

次日,第 648 号《泰东日报》中登载的该商会的广告文字几近相同,只是第 20 号永田丸航行目的地不是山东半岛的烟台和龙口,而是突然换成了日本的门司。翌日的第 649 号《泰东日报》中的目的地仍是门司。之后,宣统三年正月二十一日(2 月 19 日)的第 653 号《泰东日报》广告中,第 20 号永田丸的目的地则变为海州。

田中商会还拥有别的船只。关于第 22 号永田丸的记载,在宣统三年四月初二日(4 月 30 日)的第 711 号《泰东日报》"大连"记事栏中的《永田丸沿岸巡逻之成绩》一文中如是记载:

本埠田中商会二十二号永田丸,前为防范单疫传染,开行关东洲沿海,巡逻取缔帆船。迄日前,旋航归港,颇著成效,追日昨更开往长山列岛巡逻矣。

为了防疫当时流行的鼠疫,田中商会开始使用第 22 号永田丸对东北沿海,甚至辽东半岛南岸的长山列岛进行巡航。防疫流行于这一时期的疫病,对进驻中国大陆的日本而言,是一大紧急课题。当时在大连从事疫病防疫工作的光畑三郎军医回忆当时的情况说道:

明治四十二年霍乱盛行……四十三年霍乱猖獗。在那时,几乎年年泛滥……明治四十四年十一月满洲里方面出现了鼠疫患者。那时恰逢临近旧历正月,南下回山东探亲的劳工将病毒带入了山东省。①

① 光畑三郎「大連海港檢疫に就て」『海友　開港三十年周年記念號』通卷 316 號、大連海務協會、1936 年 10 月。「大連開港三十周年記念 海事座談會」54(53—56)頁。

关于明治四十四年流行的鼠疫,在宣统三年正月十一日(2月9日)的第647号《泰东日报》"白话"栏中的《防疫白话》中留有记录:"大连医院会医长、河西博士说起如今南北满洲各地汹汹的这场瘟疫的病原。"文中的"瘟疫"即急性传染病,就是《泰东日报》同时期各号中所提到的"鼠疫"。当时被称作"黑死病"的鼠疫,又名核子瘟,在东北各地蔓延。

这一瘟疫的防疫,得到了田中商会的第22号永田丸的协助。

北清轮船公司的广告出现在宣统三年八月初一日(9月22日)的第833号《泰东日报》中:

> 北清轮船公司
>
> 奉准关东都督府命令、由大连开往各埠、日期广告
>
> ◎龙平丸　华廿九日正午开往旅顺　登州府　龙口
>
> ◎福星丸　二十九日、八月六日午后六点钟开往　天津　烟台　安东
>
> 大连东乡町　北清轮船公司启　　电话五一五
>
> 代理　装货客票　大连加贺町　田中商会账房　电话二七八(一一七五)

同一广告在宣统三年八月初三日(9月24日)的第835号及9月26日的第836号《泰东日报》中均有登载。

八月十二日(10月3日)的第842号《泰东日报》中的广告形式也相同:

> ◎龙平丸　华十五日正午开往旅顺　登州府　龙口
>
> ◎福星丸　八月十七日、八月十五日午后六点钟开往　天津　烟台　安东

根据上述记载,龙平丸和福星丸两船航行目的地和之前一样,只是出港时间有所改变。

从以上广告可知,北清轮船公司的龙平丸、福星丸定期在大连与山东半岛的

烟台、登州龙口、天津以及位于辽东半岛南部且与朝鲜半岛接壤的安东之间开展航运活动。

之后,在1912年1月26日的第1214号《泰东日报》中有如下一则广告:

北清轮船公司

关东都督府指定行轮

◎龙平丸　阳一月二十六日正午开往旅顺　登州府龙口　石岛嘴

◎天潮丸　阳一月廿六日下午三时开往神户行

◎济通丸　二月一日下午五时开往芝罘

大连东乡町(电话五一五番)

北清轮船公司启

代理　装货客票　田中商会账房

大连加贺町　电话(二七八番　一一七五番)

由此可知,天潮丸、济通丸取代了福星丸。不仅开通了大连和山东半岛之间的航路,还扩展了到日本神户的航路。

因为找不到北清轮船公司开展航运活动之初登载在《泰东日报》中的广告,所以那一时期的情况尚不清楚。但是该报在宣统三年七月二十九日(9月21日)的第835号登载的广告留存至今:

北清轮船公司

奉准关东都督府命令由大连开往各埠日期广告

◎龙平丸　华廿九日正午开往　旅顺　登州府　龙口

◎福星丸　二十九日、八月六日午后六点钟开往　天津　烟台　安东

大连东乡町　北清轮船公司启　(电话五一五)

代理　装货、客票　大连加贺町

田中　商会　账房

电话(二七八)(一一七五)

从之后的《泰东日报》中刊登的广告整理出北清轮船公司从旧历七月末至八月份的出港船名如表4-12所示:

表4-12 1911年9月至10月北清轮船公司大连出港日程表

号数	出港日(公历)	时刻	旅顺 登州府龙口	天津 烟台 安东
835	七月二十九日(9月21日)	正午	龙平丸	
835	七月二十九日(9月21日)	午后6时		福星丸
837	八月初五日(9月26日)	正午	龙平丸	
835	八月初六日(9月27日)	午后6时		福星丸
838	八月初八日(9月28日)	午后6时		福星丸
838	八月十日(10月1日)	正午	龙平丸	
838	八月十五日(10月6日)	午后6时		福星丸
840	八月十五日(10月6日)	正午	龙平丸	
840	八月十七日(10月8日)	午后6时		福星丸
846	八月二十日(10月11日)	正午	龙平丸	
843	八月二十三日(10月14日)	午后6时		福星丸
846	八月二十四日(10月15日)	午后6时		福星丸
850	八月二十五日(10月16日)	正午	龙平丸	
850	八月三十日(10月21日)	午后6时		福星丸

如上表内容所示,北清轮船公司的龙平丸每4到5天从大连出发,经旅顺开往芝罘西面的终点港口登州府龙口。大连与龙口间相距117海里。① 这一航路往返均需要两天时间。此外,福星丸走的是周游路线,从大连出发,依次在烟台、天津、安东停泊,之后再返回大连。从航运表可知,完成这一周游航运需要7日。安东位于靠近朝鲜边境处的辽东半岛的南端,距大连159海里,大连和烟台间相距89海里,烟台和天津间相距202海里②,故周游航路为900海里。

从宣统三年十二月初一日(1912年1月19日)的第922号《泰东日报》中的

① 《中华人民共和国分省地图集》,北京:中国地图出版社,1992年,第66页。

② 同上,第26、66页。

广告可知,北清轮船公司又增加了一艘轮船。这则广告内容如下:

北清轮船公司

奉准关东都督府命令由大连开往各埠日期广告

◎济通丸华十二月初四日午后五点钟开往芝罘

◎龙平丸华十二月初二日正午开往旅顺　登州府　龙口

◎福星丸华十二月初五日开往龙口

大连东乡町　北清轮船公司启　　(电话五一五)

代理　装货、客票　大连加贺町　田中 商会 账房　电话(二七八)(一一七五)

由上可知,新增的济通丸是在大连、芝罘间开展航运。

外务省外交史料馆中留存有题为《以北清沿岸各港航运为目的满铁会社建造船舶一件》的公文。该公文是1912年(明治四十五年)1月11日芝罘日本领事馆的一封公信,内容如下:

公信　第五号　主管政务局　第一课

明治四十五年一月十一日

在芝罘

副领事　相羽恒次

外务大臣子爵内田康哉殿

关于北清轮船公司轮船济通丸之文件

在关东都督府的补助下,为开拓北清沿岸诸港之航运,南满铁道会社新造轮船济通丸(总吨数千百三十九吨)归北清轮船公司旗下,从事航运活动。于本月十日从大连出发进入本港,该日允许众人进行参观,傍晚时分启程开往大连。因冬季天津、安东等地有结冰现象,暂定在仁川、大连及本港间从事航运活动。

特此报告　　　　　　　　　　　　　　　　　　　　　　　　　　　　敬具[①]

这一公文是由芝罘副领事相羽恒次于1912年1月11日致信外务大臣内田康哉,汇报南满洲铁道株式会社新造的总吨位为1039吨的济通丸归属北清轮船公司从事北洋航路的航运。济通丸于1月10日进入芝罘港,在众人参观之后,于傍晚时分出港。因冬季天津、安东等港口会结冰,于是暂定在大连和朝鲜的仁川港以及山东的芝罘之间开展航运。

从《泰东日报》的广告中整理出北清轮船公司将济通丸投入北洋航路后的航运日程,如表4-13所示:

表4-13　1912年1月北清轮船公司大连出港日程表

号数	出港日(公历)	时刻	旅顺　登州府龙口	龙口	芝罘
922	十二月初二日(1月20日)	正午	龙平丸		
922	十二月初四日(1月22日)	午后5点			济通丸
922	十二月初五日(1月23日)			福星丸	
924	十二月初八日(1月26日)		龙平丸		

1913年1月29日的第1216号《泰东日报》中,龙平丸的出港时间有所变更:

◎ 龙平丸　阳一月三十一日正午开往旅顺、登州府龙口、石岛嘴

由此可知,龙平丸的航程大致为5日,定期停靠大连、旅顺、登州府龙口、石岛嘴等港口。

之后,在1913年2月4日的第1221号《泰东日报》中有如下一则广告:

北清轮船公司

关东都督府指定行轮

① 日本外務省外交資料館　登録番号:B-3-6-3-87。

◎龙平丸 阳二月六日正午开往旅顺 登州府龙口 石虎嘴

◎天潮丸 阳二月七日下午五时开往神户行

◎济通丸 二月十六日下午五时开往芝罘

大连东乡町 北清轮船公司启 (电话五一五)

代理 装货、客票 田中商会 账房

大连加贺町 电话(二七八)(一一七五)

由下文可知,这则广告是最后一则北清轮船公司在大连的出港广告。在翌日即2月5日的第1222号《泰东日报》中的广告内容发生变更:

关东都督府指定行轮

◎龙平丸 阳二月六日正午开往旅顺 登州府龙口 石虎嘴

◎天潮丸 阳二月七日下午五时开往神户行

◎济通丸 二月十六日下午五时开往芝罘

大连监都通一丁目二十六番地

大连汽船合名会社

东乡町二丁目二十四番地 (电话二五九、五一五)

松茂洋行

北清轮船公司

加贺町十八番地 电话(二七八)

代理 装货、客票 田中商会

同账房 (电话一一七五)

从1913年2月5日的广告可以得知,大连汽船合名会社开始登场了,松茂洋行及北清轮船公司成为办理搭乘等业务的事务所。由此也可知,北清轮船公司变成了一个经办处。

关于这之后的轮船航运,根据《泰东日报》的广告制成如表4-14所示航运表:

表4-14　1913年2月大连汽船合名会社大连出港轮船名

号数	出港日	时刻	旅顺　登州府龙口　石虎嘴	神户	芝罘
1222	2月6日	正午	龙平丸		
1222	2月7日	午后5时		天潮丸	
1223	2月11日	正午	龙平丸		
1223	2月12日	午后5时		天潮丸	
1222	2月16日	午后5时			济通丸
1224	2月17日	午后5时		天潮丸	

由北清轮船公司所开设的以大连为起点的北洋航路,究竟是如何改变与这一航路相关联地区的海上交通的呢?具体事例可参阅《泰东日报》中的一则题为《欢迎山东绅商之来连考察》的报道,该报道刊登在宣统三年八月十四日(10月5日)第844号《泰东日报》中,其内容如下:

自通海以来,渤海沿岸惟有芝罘首开商埠。故除上海及长江一带外,中国与外国之通商,芝罘实居其重要口岸之一。故山东之文物比他省早见进步,此则众所齐悉者也。洎大连为俄所经营,胶州为德所经营也,渤海之商潮忽然一变。胶埠联铁路、引矿山,控制直鲁两省一面,直成东海之吞吐口;连埠赖东清路,远联欧洲,而直成满洲之吞吐口。至此芝罘一埠,殆为连胶两埠所牵制,两臂全无所用,商务一落千丈,致无人复说烟埠者,则理之所应然,亦属商路一开一合之妙机,未始其所以鼓动进步也。

自烟埠商务渐形零落以来,鲁省有志者无不悉心挽回。如烟潍铁路一案,虽因筹款匪易,迄无端倪,然其维持大局之热心则竟无艾,亦可为山东之将来祝也。近来连埠与鲁省之交通日殷一日,中外船舶皆可按期来往。乃如龙口一埠,向为萧条之一渔村,今则与芝罘并驱,为鲁北之一吞吐口,如此后逐渐改良口岸,修辟商埠,一面出修路政策,而安全交通之便,吸收中外船舶于此,北与满洲隔一衣带水而大兴交易,则山东实业之振兴亦庶几由是可负担一部分之功。而况黄县地方,住民殷富,出产丰饶,凡振兴实业经营商务之事,皆有可以实行而发展之实业乎。侧闻前游有提倡修筑龙口至黄县间之铁路者,虽未悉其事能否实行,然似未可谓不合机宜也。则或者将来有见诸实行之一日,亦未可料。总而言之,山东开发则能以鼓吹满洲之开发,满洲之开发亦实为吹山东开发之巨铎也。然悉两方面之心目,联络两方面之感情,融洽两方面之肺肝,而后商情可以考查,商策可以讲求也。则为之之道尤莫先于考察实情矣。

山东黄县及龙口等处巨绅殷富早已有见及此。此次组织一考察团,本日抵大连,将详视人所设施一切事业以资考镜也。连埠日人等皆热心欢迎之,均无不愿与其照料一切,以期于考察上俾莫缺憾,至连埠华商界之热心欢迎更莫论已。

至20世纪后半叶,芝罘仍是山东半岛以及山东半岛渤海沿海最大的商港。[①] 芝罘作为长江口上海以北的巨大的贸易港口,是山东半岛商品流通的重要基础港口。随着俄罗斯进驻大连,德国进驻青岛,大连、青岛两地对外开放。由于这些外国势力的进驻,青岛、大连迅速发展成为近代船舶停泊的良港。

在这样的背景之下,山东半岛的绅商团体于1911年10月访问了大连。其访问成行的最大理由可谓是大连和山东半岛间航路的开通。虽然关于轮船的航线没有记载,但不难想象北清轮船公司所开展的定期航运为这一访问提供了巨大契机。芝罘自古以来被视为山东半岛的良港,青岛、大连发展迅速,芝罘旧日的繁华面临终结,居住在山东半岛芝罘附近的绅商顿生危机感。特别是计划在龙口附近的商业盛地黄县和北清轮船公司的停泊港口龙口之间铺设铁路这一举措,从中可见山东半岛欲与大连携手合作之计划。

这样北清轮船公司之北洋航路的开设,不仅对大连所在的辽东半岛及其沿海地区,而且对于辽东半岛相对峙的山东半岛区域也产生了深远的影响。

此处就上文提及的“山东黄县及龙口”进行论述。黄县属于登州府。据同治《黄县志》卷一“疆域志”中记载:

---

① 刘素芬:《烟台贸易研究(一八六七——一九一九)》,台北:台湾商务印书馆,1990年,第8—35页。

风俗黄县地狭人稠，故民多逐利四方，往往致富，远适京师，险泛重洋，奉天吉林方万里之地，皆有黄民履迹焉。①

由此可知，黄县地少人多，当地人大都前往各地逐利谋生，多前往北京或东北地区或是远涉重洋。

关于黄县的商业区，据同治《黄县志》卷三“食货志”中记载：黄县的市场以东关、南关、北关、西关为中心，书中紧接着写道：

凡四乡都之市，则有六焉……大者、小者集则不可胜纪也。其居肆而贾者，东街有衣肆，南关有粮肆，西关则列肆数百，银钱之肆多至数十。闽广、苏杭、西洋巧丽之物产不毕有，俨然一小都会矣。龙口，海口也。一名金沙滩，海舶之所集也，官设税局焉。黄河营亦海口置税，与龙口同海舶之集，稍亚于龙口。黄地不产木棉，丰年之谷，不足一年之食。海舶木棉来自江南，稻菽来自辽东，民所仰给也。其商于外也，辽东为多，京都次之。距辽东数千里，风帆便利，数日可至……黄民而计之，农十之三，士与工十之二，商十之五。语曰本富为上，末富次之……黄县地寡人众，惜地如金。沃土一亩，价值五、六十缗。②

黄县的外港就是指龙口港，由此前文提到的《泰东日报》记载的山东前往大连的考察团无疑是指黄县的商人集团。

龙口港和大连港的关系非常重要，据大正元年(1911 年)东亚同文书院的调查记载：

我满洲经营以大连为根据地，在大连、山东沿岸诸港开展航运活动，获取航运权的同时，必须力图扩大贸易。第一步是明治四十三年天城丸开始

① 〔清〕尹继美：《光绪增修登州府志(二)同治黄县志》，载《中国地方志集成·山东府县志辑 49》，南京：凤凰出版社，2004 年，第 413 页。

② 同上，第 425 页。

在此处从事航海活动,继之四十四年五月二十六日在关东都督府的许可下开始成立轮船会社,即六月一日成立的北清轮船公司,其目的为在北清沿岸诸港开展货客运输及其他附带业务,航海路线分为以下二条:

(1)大连龙口线 每月四回经旅顺、登州府至龙口返航,再回到大连港。

(2)大连天津线 由大连出发至芝罘、安东县,再经大连至天津,由天津直航大连完成一次航运。但是冬季在大连、芝罘仁川间开展定期航运。

此航路为都督府的政令航海,关东都督府为保护本公司的航运业,每年补贴大连龙口线一万七千六百圆、大连天津线一万六千圆。

如上所述,与普通的营利公司不同,运费比较低廉,且对于由大连运往北清各港的日本商品,在规定运费的基础之上打八折,锐意从事开拓对岸地方。而虽然自其开业以来时日尚浅未见成绩,但日渐隆盛。例如抚顺煤炭自是经由本航路向龙口输出,而从大连输入豆粕、杂货等航运活动也日益增多。①

大连和龙口间的轮船航运主要由日本公司天城丸进行,始于明治四十三年(1910年)。翌年5月26日在关东都督府的命令之下,北清轮船公司于6月1日成立,开始在渤海沿海诸港间从事货客运输等业务。

从这一报告可知,大连港和龙口港间的航路,每月4次,航程安排是停靠旅顺再至龙口港最后返回大连港。之前所述北清轮船公司设立之初的航运日程为大致每五天在大连港和龙口港间往返一次,由此推算一个月可航行5到6次。

与北清轮船公司相对应,中国的轮船航运事业也开始发展。宣统三年四月初九日(5月7日)第1346号《盛京时报》上《东三省新闻·营口》栏中的《肇兴轮船来客之多》一文中如是记载:

华商肇兴公司之肇兴轮船,月前开往山东登州龙口,运送客位。于前日

① 『支那省別全誌 第4卷 山東省』東亞同文會、1917年9月、131—132頁。

> 晚潮进口,由龙口返来,载有零碎包件无算,共装来客人六百七十余人。据闻风气渐开,一般行旅悉皆坐用华商轮船,藉表爱国之忱,得以保守利权,可概见矣。①

由此可知,由中国资金建立的肇兴轮船在东北的营口和山东之间开展轮船航运,搭载乘客 670 余名。

宣统三年五月二十五(6 月 21 日)的第 1383 号《盛京时报》上《东三省新闻 · 营口》栏中《航业又起小潮》一文中有如下记载:

> 本埠(营口)各轮船航行山东各口者、向有怡和、芝罘、温州三船。去年增出肇兴,共计四艘。今年温州去而返换到彰州,仍如前数。近来又有二永田丸,亦走龙口登州,各港生意未免减色。本月初间,芝罘因肇兴相争,致出免票不取搭客分文,冲突累日,经人调说,议定每次两来两往各不相扰,始行相安无事。乃近日二永田丸又出减价票,每客仅收二角,适芝罘在埠,遂亦放出免票以相抵制,不知又将如何口结也。②

由上可见,在营口和山东半岛各港间从事轮船航运的轮船,除了怡和、芝罘、温州三艘之外,又新增了一艘肇兴轮船,再加上田中商会的二永田丸在营口和大连间开展航运,短途轮船航运竞争愈发激烈。

宣统三年五月初七日(6 月 3 日)第 1368 号《盛京时报》上《东三省新闻 · 营口》栏中《轮船冲突未了》一文中有如下记载:

> 太古行芝罘轮船与肇兴公司之肇兴轮船因航行山东各港,往来搭客争减票价,两不相下,致启竞争。七、八日间,双方轮船未卖票开行。经本埠各客栈执事数十人出为调处……③

---

① 《盛京时报》(影印本)第 19 册,沈阳:盛京时报影印组,1985 年,第 43 页。

② 同上,第 227 页。

③ 同上,第 150 页。

如上述记载,太古行就是太古洋行[①],其轮船芝罘号与肇兴公司的轮船肇兴号,就营口和山东半岛间的航运业务展开竞争,降低乘船票价,使竞争日趋激化。可见不仅大连,营口与山东半岛各港间的航运也开展起来了。

四、小结

综上所述,北清轮船公司设立于1911年6月1日,其设立得到了进驻中国东北地区的关东都督府的支持,其以大连为基点,在大连和山东半岛的芝罘及登州龙口、天津、安东甚至神户间定期开展航运。但是,其经营时间短暂,从其船运广告来看,1913年2月4日登载的是该公司最后一则出船广告,其轮船航运事业被新设立的大连汽船合名会社所继承。由此可知北清轮船公司的存在时间是从1911年6月1日至1913年2月4日,仅仅1年8个月。

因此,关于北清轮船公司的航运活动少有史料留存,目前所及只有日本外务省的留存记录。大连发行的《泰东日报》中刊登的关于该公司的出船广告,为我们了解其航运活动提供了重要的史料。北清轮船公司是以大连为基点,连接山东半岛中北部的登州龙口、天津、安东等辽东半岛南岸、山东半岛北岸为基础航路,甚至扩展航路至日本的门司和神户。

北清轮船公司之所以将山东半岛的登州龙口作为其停靠港口,是因为龙口靠近山东半岛的内陆商业盛地黄县。

---

① 黄光域:《近代中国专名翻译词典》,成都:四川人民出版社,2001年,第37页。

第五节 20世纪初近海邮船会社在东亚海域的航运

一、绪言

日本著名海运公司日本邮船会社,于1922年(大正十一年)4月设立负责日本近海航运的“近海部”。在此后一年间,由于日本近海及通往中国北部航路的航运取得了良好成果,因此在1923年(大正十二年)3月举行的临时股东总会上,决定将“近海部”分离独立出来。①

于是,1923年4月1日近海邮船株式会社成立。因此,近海邮船会社是日本邮船会社的子公司。创立时期的大半股份由日本邮船会社掌控,首任社长伊东米治郎及执行董事岛村浅夫都是日本邮船会社的职员。② 近海邮船会社继承日本邮船会社所经营的航线,如递信省③指定线分别有横滨—牛庄线、神户—天津线、神户—牛庄线、函馆—桦太(即库页岛)线,台湾总督府指定航线有基隆—神户线,北海道厅指定航线有函馆—网走—千岛线,东京府指定航线有横滨—小

① 『日本郵船株式会社五十年史』日本郵船株式会社、1935年、285—290頁;『七十年史』日本郵船株式会社、1956年;『三十年史』近海郵船株式会社、1980年7月、2頁。

② 『三十年史』近海郵船株式会社、1980年7月、2—3頁。

③ 递信省,是日本在日本帝国宪法下存在过的政府机关(1885年12月22日—1943年11月1日),管辖交通、通信、电气等事务。二战后曾短暂重设(1946年—1949年),但此时期只管辖通信事务,也是现在的总务省、日本邮政(JP)及日本电信电话(NTT)的前身。——译者注

笠原岛线，桦太厅指定航线有横滨—桦太线，自由航线有神户—小樽线、横滨—高雄线、神户—钏路线、小樽—桦太线。[①]

1939 年 8 月近海邮船会社被东亚海运株式会社兼并。近海邮船会社从 1923 年成立至 1939 年被兼并历经短短 16 年，其间活动鲜为人知。[②]

本文将对近海邮船会社的相关记录进行探究，阐明其历史性的活动。

二、20 世纪 20 年代日本的海运界

近海邮船会社成立时期的 1923 年前后，日本的海运界是怎样的状况呢？对此，《东京朝日新闻》第 13174 号（1923 年 8 月 18 日）登载的《海运界不景气与近海竞争——无谓的航线争夺》这一报道进行了生动形象的记述。该报道如下：

> 近来运界处于时好时坏的状态中，虽多多少少有些生意，但没有大交易。特别是抵制日货情形虽有所缓和但尚未恢复常态，伦敦码头七月一日发生的码头搬运工联合罢工仍旧纠纷重重，导致原定伦敦港的卸货多数临时转移至安特卫普港，因此，货物的进出口自然就受到限制。虽然国外航线运营情况不景气，但由于运费在保证金制约下得到调控，因此尚不至于出现打破行规舍弃保证金的竞争行为。由此，海运界不景气的结果导致各公司在近海航线配备性能良好的船只，从而展开了日本航运公司间的同类竞争，各公司对客货运船重新部署，近海航线上逐步淘汰老朽化及速度慢、动力小的船只。日本邮船会社停运原来南洋航线的松山丸，启用远洋航行的春日丸，大阪商船会社在上海航路计划启用八千吨位的南美船。由此可见，比起远洋海运，各公司显然都更侧重近海海运。目前的近海航线如下：
>
> 朝鲜邮船：釜山—浦盐—清韩—敦贺、高尾—基隆—关门、朝鲜—北支

---

① 『三十年史』近海郵船株式会社、1980 年 7 月、2—3 頁。

② 『日本邮船株式会社五十年史』日本郵船株式会社、1935 年、285—290 頁；『七十年史』日本郵船株式会社、1956 年；『三十年史』近海郵船株式会社、1980 年 7 月、2 頁。以上三社史中对近海邮船会社的历史作了简单叙述。此外，木村重俊的《近海邮船船舶史》［《船舶史稿 · 海运会社 · 船历编（第十八卷）》，2000 年，第 5—37 页）］中也有相关记录，但未注明出处。

那—群山—青岛—大连;

日清汽船:上海—汉口—广东、汉口—宜昌—重庆—徐州、汉口—长沙—常德、大阪—汉口;

近海邮船:横滨—牛庄、神户—高尾、神户—小樽—钏路—桦太、神户—天津;

大阪商船:横滨—马尼拉、神户—爪哇、基隆—西贡—盘谷—新加坡、高尾—汕头—香港—广东、横滨—神户—宇品—长崎、神户—别府;

山下汽船:横滨—高尾、横滨—青岛、芝浦—神户。

除上述航线外,还有北日本汽船会社的北海道航线,南洋邮船会社的横滨—南洋定期航线等。北海道航线方面,北日本汽船会社与近海邮船会社展开竞争,台湾航线方面则是近海邮船会社、山下汽船会社、大阪商船会社,青岛航线方面是近海邮船会社、大阪商船会社、原田会社组成运费同盟,南洋方面则有爪哇甲谷陀同盟,无法垄断降低运费,所以为了竞争,不得不配备性能较为优良的船舶,方便货主集散货物。由于各家轮船公司结成运费同盟,因此在近海垄断航线上,各公司虎视眈眈地寻找抢占航线机会。近日,不仅别府航线,大阪商船会社抢占山下汽船会社的芝浦航线,于是导致大阪商船会社的浦盐线上的横滨的货物几近为零,只是因为该航线是政府指定航线的关系,而勉强发船加以维持。近海邮船会社着眼于将来开发航线,进而兼并朝鲜邮船会社,且计划启用四千吨级的船舶前往内地朝鲜沿岸与大阪商船会社开展竞争。由于海运界经济的不景气,导致近海航运中靠配备性能优良的船舶来进行竞争的倾向愈发明显。总之,这些都是毫无意义的过度竞争,徒劳的争霸战。①

如上所述,20 世纪 20 年代日本海运界的寡头竞争,导致各家公司都陷入困境。各公司大力发挥各自特色,开拓航线,力求增加收益。在近海航线中,异军突起的是近海邮船会社。近海邮船会社专营近海航路的“近海部”从公司分离

---

① 『東京朝日新聞』東京朝日新聞社、1923 年 8 月 18 日、4 頁。

独立出来。

《东京朝日新闻》第13174号(1923年2月3日)登载一则报道,题为《日本邮船会社·近海邮船会社独立·千万元新会社·董事中存在异议》:

日本邮船会社去年四月从总部分离出近海部,当时的目的是计划从三月一日起使其完全与总部分离,并实施独立经营。二日午后两点,董事会决定,新会社出资一千万元,即五十元面额共二十万股的资本金,大部分资本金由日本邮船会社总部出资,用于船舶及支店的土地购买及建设。虽然眼下并未确定发起人及股票授权人,但本月末即将举行的创立总会,应当会大体确定。基本商定伊东邮船会社社长为总经理,航线方面,除原有所属近海部的航线外,天津航线也纳入其中。然而,在当日的董事会上,也出现了反对的声音……①

日本邮船会社设立"近海部"后,又进一步成立近海邮船会社实施独立经营。关于公司内部相关情况,在《东京朝日新闻》第13180号(1923年2月9日)刊登了公司董事的讲话内容,题为《近海邮船会社急于分割独立近海部的真实目的》:

近海部独立问题始于前任社长近藤之时,继而在去年四月伊东社长将近海部独立出来,这次又往前进了一步,推行完全独立。如在手续上,召开大股东会议谋求认可的话,就可以说是圆满无缺了。然而,近海部支店店长最高工资仅二百九十元,总部支店长却为四百元。至于船长的起薪,总部为二百一十元,近海部仅一百三十五元。下级海陆员工的工资以此类推,也有相当大的差距。因此,只要一提及近海部,其员工多抱有不平。该情况近来尤为显著,且出现了怠工的倾向。因此,为清除上述不良影响,于是决定把近海部完全从总部分离,独立经营,顺应其预算及获利程度,为达成与公司

① 『東京朝日新聞』東京朝日新聞社、1923年2月3日、3頁。

外部同等待遇的目标,从而加快了独立进程。此外,独立的第二个原因是,近来社内社外均难以和谐共处,股东总会上甚至到了有碍观瞻的地步。当然其中存在种种原因,未经大阪兜町股市股东商议造成市场混乱。这次为了避免冲突,未同大股东进行商谈,以至于遭到织田穴水等股东总代表的反对。事已至此,对于未召开大股东会议的董事的失误,深感遗憾。①

《东京朝日新闻》第13212号(1923年3月13日)题为《近海创立总会》的报道中有如下记述:

关于近海邮船会社的创立,经十五日临时总会决议,于本月末举行创立总会,大约自四月一日起以独立会社的身份从事经营,社长由伊东社长兼任,岛村诚夫担任事务。②

如上所述,根据日本邮船会社临时总会决定,近海部作为独立会社运营,日本邮船会社社长伊东兼任社长,事务局负责人由岛村诚夫担任。

《东京朝日新闻》第13227号(1923年3月28日)所登载的《近海创立总会》相关内容如下:

近海邮船会社于本月三十一日举办创立总会,于会上决定董事成员,递信省委托的天津航线、北海道航线以及台湾总督府方面的台湾航线,将在本年度三月三十一日合同期满,

上述航线在近海邮船会社创立的同时,转由近海会社经营,目前正在办理相关手续。③

如上所述,日本邮船会社意在1923年3月31日递信省指定的天津航线、北

① 『東京朝日新聞』東京朝日新聞社、1923年2月9日、4頁。
② 『東京朝日新聞』東京朝日新聞社、1923年3月13日、4頁。
③ 『東京朝日新聞』東京朝日新聞社、1923年3月28日、4頁。

海道航线以及台湾总督府指定的台湾航线合同期满之际，新成立近海邮船会社以维持此三条航线的运行。

《东京朝日新闻》第13231号（1923年4月1日）刊登一则题为《近海邮船会社董事成员》报道，内容如下：

三十一日午后两时在总部召开的近海邮船会社创立总会，针对近海会社的成立进行诸多讨论及董事选举。选举结果正如预期，由伊东米次郎担任董事长，岛村浅夫当选执行董事，石井彻、江口定条当选董事，河村金五郎、黑屋辰六当选监察。[①]

如上所述，该公司领导阵营于3月31日的近海邮船创立总会上得到确定。日本邮船会社的伊东米次郎就任公司最高首脑职位。

至此，作为日本邮船会社近海部的继续，近海邮船会社以独立会社的新身份诞生，由此展开其航运活动。

《神户又新日报》[②]第13246号（1923年4月1日）所刊登的《轮船广告》一栏中，有近海邮船会社船舶出海广告。同日刊登的《日本邮船出海广告》后随附"近海邮船会社"的出航信息。此外，根据同刊中截至4月30日为止所刊登广告信息加以整理，如表4-15所示：

表4-15　1924年4月至5月近海邮船会社出航一览表

号数	目的地	船名	出港日	时刻	经由地	停泊港	停泊港	停泊港	停泊港
13246	基隆	信浓丸	401	正午	门司				
13246	基隆	备后丸	406	正午	门司				
13248	基隆	因幡丸	411	正午	门司				

① 『東京朝日新聞』東京朝日新聞社、1923年4月1日、4頁。

② 此处使用的《神户又新日报》是神户市文书馆收藏的复印本。

(续表)

号数	目的地	船名	出港日	时刻	经由地	停泊港	停泊港	停泊港	停泊港
13258	基隆	信浓丸	416	正午	门司				
13258	基隆	备后丸	421	正午	门司				
13265	基隆	因幡丸	426	正午	门司				
13271	基隆	备后丸	501	正午	门司				
13272	基隆	备后丸	506	正午	门司				
13246	高雄	大连丸	402		门司	基隆	安平		
13248	高雄	三重丸	405		大阪	横滨	基隆		
13261	高雄	三重丸	416		门司	基隆	安平		
13271	高雄	明地丸	427		门司	基隆	安平		
13275	高雄	第二养老丸	506		门司	基隆	安平		
13255	大连 · 牛庄	山东丸	410	正午	长崎				
13271	大连 · 牛庄	山东丸	430	正午	长崎				
13246	天津	淡路丸	404	上午 10 时	门司				
13251	天津	芝罘丸	409	上午 10 时	门司				
13255	天津	营口丸	414	上午 10 时	门司				
13265	天津	淡路丸	420	上午 10 时	门司				
13271	天津	营口丸	430	上午 10 时	门司				
13246	北海道	平仁丸	401		大阪	下津	横滨	函馆	小樽
13248	北海道	赞岐丸	405		大阪	横滨	函馆	小樽	大泊
13251	北海道	第二养老丸	408		大阪	横滨	函馆	小樽	
13255	北海道	仁昌丸	412		大阪	横滨	函馆	小樽	
13261	北海道	仁昌丸	416		大阪	横滨	函馆	小樽	
13265	北海道	第二正木丸	420		大阪	小樽			
13271	北海道	大荣丸	427		大阪	横滨	函馆	小樽	
13275	北海道	神瑞丸	502		大阪	横滨	函馆	小樽	

近海邮船会社的台湾航线,由从日本邮船会社接手过来的信浓丸、后备丸、因幡丸 3 艘船舶从神户经由门司前往台湾北部良港基隆。此外,大连丸、三重

丸、明地丸、第二养老丸等船舶经由门司、基隆及其台湾南部的安平航行前往高雄。山东丸的大连—牛庄航线，途经长崎前往中国东北部。淡路丸、芝罘丸、营口丸3艘船舶途中在门司停靠后前往天津。北海道航线方面，船舶从神户出发，途中停靠大阪、横滨、函馆，抵达小樽。

《神户又新日报》第13278号(1923年5月3日)《递信省辅助航线指令书交付》一文中有如下记述：

递信省相关辅助航线中，除横滨—伦敦线、神户—西雅图线、神户—香港线、横滨—墨尔本线及宜昌—重庆线外，远洋近海及地方各指定航线，其补助预算原定于大正十一年或大正十二年末全部终止。但这些航线对我国内外交通贸易来讲，依旧不可或缺，因此决定继续保留。并且新增数条指定航线，如近海航线中添加青岛线，地方航线中添加函馆—青森线。制作完成的上述航线在大正十二年之后的三年间补助预算方案，提交第四十六届议会，获得通过。近畿航线除浦盐巡航线外，内容大体如前所述，于四月一日由递信省直接向各公司分别下达指令书。此外，地方航线则由各地方厅分别向各公司发出指令。于四月三十日完成全部计划。

之后，在各航线介绍中，公布了船舶名及中途停靠港等。使用船数、航海次数及接受指令公司名称如下所示：

航路	使用船数	航海次数	经营者
长崎—上海	二	九〇	日本邮船会社
神户—上海	四	一〇四	日本邮船会社
横滨—上海	三	六〇	日本邮船会社
神户—天津	三	五二	近海邮船会社
神户—牛庄	一	一二	近海邮船会社
横滨—牛庄	三	三六	近海邮船会社
桦太线	二	六〇	近海邮船会社
爪哇盘谷	二	二〇	大阪商船会社
大连线	四	一〇四	大阪商船会社

浦盐直航	一	四八	大阪商船会社
鹿儿岛那霸	二	一〇四	大阪商船会社
爪哇线	四	一八	南洋邮船会社
南支那沿岸	二	三六	日清汽船会社
上海—汉口	八	二七〇	日清汽船会社
汉口—宜昌	三	八四	日清汽船会社
汉口—湘潭	二	六八	日清汽船会社
汉口—常德	一	一二	日清汽船会社
宜昌—重庆线	二	二四	日清汽船会社
青岛线	三	七二	日本邮船会社 大阪商船会社 原田汽船会社
本州—北海道联络	二	三六五	北日本汽船会社
尼古拉那夫斯克线	一	一〇	北日本汽船会社
彼得罗巴浦洛夫斯克	一	七	栗林商船会社
朝鲜西岸线	一	二四	朝鲜邮船会社

上述记述表明,日本政府授权近海邮船会社经营的指定航线有:日本至渤海沿岸、近海的天津、牛庄、大连等航线。

1933 年日本邮船会社的《营业手册》中的“四、近海航路”作了如下记述:

近海航线由近海邮船会社直接经营,其主要航线如下:

基隆神户线(每两周三次)

使用船舶　大和丸(总一〇〇〇〇吨)　朝日丸(总一〇〇〇〇吨)

吉野丸(总九〇〇〇吨)

停靠港　神户、门司、基隆

本线路作为台湾总督府指定航线,出航船舶不仅船体巨大、动力大速度快,而且优良的设备、周到的待遇也是其特色所在。

横滨天津牛庄线(每月八次)

使用船舶　淡路丸(总一九五〇吨)　玄武丸(总一八七〇吨)

宫浦丸(总一八六〇吨)　胜浦丸(总一七三〇吨)

花笑丸(总一四七〇吨)　祥保丸(总一三二一吨)

停靠港　横滨、名古屋、大阪、神户、长崎、天津、牛庄

此乃本邦与北支那诸港间的贸易路线。

神户天津线(每两周三次)

使用船舶　景山丸(总二五〇〇吨)　南岭丸(总二一〇〇吨)

北岭丸(总二一〇〇吨)

停靠港　大阪、神户、门司、天津

此乃本邦关西诸港到北支那门户天津最为便捷的通道。

函馆桦太线(每月六次)

使用船舶　千岁丸(总二六七〇吨)　营口丸(总一八五〇吨)

停靠港　函馆、青森、小樽、大泊、本斗、真冈

此乃通往桦太的交通干线。

除上述航线外,本公司还经营高雄—横滨线、台湾—朝鲜—满洲线、小笠原岛线、神户—小樽东回及西回线、东京—小樽线、大阪—惠须取线、神户—钏路线、阪神—朝鲜线、小樽—惠须取线、函馆—千岛线、大泊—敷香线、大冶线等,并且按照旅客及货物的市场需求临时调度船舶出航。此外,在冬季冰期,以上中途停靠港及船舶配置也会有所变动。①

如上所述,1933 年近海邮船会社当时的主力航线有如下三条:基隆—神户线的台湾航线、横滨—天津—牛庄及神户—天津线的中国航线、函馆—桦太线。

三、近海邮船会社的台湾航线

《台湾日日新报》第 8163 号(1923 年 2 月 14 日)《地方近事》栏目中基隆项

① 日本郵船株式会社『營業案内』小島印刷社、1933 年、22—24 頁。

记述如下:

> 近海邮船会社　之前已报导邮船会社近海部将从总公司分离并成立近海邮船株式会社,基隆分公司不会因此发生任何变动,相反因为利益均沾有望加薪。①

如上记述,近海邮船会社所开展的前往台湾的航运,实际上是对日本邮船会社台湾航运体制的继承。

其他公司眼见近海邮船会社成立,无法袖手旁观。《台湾日日新报》第 8216 号(1923 年 4 月 8 日)刊登《近海邮船与社外船》(东京特电)②一文,对此进行报道。

> 近海邮船会社成立使社外船产生了严重危机感。原本,作为近海邮船会社的定期航线,在台湾方面,神户—基隆间运航有信浓、后备、因幡三艘,大阪商船会社有笠户、亚米利加、香港三艘,两家公司共六千吨级的客货船,由于以上依照总督府指令展开航运,因此未出现太大竞争。日本邮船会社、大阪商船会社、山下汽船会社三家公司在横滨—高雄间签有运费协议,在肥料及砂糖运输方面,三井物产也不时依据运费协定派船参与航运竞争。近海邮船会社在成立之初,标榜在半年内获取一百六十万元的营业收益,因此表面上遵从协定私下却以低廉的运费来争夺货物运输。近来由于降价竞争,逐步出现航运集中于近海邮船会社一家的现象。最近,栗林汽船会社开始加入在横滨—高雄航路运费的竞争。目前航路运费保持平稳的是天津航

① 《台湾日日新报》(影印本)(第 88 册),台北:台湾日日新报社,1994 年 8 月,第 384 页。

② "社外船"的这一概念自古存在。自日本江户时代起,多数船舶公司使用传统型"大和船"、西洋式帆船及轮船在沿海航线中开展航运。社外船这一名称正式得到使用是在明治二十五年前后。在大阪商船会社及日本邮船会社成立后,出现了其他船舶公司的船舶与上述两家公司相竞争,这些中小型船舶公司为对抗政府扶持下的近海邮船会社和大阪商船会社而组成日本海运同盟会。自明治二十五年始,属日本邮船会社与大阪商船会社的船舶被称为社船,而上述两家公司以外公司的船舶被称为社外船,其中所属三井会社、三菱会社的船舶称之为除外船。——译者注

线，该航路是日本邮船会社与大阪商船会社共同开发结成同盟的产物。据说在近海航运中，社外船与近海邮船会社间的竞争会愈发激烈。(6日发行)①

如上所述，近海邮船会社的成立，对号称社外船的中小型轮船会社造成了威胁。

《台湾日日新报》第8215号(1923年4月7日)登载的出航广告中，出现了所属日本邮船会社的信浓丸、备后丸、因幡丸三艘船舶，如表4-16所示：

表4-16　1923年4月日本邮船会社台湾航路出港表②

出港日(月/日)	船名	出港地	时刻	目的地	号数
4/09	信浓丸	基隆	午后四点	门司、神户	8215
4/13	备后丸	基隆	午后四点	门司、神户	8215
4/19	因幡丸	基隆	午后四点	门司、神户	8215

然而，第二天该刊第8216号中登载的上述三艘船舶的出航广告，并未以日本邮船会社的名义出现，而是使用了"近海邮船会社"的名义。该刊截止六月末刊登的广告整理如表4-17所示：

表4-17　1923年4月至6月近海邮船会社台湾航路出港表

出港日(月/日)	船名	出港地	目的地	号数
4/09	信浓丸	基隆	门司、神户	8218
4/14	备后丸	基隆	门司、神户	8218
4/19	因幡丸	基隆	门司、神户	8218
4/23	信浓丸	基隆	门司、神户	8219
4/29	备后丸	基隆	门司、神户	8219
5/03	因幡丸	基隆	门司、神户	8240
5/09	信浓丸	基隆	门司、神户	8240

① 《台湾日日新报》(影印本)(第88册)，台北：台湾日日新报社，1994年8月。

② 同上，第47页。

(续表)

出港日(月/日)	船名	出港地	目的地	号数
5/12	明地丸	高雄	名古屋、横滨	8241
5/19	因幡丸	基隆	门司、神户	8257
5/22	第二养老丸	高雄	名古屋、横滨	8257
5/23	信浓丸	基隆	门司、神户	8257
5/24	大连丸	高雄	神户、大阪、名古屋、横滨	8263
5/29	备后丸	基隆	门司、神户	8257
6/03	因幡丸	基隆	门司、神户	8262
6/09	信浓丸	基隆	门司、神户	8262
6/13	备后丸	基隆	门司、神户	8270
6/13	三重丸	高雄	门司、神户、名古屋、横滨	8276
6/19	因幡丸	基隆	门司、神户	8276
6/23	信浓丸	基隆	门司、神户	8282
6/28	第二养老丸	高雄	门司、神户、大阪、名古屋、横滨	8292
6/29	备后丸	基隆	门司、神户	8287
7/03	因幡丸	基隆	门司、神户	8292

资料来源:《台湾日日新报》(影印本)(第 88 册),台北:台湾日日新报社,1994 年 8 月。

四、近海邮船会社的天津航线

近海邮船会社运营从日本出发的航线,其继承日本邮船会社所开拓的天津航线,有意开拓有北京外港之称的天津市场。

1924 年(大正十三年)6 月 27 日,兵库县知事平塚广义向递信大臣犬养毅、农商务大臣高桥是清、外务大臣币原喜重郎、内务大臣若槻礼次郎等致《近海邮船会社天津航线新船返航相关文件》,内容如下:

近海邮船会社神户—天津间的指定航线开始运行,正在建造中的横滨船渠会社两艘新船舶“南岭丸”及“北岭丸”,也即将在本月末竣工,两船皆为三千吨级的客货船，“南岭丸”将在未来的七月份驶往神户港，于该月七号代替淡路丸从神户出航，同时，“北岭丸”于二十二日代替芝罘丸展开处女航，从该航线撤出的淡路丸、芝罘丸，当前尚未确定其用途，或许投入横滨—牛庄航线的航运。特此汇报。[①]

1925年(大正十四年)4月24日，近海邮船株式会社船客部门在向外务省亚细亚局寄出的信件中写道：“关于我公司北支那航线本年度定期航班最新调整，敬请参考附件。”[②]随信提交以下材料：

一、神户—天津航班表　五页

一、神户—牛庄航班表

一、横滨—牛庄航班表

依据《神户—天津线·自大正十四年四月至大正十五年三月》[③]相关资料，可知大正十四年大阪出港的航班表。据此整理成表4-18，即4月到5月初的航班表。

表4-18　1925年4月至5月近海邮船神户—天津航路运航表

港名	出发/到达	时刻	月/日	月/日	月/日	月/日	月/日	月/日	月/日
大阪	出发	上午	4/03	4/08	4/13	4/19	4/24	4/29	5/05
神户	到达	上午	4/03	4/08	4/13	4/19	4/24	4/29	5/05
	出发	上午	4/04	4/08	4/13	4/19	4/24	4/29	5/05

① 「大阪商船北米航路日数短縮ト近海郵船ノ天津航路新船廻航」、外務省外交史料館所蔵、登録号B-3-6-4-38。

② 「本邦汽船会社外国航路関系雑件」、外務省外交史料館所蔵、請求記号：B-F-1-6-0-7-1。

③ 同書。

(续表)

港名	出发/到达	时刻	月/日	月/日	月/日	月/日	月/日	月/日	月/日
门司	到达 出发	上午 下午	4/05	4/09	4/14	4/20	4/25	4/30	5/06
天津	到达	正午	4/08	4/14	4/18	4/24	4/30	5/04	5/10
天津	出发	上午	4/11	4/16	4/21	4/27	5/02	5/07	5/13
门司	到达 出发	上午 下午	4/14	4/20	4/24	4/30	5/06	5/10	5/16
神户	到达	下午	4/15	4/21	4/25	5/01	5/07	5/11	5/17
	出发	上午	4/16	4/22	4/26	5/02	5/08	5/12	5/18
大阪	到达	下午	4/16	4/22	4/26	5/02	5/08	5/12	5/18

依据《神户—牛庄线 · 自大正十四年四月至大正十五年三月》[①]相关资料，可知大正十四年大阪出港的航班表。据此整理成表 4-19，即 4 月到 5 月初的航班表。

表 4-19　1925 年 4 月至 5 月近海邮船神户—牛庄航路运航表

港名	出发/到达	时刻	月/日	月/日	月/日	月/日	月/日	月/日	月/日
大阪	出发	上午	4/09	4/29	5/19	6/08	6/28	7/18	8/05
神户	到达	上午	4/09	4/29	5/19	6/08	6/28	7/18	8/07
	出发	上午	4/10	4/30	5/20	6/09	6/29	7/19	8/08
长崎	到达 出发	上午 下午	4/12	5/02	5/22	6/11	7/01	7/21	8/10
大连	到达	上午	4/15	5/05	5/25	6/14	7/04	7/24	8/13
	出发	上午	4/16	5/06	5/26	6/15	7/05	7/25	8/14
牛庄	到达	正午	4/17	5/07	5/27	6/16	7/06	7/26	8/15
牛庄	出发	上午	4/19	5/09	5/29	6/18	7/08	7/28	8/17

① 「本邦汽船会社外国航路関系雑件」、外務省外交史料館所蔵、請求記号:B-F-1-6-0-7-1。

（续表）

<table>
<tr><th>港名</th><th>出发/到达</th><th>时刻</th><th>月/日</th><th>月/日</th><th>月/日</th><th>月/日</th><th>月/日</th><th>月/日</th><th>月/日</th></tr>
<tr><td rowspan="2">大连</td><td>到达</td><td>上午</td><td>4/20</td><td>5/10</td><td>5/30</td><td>6/19</td><td>7/09</td><td>7/29</td><td>8/18</td></tr>
<tr><td>出发</td><td>下午</td><td>4/21</td><td>5/11</td><td>5/31</td><td>6/20</td><td>7/10</td><td>7/30</td><td>8/19</td></tr>
<tr><td rowspan="2">长崎</td><td>到达</td><td>上午</td><td rowspan="2">4/24</td><td rowspan="2">5/14</td><td rowspan="2">6/03</td><td rowspan="2">6/23</td><td rowspan="2">7/13</td><td rowspan="2">8/02</td><td rowspan="2">8/22</td></tr>
<tr><td>出发</td><td>下午</td></tr>
<tr><td rowspan="2">神户</td><td>到达</td><td>上午</td><td>4/26</td><td>4/16</td><td>6/05</td><td>6/25</td><td>7/15</td><td>8/04</td><td>8/24</td></tr>
<tr><td>出发</td><td>上午</td><td>4/27</td><td>4/17</td><td>6/06</td><td>6/26</td><td>7/16</td><td>8/05</td><td>8/25</td></tr>
<tr><td>大阪</td><td>到达</td><td>上午</td><td>4/27</td><td>4/17</td><td>6/06</td><td>6/26</td><td>7/16</td><td>8/05</td><td>8/25</td></tr>
</table>

依据《横滨—牛庄线·自大正十四年四月至大正十五年三月》[①]相关资料，可知大正十四年大阪出港的航班表。据此整理成表4-20，即4月到5月初的航班表。

表4-20 1925年4月至5月近海邮船横滨—牛庄航路运航表

<table>
<tr><th>港名</th><th>出发/到达</th><th>时刻</th><th>月/日</th><th>月/日</th><th>月/日</th><th>月/日</th><th>月/日</th><th>月/日</th><th>月/日</th></tr>
<tr><td>横滨</td><td>出发</td><td>上午</td><td>4/03</td><td>4/13</td><td>4/23</td><td>4/30</td><td>5/10</td><td>5/20</td><td>5/27</td></tr>
<tr><td rowspan="2">名古屋</td><td>到达</td><td rowspan="2">上午</td><td rowspan="2">4/04</td><td rowspan="2">4/14</td><td rowspan="2"></td><td rowspan="2">5/01</td><td rowspan="2">5/11</td><td rowspan="2"></td><td rowspan="2">5/28</td></tr>
<tr><td>出发</td></tr>
<tr><td rowspan="2">四日市</td><td>到达</td><td>上午</td><td rowspan="2"></td><td rowspan="2"></td><td rowspan="2">4/24</td><td rowspan="2"></td><td rowspan="2"></td><td rowspan="2">5/21</td><td rowspan="2"></td></tr>
<tr><td>出发</td><td>下午</td></tr>
<tr><td rowspan="2">大阪</td><td>到达</td><td>下午</td><td>4/05</td><td>4/15</td><td>4/25</td><td>5/02</td><td>5/12</td><td>5/22</td><td>5/29</td></tr>
<tr><td>出发</td><td>上午</td><td>4/07</td><td>4/17</td><td>4/27</td><td>5/04</td><td>5/14</td><td>5/24</td><td>5/31</td></tr>
<tr><td rowspan="2">长崎</td><td>到达</td><td>上午</td><td rowspan="2"></td><td rowspan="2"></td><td rowspan="2"></td><td rowspan="2"></td><td rowspan="2"></td><td rowspan="2"></td><td rowspan="2"></td></tr>
<tr><td>出发</td><td>下午</td></tr>
<tr><td rowspan="2">大连</td><td>到达</td><td>上午</td><td>4/11</td><td>4/21</td><td>5/01</td><td>5/08</td><td>5/18</td><td>5/28</td><td>6/04</td></tr>
<tr><td>出发</td><td>上午</td><td>4/12</td><td>4/22</td><td>5/02</td><td>5/09</td><td>5/19</td><td>5/29</td><td>6/05</td></tr>
<tr><td rowspan="2">天津</td><td>到达</td><td>下午</td><td>4/13</td><td>4/23</td><td>5/03</td><td>5/10</td><td>5/20</td><td>5/30</td><td>6/06</td></tr>
<tr><td>出发</td><td>上午</td><td>4/15</td><td>4/25</td><td>5/05</td><td>5/12</td><td>5/22</td><td>6/01</td><td>6/08</td></tr>
</table>

① 「本邦汽船会社外国航路関系雑件」、外務省外交史料館所蔵、請求記号：B-F-1-6-0-7-1。

(续表)

港名	出发/到达	时刻	月/日	月/日	月/日	月/日	月/日	月/日	月/日
牛庄	到达	下午	4/16	4/26	5/06	5/13	5/23	6/02	6/09
牛庄	出发	上午	4/18	4/28	5/08	5/15	5/25	6/04	6/11
大连	到达	上午	4/19	4/29	5/09	5/16	5/26	6/05	6/12
	出发	上午	4/20	4/30	5/10	5/17	5/27	6/06	6/13
长崎	到达	上午							
	出发	下午							
神户	到达	上午							
	出发	下午							
横滨	到达	上午	4/25	5/05	5/15	5/22	6/01	6/11	6/18

天津《大公报》第 1393 号(1926 年 11 月 19 日)刊登了一篇题为《天津之上海化》的社评,其中对天津的当时状况作了形象化的描述。原文如下:

自从北方战争,连年不息,天津租界一天比一天发达。我们试到各处租界走走,哪一处不在建筑新屋。法租界梨栈一带,热闹得和上海公共租界的南京路差不多。加以华界税捐繁重,商人趋避苛征,只好托庇外力。近来日法租界新建筑的泰康等商场房屋,不下三四处,这都是华界中级以下商店的避难地。为渊驱鱼,为丛驱爵,中国官场的自杀政策,这不过是举其一端。

原来上海这个地方,从前清末年便是维新派政治运动的大本营。报馆事业发达,舆论也以上海为发源地。天津在近年也是政治活动的后台。从督军团到前年的倒曹拥段,都是拿天津作策划根据地。不过从前是偏向旧的一路,将来时局变化思想进步,天津必然成为改造北方政治最有关系的地方,从而新闻事业也大有发展的希望。因为上海近年已过于商业化,办报的专讲赚钱,不甚热心国事,所以报丛尽管销得多,在政治上是没有多大关系,还不如早年报馆不赚钱的时代有力量。从精神上讲,在天津办报,或者比现在在上海办报力量更大。这又是天津之上海化之一端。

但是天下事,有利就有害,文明进步,尤其是物资文明进步,其弊害也是无可避免。如生活费之腾贵,风俗之奢靡,青年男女之堕落,强盗诈欺之犯罪,都是随物质文明进步以俱来。我们拿前五年天津社会和现在的天津社会比较,有不胜今昔之感。自今以往,租界越繁盛,法律上道德上的犯罪越加多。这事只要拿上海作比例,是可以断言的,不知道住天津的寓公是不是与我们同感?①

由以上报道可知,天津正呈现出类似于中国最大都市上海的倾向。

天津设有租界,其中包括日本租界。对居住在日本租界的中国人进行的调查见于《大公报》第8798号(1928年1月17日),《日租界华人户口调查 △三三三二户 △三一一五五人》的报道中:

据日本租界局调查课去年十二月末之调查,日租界居住之中国人计普通住家男一万七千九百四十二人、女九千一百四十六人、被雇于日人者男三千六百十人、女四百五十七人。合计男二万一千五百五十二人、女九千六百零三人、总计三万一千一百五十五人(较去年七月末之调查,增加一千七百六十二人)。三千三百三十二户(较去年七月末增加一百九十九户)的职业类别如下。

赋闲者	一〇四六户	店伙职工等	六二五户	军政界住宅	三一三户
妓馆	二〇四户	杂货商	一一一户	裁缝	八三户
木匠及包工	七五户	大饼果子包子铺	五八户	钱铺	五五户
煤炭业	四一户	旅馆及饭馆	三四户	牛羊猪肉铺	二八户
纸烟商	二七户	米面铺	二六户	医院医生	二五户
叫卖小贩	二五户	绸缎庄	二三户	当铺	二十户
洋货店	十九户	金店	十八户	鞋铺	十八户
理发业	十五户	洋车马车行	十四户	油漆业	十四户
洗衣房	十二户	进出口业	十一户	报馆通信社	十一户

① 人民出版社影印:《大公报》(天津)(第77分册),北京:人民出版社,1982年,第619页。

律师	五户	学校	三户	其他	三四四户
总计	三千三百三十二户①				

如上所示,根据 1927 年 12 月底日本租界局调查课调查,在日租界居住的中国普通住家男性 17942 人、女性 9146 人,被日本人雇用的男性 3610 人、女性 457 人。合计男性 21552 人、女性 9603 人,总计有 31155 名中国人在日租界居住。职业多种多样,其中工匠居多。

关于近海邮船会社的记述,见于《大公报》第 1392 号(1926 年 11 月 18 日)"贵阳丸窃案"的报道中:

> 日本近海邮船公司之贵阳丸水手长室,于昨晚发生失窃案,计失去衣服多件、银表一只、储金券五元一张、劝业债券十元券二张、二十元券一张、日德战争行赏纪念储金册一册。现已报告日本警察署,严行查缉云。②

近海邮船会社的贵阳丸水手长室遭强盗入内,丢失衣服、表、储金券等物品。从该报道可知,1926 年 11 月这段时间,贵阳丸已执行天津航线。

《大公报》中出现近海邮船会社出航报道是在之后的 1928 年 10 月底。依据 1928 年 10 月到 1929 年 2 月的出航广告,整理成表 4-21。

近海邮船会社的天津航线从天津出发,经由门司、神户,开往大阪。此外,大连汽船会社也开设了天津航线,以大连为起点,驶往天津。

---

① 人民出版社影印:《大公报》(天津)(第 82 分册),北京:人民出版社,1982 年,第 169 页。

② 人民出版社影印:《大公报》(天津)(第 77 分册),北京:人民出版社,1982 年,第 617 页。

表 4-21　近海邮船会社 1928 年 10 月至 1929 年 2 月航程表

出港日(月/日)	船名	会社名	时刻	目的地	号数	册-页
10/28	景山丸	近海		塘沽、神户、门司、大阪	8717	81-219
10/29	天汐丸			大连	8717	81-219
11/03	唐山丸		午时	大连、青岛、上海	8720	81-249
11/04	盛景丸		午时	大连、青岛、上海、福州	8720	81-249
11/05	长城丸		午时	门司、神户、大阪	8720	81-249
11/08	景山丸	近海	午时	门司、神户、大阪	8720	81-249
11/02	济通丸	大连	午时	大连	8720	81-249
11/04	天汐丸		午时	大连	8720	81-249
11/07	济通丸	大连	午时	大连	8720	81-249
11/13	济通丸	大连		大连	8729	81-317
11/14	华山丸			大连、青岛、上海	8729	81-317
11/15	长沙丸			大连、青岛、上海	8729	81-317
11/15	天汐丸			大连	8729	81-317
11/19	济通丸	大连		大连	8729	81-317
11/21	唐山丸			大连、青岛、上海	8729	81-317
11/25	神州丸			大连、上海	8742	81-420
11/26	福建丸			大连、上海	8742	81-420
11/28	大连丸			大连·上海	8742	81-420
12/09	唐山丸			大连、青岛、上海	8754	81-525
12/19	华山丸			大连、青岛、上海	8754	81-525
12/26	唐山丸			大连、青岛、上海	8754	81-525
01/11	榊丸			青岛、上海	8789	82-079
01/14	天津丸			青岛、上海	8789	82-079
01/18	大连丸			青岛、上海	8789	82-079
01/21	天津丸			青岛、上海	8789	82-079

(续表)

出港日(月/日)	船名	会社名	时刻	目的地	号数	册-页
01/24	大连丸			青岛、上海	8789	82-079
01/27	榊丸			青岛、上海	8789	82-079
01/09	天潮丸			大连	8789	82-079
01/12	济通丸			大连	8789	82-079
01/15	天潮丸			大连	8789	82-079
01/19	济通丸			大连	8789	82-079
01/11	长江丸			门司、神户、大阪	8789	82-079
01/16	长安丸			门司、神户、大阪	8789	82-079
01/21	长城丸			门司、神户、大阪	8789	82-079
01/26	长江丸			门司、神户、大阪	8789	82-079
02/11	大连丸		上午11时	大连	8815	82-334
02/15	济通丸		上午11时	大连	8815	82-334
02/18	天潮丸		上午2时	大连	8815	82-334
02/21	济通丸		下午3时	大连	8815	82-334
02/24	天潮丸		上午6时	大连	8815	82-334
02/27	济通丸		上午9时	大连	8815	82-334
02/14	榊丸		上午11时	青岛、上海	8815	82-334
02/17	天津丸		上午11时	青岛、上海	8815	82-334
02/20	大连丸		上午11时	青岛、上海	8815	82-334
02/23	榊丸		上午11时	青岛、上海	8815	82-334
02/26	天津丸		上午11时	青岛、上海	8815	82-334
02/16	唐山丸			大连、青岛、上海	8815	82-334
02/16	盛京丸			大连、青岛、上海	8815	82-334
02/27	华山丸			大连、青岛、上海	8815	82-334
02/27	长沙丸			大连、青岛、上海	8815	82-334

（续表）

出港日（月/日）	船名	会社名	时刻	目的地	号数	册-页
02/21	长江丸		下午	塘沽、门司、神户、大阪	8815	82-334
02/16	长安丸		下午	塘沽、门司、神户、大阪	8815	82-334
02/17	北岭丸	近海	下午	塘沽、门司、神户、大阪	8815	82-334
02/21	长城丸		下午	塘沽、门司、神户、大阪	8815	82-334
02/22	南岭丸	近海	下午	塘沽、门司、神户、大阪	8815	82-334
02/26	长江丸		下午	塘沽、门司、神户、大阪	8815	82-334
02/27	景山丸	近海	下午	塘沽、门司、神户、大阪	8815	82-334

图 4-5　天津航路案内

四、近海邮船会社的大连航线

大连发行的《满洲日日新闻》第 5713 号附录中,登载有大正三十年(1921 年)四月从大连出航的轮船航运表,如图 4-6:

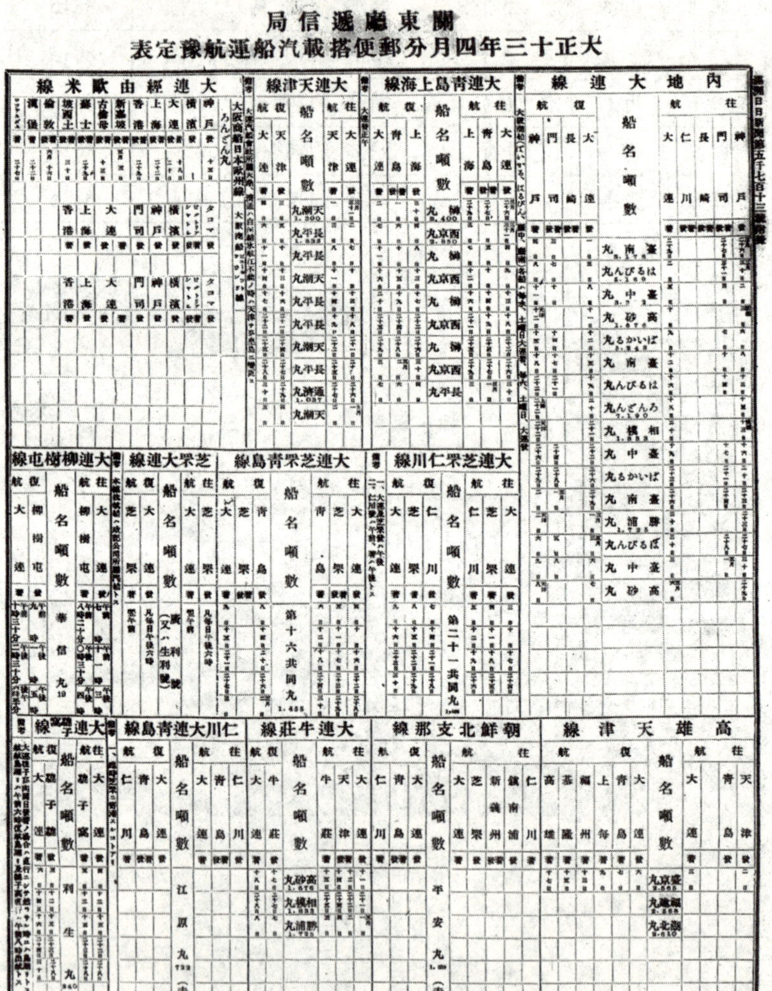

關東廳遞信局

大正十三年四月分郵便搭載汽船運航豫定表

內地大連線

大連上海青島線

大連天津線

大連經由歐米線

大連芝罘仁川線

大連芝罘青島線

芝罘大連線

大連柳樹屯線

高雄天津線

朝鮮北支那線

大連牛莊線

仁川大連青島線

大連貔子窩線

株式會社 滿洲日日新聞社

图 4-6　关东厅递信局大正三十年四月份邮便搭载汽船运航预定表

从该轮船航运预定表中可看出，航路网四处扩展，不仅有大连通往青岛、芝罘、天津、牛庄等中国沿海地区的航线，还有延伸至欧美、日本、朝鲜半岛及中国台湾地区的航线。

《满洲日日新闻》第 5424 号（1920 年 4 月 28 日）登载的轮船出港广告中，首次出现近海邮船会社的广告。

前一日第 5423 号（1920 年 4 月 27 日）登载的日本邮船会社广告如图 4-7 所示，广告名为《日本邮船出帆》。

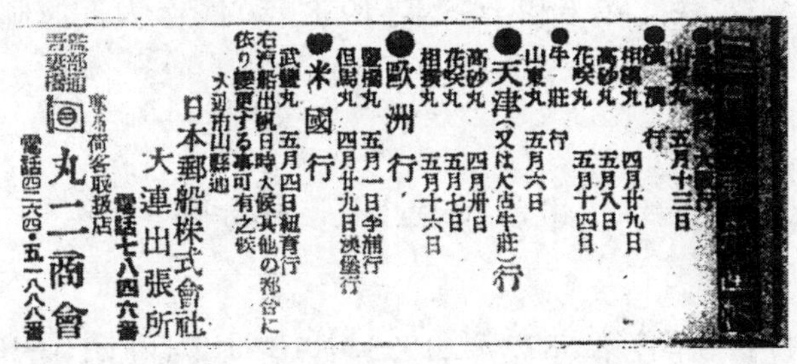

图 4-7

而 28 日登载广告如图 4-8 所示：

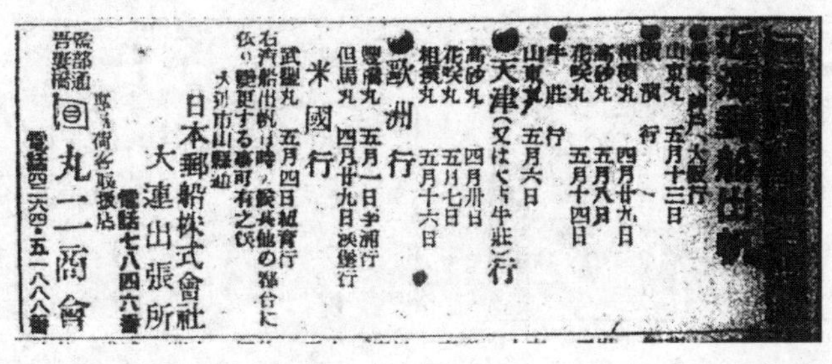

图 4-8

《日本邮船出帆》左侧见有“近海邮船出帆”字样。由于该时期的《满洲日日新闻》微缩胶卷影印不清晰，因此在此选用 10 天后的 5 月 17 日刊载的广告。同样形式的广告一直刊至 10 月 1 日。

由上可知，4 月底至 5 月初的广告中所出现的日本邮船株式会社大连办事处，在此广告中明确记载为近海邮船株式会社大连代理店。

由 5 月份以后登载的大连出港广告信息中可知，近海邮船会社经营从大连到牛庄、天津方面的航运活动。

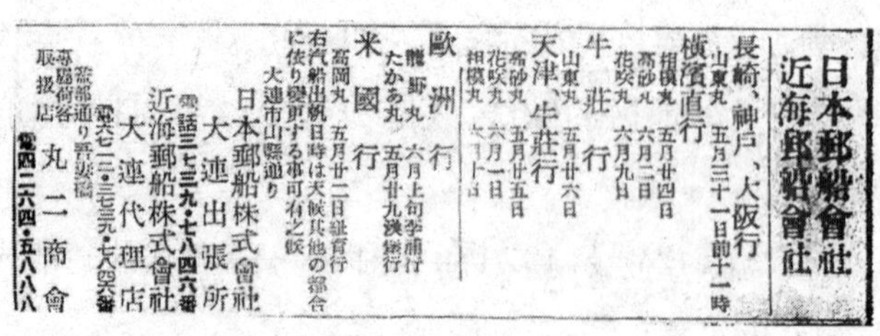

图 4-9

5 月 25 日高砂丸、6 月 1 日花咲丸、6 月 10 日相模丸在近海邮船会社的经营下分别展开航运。花咲丸在昭和十三年(1938 年)底作为近海邮船会社的附属船舶为人所知。

花咲丸　总吨数　1463　重量吨数　2348①

根据《满洲日日新闻》第 5877 号,1923 年 10 月 2 日(图 4-10 左)登载的内容可看出,日本邮船会社与近海邮船会社的名称虽出现在同一页,但已分栏。此外,在 10 月 4 日的广告(图 4-10 右)中,各自社名之上还添加了社旗的标志。

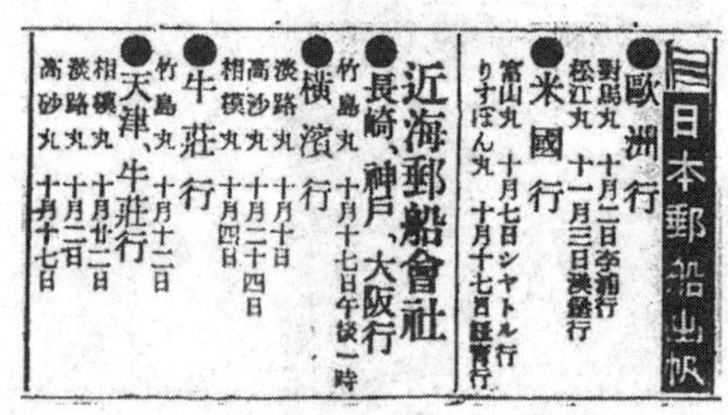

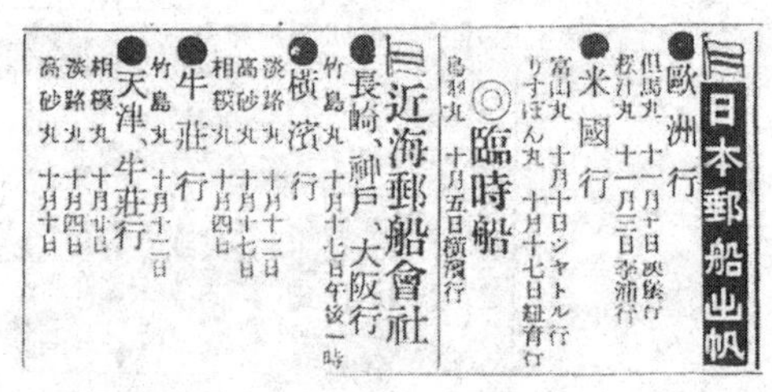

图 4-10

依据《满洲日日新闻》1923 年 10 月份大连港出航广告,整理成表 4-22:

表 4-22　1923 年 10 月至 11 月近海邮船大连出港船名一览表

号数	船名	出港日	目的地
5876	淡路丸	1002	天津、牛庄
5880	相模丸	1006	横滨

① 『三十年史』近海郵船株式会社、1980 年、12 頁。

（续表）

号数	船名	出港日	目的地
5880	高砂丸	1010	天津、牛庄
5880	淡路丸	1012	横滨
5876	竹岛丸	1012	牛庄
5876	竹岛丸	1017	长崎、神户、大阪
5880	高砂丸	1017	横滨
5880	相模丸	1020	天津、牛庄
5884	相模丸	1027	横滨
5880	淡路丸	1030	天津、牛庄
5896	竹岛丸	1101	牛庄
5889	高砂丸	1105	天津、牛庄
5906	竹岛丸	1106	长崎、神户、大阪
5889	淡路丸	1107	横滨
5896	高砂丸	1112	横滨
5896	相模丸	1115	天津、牛庄
5906	相模丸	1122	横滨

近海邮船会社的出现，给大连的轮船公司造成了不小的影响。1920 年 8 月 17 日《满洲日日新闻》第 5519 号出现了一则题为《大连航线船舶调度计划　近海邮船明年开春是否即可实现四千吨级船四艘》的报道：

日本邮船会社在改良原有上海航线的基础上，已经为长崎—上海航线配备了两艘快速船舶，并且在横滨—上海、阪神—上海两条航线中，新投入时速十二海里的六甲丸、筑波丸、阿苏丸外，还有四艘货船正在建造中，预计十月底全部竣工，全部投入上述航线进行航运。由此阪神—上海间运行的日光丸、熊野丸及横滨—上海间运行的八幡丸、春日丸四艘船舶将退出该航线，怎样对这四艘船舶进行处理，还处于考量中。四艘皆为五千吨级船舶，对于远洋航路不免老旧，最终只能被调配到近海进行航运。然而，在近海航路中最为适合调度两船的是阪神—大连间的航线,因此可以预测,明年伊始近海邮船会社将上述四船投入一直被大阪商船会社所垄断的阪神—大连航线中。

如上所述,日本邮船会社在充实其船舶运输过程中,将废置的船舶调配至近海邮船会社所经营的阪神—大连航线中。

此外,1920年8月20日该刊第5522号题为《近海运费现状》一文中写道:

有关近海运费的现状,近海邮船会社将所属多余船舶租借给其他公司,签订租船合约,为此无法对外借船舶进行有效调度。结果造成近海邮船抢占社外船的近海不定期航线,国际、川崎、山下、铃木、胜田五家公司担心运费的跌落因而联合提出抗议。

如上所述,作为以航运界龙头企业的日本邮船会社的子公司面目出现的近海邮船会社,对一直以来以大连为基点进行航运活动的社外船造成了很大的威胁。

近海邮船会社《三十年史》中有记述:

北支那方面,当年为神户天津航线,建造货客船南岭丸及北岭丸,紧接着建造投入景山丸力图充实客船航线。……日满客货运输需求的激增,于昭和九年一月开设鹿儿岛—长崎—大连航线,扩大了航路运营。①

如上所述,自昭和九年(1934年)一月开始运营连接鹿儿岛、长崎、大连的航路。在当时宣传册中留有介绍。在《大连—长崎—鹿儿岛航线介绍· 航行船舶千岁丸》中,开篇内容如下:

① 『三十年史』近海郵船株式会社、6頁。

满洲国　昭和七年三月一日，拥有满蒙三千万民众的世界理想国，顺天安民、王道乐土的新兴之地满洲国，在东亚一隅呱呱坠地。[①]

手册中尚有“溥仪氏于昭和九年三月一日摄政”[②]，可见该手册出版应当在1934年3月以后。此外，从“长崎站到九州主要车站的列车三等运费表”中写有“(现在昭和九年十二月)”[③]，可推断该宣传册为昭和九年十二月以后的出版物。

在大连与长崎、鹿儿岛间进行航运的是“总吨位两千七百吨、拥有最强动力时速十五海里且配备有碎冰装置的上好船舶”千岁丸[④]。有关该船的航运活动，在同一宣传手册中有如表4-23所示：

表4-23　千岁丸航运情况表

目的地	停靠港	出发到达时间	每月出发日期(日)
大连	鹿儿岛	下午2点出发	5　15　25
	长崎	上午7点到达 凌晨2点出发	6　16　26
	大连	下午2点到达	8　18　28
内地	大连	上午11点出发	12　20　30
	长崎	正午到达 下午5点出发	12　22　1/2
	鹿儿岛	上午10点到达	13　23　2/3　⑤

① 「大連　長崎　鹿児島　航路案内　近海郵船株式会社」凸版印刷株式会社本所分工場、内面中央右上。

② 同書。

③ 「大連　長崎　鹿児島　航路案内　近海郵船株式会社」凸版印刷株式会社本所分工場、内面、中央右下。

④ 「大連　長崎　鹿児島　航路案内　近海郵船株式会社」凸版印刷株式会社本所分工場、内面、中央上部。

⑤ 「大連　長崎　鹿児島　航路案内　近海郵船株式会社」凸版印刷株式会社本所分工場、内面、中央左上。

由上可知,千岁丸每月 5 日从鹿儿岛出发,6 日停靠长崎港,于 8 日在大连进港,两天后的 10 日从大连出发,于 12 日停靠长崎,13 日抵达鹿儿岛。之后于 15 到 23 日再次出航,接着又在 25 日到次月的 2、3 日出航,依此进行每月三次的航运活动。

五、小结

如上所述,1923 年从日本邮船会社独立出来的近海邮船会社主要经营横滨—天津—营口线、大连—长崎—鹿儿岛航线及台湾航线等海外航线。其后,伴随日本的海外侵略扩张,众多汽船会社统合,1939 年 8 月成立东亚海运会社,近海邮船会社也在第二年的 8 月再次回归日本邮船会社,最终于 9 月解体。①

特别在 20 世纪 20 年代后半期到 20 世纪 30 年代前半期,近海邮船会社在台湾航线的基隆—神户线中配备 3 艘 10000 吨级的轮船,在中国航线的横滨—天津—牛庄线中配备 6 艘 1300—1900 吨级的轮船,在函馆—桦太线中配备 2 艘 2000 吨级左右的轮船。其中特别重要的是配备巨型船舶的台湾航线。

近海邮船会社在东亚海域的航运活动鲜为人知,或许因为其活动轨迹只有短短 16 年的缘故。但由于乘船促销及给乘船者分发的“航线介绍”等资料得以存留,这成为补充近海邮船会社简史的珍贵资料。

① 『三十年史』近海郵船株式会社、10 頁。

结论

本书考察的是 15 世纪末到 20 世纪初亚洲海域各国间的经济交流与文化交流,以及帆船与轮船等船舶与贸易来往情况。

本书的第一章“海上丝绸之路与明清时期东亚海域的交流”之第一节为“清代帆船载中国砂糖运销日本及其影响”。由于江户时代日本一直坚持所谓的“锁国”政策,与国外的主要文化交流基本上只有以长崎为中心的与中国、荷兰的直接贸易交流,通过对马宗家与朝鲜王国的交流以及通过萨摩藩与中国和琉球国的间接交流。从数量上看,最多的直接交流是江户时代被称为“唐船”的清代帆船与长崎之间的贸易。日本通过清代帆船每年进口大量的中国砂糖,这些砂糖大多产自广东南部、福建南部的沿海地区以及台湾等地。江户前期,砂糖是由中国船直接从原产地运销到日本的。但到了江户后期,不再从原产地直接运销,而是先由中国的沿海商船运到浙江乍浦,再重新装载到前往日本长崎的帆船上。运销到长崎的砂糖大部分被运往大阪,继而销往日本各地。此外,18 世纪初期以后,日本国内也开始种植甘蔗,不仅增加了砂糖的产量,而且也提高了砂糖的质量。本节围绕江户时代的日本对中国砂糖的进口以及日本国内砂糖消费量增加进行论述。第二节为“嘉靖十三年(1535 年)朝鲜使节北京邂逅琉球使节”。朝鲜为明朝一年一贡的朝贡国,而位于东海的琉球则是两年一贡的朝贡国。两国的使节朝贡时一般入住北京的会同馆,因会同馆靠近流经皇城的玉河,朝鲜使节遂称会同馆为玉河馆,两国使节在会同馆时常遇到。本节引用中国、朝鲜、琉球的史料,论述嘉靖十三年朝鲜使节北京邂逅琉球使节事宜。第三节为“清代中国帆船救济漂流至日本之越南人之史实考略”。清朝嘉庆二十年,即日本文化十二年八月,越南难民漂流至日本鹿儿岛县屋久岛。依据德川幕府的规定,一行人被送至长崎。通过到长崎通商的中国船只上通晓越南语的船员的翻译,日方了解到这一行五人为越南士兵,于是安排五人由中国商船遣返至中国乍浦,然后再设法送返越南。本节试对该史实做一考证。第四节为“清代广州与澳门的繁荣——江户时代日本人所看到的广州与澳门”。众所周知,19 世纪初期的广州港由于欧美各国等外国船只的到来而繁荣。[①] 此外,澳门作为葡萄牙

① 邓端本:《广州港史》(古代部分),北京:海洋出版社,1986 年。

进军亚洲的据点而广为人知,生活在江户锁国时代下的日本人漂流海外,在被遣返途中曾停靠广州和澳门。本节依据这些漂流者的记录来论述当时两地的商贸繁荣状况。

第二章的主题是"海上丝绸之路与明清时期东南亚海域的交流"。第一节"成化二十二年(1487年)苏门答剌国使节来航中国"关注中国明朝时期地处东南亚之印度尼西亚的大巽他岛东北部的苏门答剌国。该国因受郑和下西洋等影响,从永乐年间开始遣使赴中国朝贡。根据《明实录》记载,永乐三年之后,苏门答剌国在永乐年间赴华朝贡达十余回,宣德年间同样数度遣使中国,至正统元年间有若干年份中断外,基本上定期遣使赴华朝贡。但是之后突然中断,直至成化十六年再次遣使赴华。然而成化年间的赴华朝贡使节引发了令人不快的纠纷。本节试对成化年间苏门答剌国的明朝朝贡使节作一探讨论述。第二节为"清代前期对欧贸易中之广东与澳门买办"。清代中外交流史中,"买办"作为对外贸易的中介商为人所熟知。马礼逊在1819年的《华英辞典》中将"Maepan 买办"定义为商人的一种,是在大商馆及衙门中置办食品及其他必需品的人;咸丰五年的《华英通语》中也有"买办 Comprador 今啤合那"这一词条,将"买办"解释为执事、外国商馆中的中介商。由此可见买办的含义在清末已在欧美外国人中固定成形了。"买办 Comprador"这一词究竟在何时产生,本节试从清代前期档案史料加以挖掘考察。第三节为"从新加坡报纸看中国海外移民状况"。尽管中国华南沿海,尤其福建南部沿海、广东东北部沿海地区以人口向海外移民闻名,但究竟移民何处,并未得到详细研究。从新加坡发行的报纸,可以了解自厦门和汕头乘船前往新加坡的人数概况。本节依据新闻报道,具体论述1907—1909年自厦门和汕头赴新加坡的中国移民人数。第四节为"清代中国出口欧美的扇子"。清代中国,尤其是广州向欧美出口了各种各样的工艺品,扇子便是其中之一。中国产扇子的大量出口鲜为人知。关于这些扇子的出口数量,在《中国旧海关史料(1859—1948)》中有准确记录。因此本节试就清代中国从广州向欧美出口的扇子略作论述。

第三章讨论"海上丝绸之路与近代东亚海域的船舶"。第一节为"鸦片战争之前来广州的欧美船"。道光十四年,即1834年,英国东印度公司的对华贸易垄断权被全面停止。由此中国清廷治下的粤海关也发生了相应变化。而从英国方面来看,曾经享有对华贸易垄断权的东印度公司撤出对华贸易业务之后,不仅英国的自由贸易商人,还有大量其他欧美国家的商人也开始抵达中国,而六年之后即爆发了鸦片战争。本节主要依据英文报纸《广州新闻》(*The Canton Press*)刊载的《黄埔港船务信息》,试论鸦片战争爆发之前的 1839 年抵达广州的欧美船只。本研究基于当年留存的船舶信息,对鸦片战争爆发之前抵达广州的欧美船只展开论述。第二节为"五口通商后上海、宁波的入港船舶变化"。由于 1842 年的五口通商,中国社会经历了翻天覆地的变化。随着时代的发展,新出现的轮船代替了以前的传统帆船。轮船航运的出现也给沿海港口城市带来了巨大变化,促进了更大规模的货物流通。本节通过上海《申报》的报道,论述了轮船航运的具体变化。第三节为"19 世纪后期英国半岛东方轮船公司之东亚海域航运"。19 世纪中叶以后,不少欧美轮船开始出现在东亚海域。其中有 19 世纪前期创建于欧洲的半岛东方轮船公司,进入亚洲发展其航运事业。半岛东方轮船公司还进入了开国不久的日本,于 1864 年之后开始运营连接日本与上海、香港的航线。该轮船公司的航运活动为东亚地区人员流动作出了巨大贡献。本节主要阐述 19 世纪后期进入东亚海域的半岛东方轮船公司的航运活动以及因此而产生的地区合作。第四节为"宁波商人虞洽卿创办的宁绍商轮公司"。宁波商人曾活跃在上海这块近代中国经济的中心地,从事多种多样的商贸经营活动,并展示出浓厚的乡土意识。而宁波商人的代表人物虞洽卿所创办的宁绍商轮公司尤为典型。宁绍商轮公司乃虞洽卿为了连接中国商业中心上海和故乡宁波的航运交通而创办的轮船公司。如其在《申报》所论:"我宁波绍人居其多数。故宁绍同乡之往来沪甬者,日益繁众,往来沪甬轮船,日形拥挤。其航业之发达,获利之优厚,固已昭昭,任人耳目矣。"(《申报》第 13088 号)上海与宁波之间的轮船航线的开设,无论对于上海,还是对于宁绍人而言,都具有重要意义。本节以近代宁波代表商人虞洽卿为中心,对宁绍商轮公司的创建状况以及该公司的初期航运状况作了一番阐述。

第四章聚焦于"海上丝绸之路与近代中日间轮船航运"。第一节为"清末中日间轮船航运的定期航线"。随着 19 世纪后半叶欧美列强入侵亚洲,抵达中国和日本的西洋式帆船逐渐为轮船所替代。在此大背景下,中日交流也开始步入轮船时代。幕府末期明治初期,美、英、法三国的轮船公司围绕中日航线开展了竞争。1875 年,日本政府授意三菱邮船会社开设连接横滨、神户、下关、长崎和上海之间的航线,这也是日本最早的海外航线。之后,三菱邮船会社改名日本邮船会社,该航线成为中日之间的主干航线。① 另一方面,中国的轮船招商局也力图开辟日本航路,但因日方阻挠而不得不放弃。由此,日本轮船公司的上海定期航路成为近代中日交流的重要渠道。本节主要阐述近代中日两国之间利用这一干线航路开展交流活动的状况。第二节为"1882 年三菱邮便轮船公司从日本运到上海的海产品"。日本的海产品,特别是晒干的鲍鱼、鱼翅、海参,是从江户时代的中后期开始从长崎向中国大量出口的。直到明治时期,日本对中国的海产品出口量非但没有减少,反而大幅增长。目前可考究的是 1882 年 8 月到 10 月两个月日本三菱邮便轮船公司的轮船运载的海产品,特别是海带的数量。本节主要介绍三菱邮便轮船公司的轮船及其载重量等具体情况,以及针对运到上海的日本产海带,是如何被运到中国各地的。第三节为"日清汽船株式会社与中国"。根据日本国策,1907 年日清汽船会社成立。中日甲午战后,根据《马关条约》,日本获得了在中国内河航线开辟轮船航线的特权。如:大东汽船会社的江南航线、大阪商船会社的长江航线、日本邮船会社的长江航线及湖南汽船会社以汉口为中心的湖南航线。日清汽船会社是在合并上述四公司航线的基础上而成立的,直到 1939 年被东亚海运会社吞并为止,其一直主营中国国内的内河航线和沿海航线。该公司活跃在近代中国 30 多年,但其真实情况却鲜为人知。关于主营中国航线的日清汽船会社如何在日本政府的援助下开辟中国航运市场,是本节的论述内容。第四节"北清轮船公司在渤海的航运活动"论述 1911—1913 年间北清轮船公司以大连为中心在渤海海域和山东半岛之间开展航运活动的情况。北清轮船公司仅存在短短两年时间,之后大连合名轮船公司便建立了,继而兴起了大连轮船公司,但少有史料留存。本节参考大连当时发行的报纸,对北清轮船公司在 20 世纪初期开展的大连、渤海、山东半岛沿海航运活动加以论述。

① 松浦章『近代日本中国台灣航路の研究』清文堂、2005 年 6 月。

第五节为“20 世纪初近海邮船会社在东亚海域的航运”。日本著名海运公司日本邮船会社,于 1922 年 4 月决定将“近海部”分离独立出来。1923 年 4 月 1 日近海邮船株式会社成立。这说明近海邮船会社是日本邮船会社的子公司。创立时期的大半股份由日本邮船会社掌控,首任社长伊东米治郎及执行董事岛村浅夫都是日本邮船会社的职员。由此,近海邮船会社继承日本邮船会社所经营的航线,如:递信省指定航线分别有横滨—牛庄线、神户—天津线、神户—牛庄线、函馆—桦太(即库页岛)线,台湾总督府指定航线有基隆—神户线,北海道厅指定航线有函馆—网走—千岛线,东京府指定航线有横滨—小笠原岛线,桦太厅指定航线有横滨—桦太线,自由航线有神户—小樽线、横滨—高雄线、神户—钏路线、小樽—桦太线。其后,根据日本国策,1939 年(昭和十四年)8 月近海邮船会社被东亚海运会社兼并。近海邮船会社从 1923 年成立至 1939 年被兼并,其间活动鲜为人知。本节对近海邮船会社的相关记录进行探究,阐明其历史意义。

19 世纪后半期以后,东亚海域出现了较多的轮船,这使得由轮船航运所带来的人以及物的交流变得频繁起来。同时,也促进了东亚海域世界一体化以及彼此间的文化交流,而经济间的交流表现得尤为明显。

史料汇编

中国史料

[1]故宫博物院:《史料旬刊》,北京:北京图书馆出版社,2008 年。

[2]台湾“中央研究院历史语言研究所”:《明清史料》戊编第二本,台北:精华印书馆,1953 年 3 月。

[3]《清代外交史料·嘉庆朝》,台北:成文出版社,1968 年。

[4]广东省博物馆:《异趣同辉:广东省博物馆藏清代外销艺术精品集》,广州:岭南美术出版社,2013 年。

[5]广西师范大学出版社组织整理,程焕文审定:《美国驻中国广州领事馆领事报告(1790—1906)》,桂林:广西师范大学出版社,2007 年。

[6]台北“故宫博物院”:《宫中档雍正朝奏折》,台北:“故宫博物院”,1978 年。

[7]台北“故宫博物院”:《宫中档乾隆朝奏折》,台北:“故宫博物院”,1987 年。

[8]台北“故宫博物院”:《宫中档嘉庆朝奏折》,台北:“故宫博物院”,1982 年。

[9]〔明〕过庭训:《本(明)朝分省人物考》,台北:成文出版社,1971 年 1 月。

[10]〔清〕贾祯等:《筹办夷务始末》(全 8 册),北京:中华书局,1979 年。

[11]〔明〕焦竑:《国朝献征录》,载《中国史学丛书初编》,台北:台湾学生书局,1984 年。

[12]〔清〕梁廷枏总纂,袁钟仁校注:《粤海关志》,广州:广东人民出版社,2002 年。

[13]〔清〕梁廷枏著,邵循正校注:《夷氛闻记》,北京:中华书局,1985 年。

[14]〔清〕林则徐:《林文忠公政书》,北京:中国书店,1991 年。

[15]〔清〕林则徐著,中山大学历史系中国近代现代教研组编:《林则徐集:公牍》,北京:中华书局,1963 年。

[16]刘素芬:《烟台贸易研究(一八六七——一九一九)》,台北:台湾商务印书馆,1990 年。

[17]刘雨珍、孙雪梅:《日本政法考察记》,上海:上海古籍出版社,2002 年。

[18]〔唐〕陆游:《老学庵笔记》"唐宋史料笔记丛刊",北京:中华书局,1979 年。

[19]聂宝璋:《中国近代航运史资料·第一辑》,上海:上海人民出版社,1983 年。

[20]聂宝璋、朱荫贵:《中国近代航运史资料·第二辑(1895—1927)》,北京:中国社会科学出版社,2002 年。

[21]葡萄牙东波塔档案馆藏:《清代澳门中文档案汇编》(上册),澳门:澳门基金会,1999 年。

[22]中国地主志集成编辑工作委员会:《中国地方志集成》(乡镇志专辑 20),上海:上海书店出版社,1992 年。

[23]〔明〕谈迁:《国榷》,北京:中华书局,1958 年。

[24]田涛:《清朝条约全集》第一卷,哈尔滨:黑龙江人民出版社,1999 年。

[25]王宝平:《晚清中国人日本考察记集成:教育考察记》(上、下),杭州:杭州大学出版社,1999 年。

[26]〔清〕王锡祺:《小方壶斋舆地丛钞》,杭州:西泠出版社,2004 年。

[27]〔清〕徐珂:《清稗类钞》,北京:中华书局,2003 年。

[28]张德信、商传、王熹点校:《名山藏》,福州:福建人民出版社,2010 年。

[29]〔清〕张廷玉等:《明史》,北京:中华书局,1974年。

[30]中国第一历史档案馆:《康熙朝汉文朱批奏折汇编》,北京:档案出版社,1985年。

[31]中国第一历史档案馆:《清代朱批奏折外交类目录》,北京:中国财政经济出版社,1990年。

[32]中国第一历史档案馆:《清代朱批奏折财政类目录》,北京:中国财政经济出版社,1990年。

[33]中国第一历史档案馆:《嘉庆道光两朝上谕档》,桂林:广西师范大学出版社,2000年。

[34]中国第一历史档案馆:《清代中琉关系档案选编》,北京:中华书局,1993年。

[35]中国第一历史档案馆:《清代中国与东南亚各国关系档案史料汇编》,北京:国际文化出版公司,1998年。

[36]中国第一历史档案馆:《清宫粤港澳商贸档案全集》,北京:中国书店,2002年。

[37]中国第二历史档案馆、中国海关总署办公厅:《中国旧海关史料(1859—1948)》,北京:京华出版社,2001年。

[38]中山市档案局、中国第一历史档案馆:《香山明清档案辑录》,上海:上海古籍出版社,2006年。

[39]〔明〕李东阳等撰,〔明〕申时行等重修:《大明会典》,扬州:广陵书社,2007年。

[40]北京图书馆古籍出版编辑组:《北京图书馆古籍珍本丛刊[38]史部·地理类——(嘉靖)广东通志初稿·(康熙)广东舆图·(成化)广州志》,北京:书目文献出版社,1996年。

[41]上海市轮船业同业公会:《航业年鉴》,1936年。

[42]〔明〕陈子龙等:《皇明经世文编》,北京:中华书局,1962年。

[43]〔清〕赵尔巽等:《清史稿》,北京:中华书局,1977年。

[44]《清实录·圣祖仁皇帝实录》,北京:中华书局,2008年。

[45]《清实录·宣宗成皇帝实录》,北京:中华书局,1986年。

[46]〔清〕蒋毓英等:《台湾府志三种》,北京:中华书局,1985年。

[47]《中国地方志集成》,南京:凤凰出版社,2004年。

[48]松浦章、内田庆市、沈国威:《遐迩贯珍——附解题·索引》,上海:上海辞书出版社,2005年。

日本史料

[1]『徳川実記』第九編、吉川弘文館、1982年2月。

[2]村上直次郎訳『長崎オランダ商館の日記』第一輯、岩波書店、1956年1月第一刷、1980年9月第二刷。

[3]大蔵永常『広益国産考』、日本農業全書第14巻、社団法人農山漁村文化協会、1978年12月。

[4]大庭脩編著『唐船進港回棹禄　島原本唐人風説書　割符留帳』関西大学東西学術研究所、1974年3月。

[5]島田勇雄、竹島淳夫、樋口元巳訳注『和漢三才図会』16、東洋文庫521、平凡社、1990年8月。

[6]『支那経済全書』第二輯、東亜同文會、1907年4月。

[7]『支那省別全誌　第4巻　山东省』東亜同文会、1917年9月。

[8]『支那省別全誌　第14巻　福建省』東亜同文会、1920年1月。

[9]『幕末明治中国見聞録集成』ゆまに書房、1997年。

[10]宮崎安貞『農業全書』巻一——巻五、日本農業全書第12巻、社団法人農山漁村文化協会、1978年3月。

[11]『近世風俗見聞集』、国書刊行会、1913年3月。

[12]『三十年史』近海郵船株式会社、1980年7月。

[13]林春勝、林信篤編,浦廉一解説『華夷変態』東洋文庫、1958年3月。

[14]林復斎『通航一覧』清文堂、1913年。

[15]口元巳译注『和漢三才図会』18、東洋文庫532、平凡社、1991年5月。

[16]『七十年史』日本郵船株式会社、1956年7月。

[17]『日本郵船百年史資料』日本郵船株式会社、1988 年。

[18]『日本郵船株式会社五十年史』日本郵船株式会社、1935 年 12 月。

[19]日本郵船株式会社『営業案内』、小岛印刷社、1933 年 3 月。

[20]森永種夫校訂『続長崎實録大成』長崎文献社、1974 年 11 月。

[21]石井研堂校訂『校訂漂流奇談全集』博文館、1900 年 7 月初版、1909 年 1 月再版、1911 年 9 月三版。

[22]石井研堂編、山下恒久再編『石井研堂コレクション:江戸漂流記総集』第三巻、日本評論社、1992 年 7 月。

[23]石上八郎『卯花園漫録』、『新燕石十種』第五巻、中央公論社、1981 年 9 月。

[24]浅居誠一『日清汽船株式会社三十年史及追補』日清汽船株式会社、1941 年 4 月。

[25]「昆布」『清国輸出日本水産図説』農商務省蔵版,1886 年。

[26]水产局編纂『水産貿易要覧』農商務省水産局、1903 年 5 月。

[27]石井良助校訂「海舶互市定例」『徳川禁令考』第 6、創文社、1959 年。

[28]松浦静山『甲子夜話』東洋文庫、平凡社。

[29]松浦章『文化十二年豆州漂着南京永茂船資料—江戸時代漂着唐船資料集九—』関西大学出版部、2011 年 2 月。

[30]田中謙二、松浦章編著『文政九年遠州漂着得泰船資料』関西大学出版部、1986 年 3 月。

[31]『汕頭事情』(在汕頭帝国領事代理副領事河西誠報告)1915 年(大正四年)12 月、60 頁。

[32]『福建省事情』外務省通商局、1921 年。

[33]喜多川貞『類従近世風俗志』魚住書店、1928 年 7 月初版、1964 年 3 月再版。

[34]喜多村香城『五月雨草紙』、『新燕石十種』第三巻、中央公論社、1981 年 4 月。

[35]小山田與清『松屋筆記』国書刊行会、1908 年。

[36]第六類第二号「航海補助ニ関スル建議案委員会会議録」第二回、明治三十九年二月十七日、『帝国議会衆議院委員会議録　明治編 38、第二二回議会　明治三八年』東京大学出版会、1988 年 6 月。

[37]岩崎俊章「東航紀聞」『日本庶民生活史料集成　第五巻　漂流』三一書房、1968 年 9 月。

[38]滝沢馬琴遺稿『異聞雑稿』上冊、『続燕石十種』第二巻、中央公論社、1980 年 7 月。

[39]「本邦汽船会社外国航路関係雑件」、外務省外交史料館所蔵、請求記号:B-F-1-6-0-7-1。

[40]「大阪商船北米航路日数短縮ト近海郵船ノ天津航路新船廻航」、外務省外交史料館所蔵、登録号 B-3-6-4-38。

[41]東京大学史料編纂所『大日本近世史料・唐通事会所日録一』東京大学出版会、1955 年、元禄元年九月二十二日の条。

[42]「大連　長崎　鹿児島　航路案内　近海郵船株式会社」凸版印刷株式会社本所分工場。

[43]『大連汽船株式会社二十年略史』大連汽船株式会社、1935 年 6 月。

[44]田辺茂啓『長崎実録大成正編』巻 11、「唐船入津並難事之部」、長崎文庫刊行会、1928 年。『長崎文献叢書第一集第二巻』長崎文献出版社、1973 年。

[45]『創業百年史資料』大阪三井船舶株式会社、1985 年 7 月。

[46]「第二十七年度前半期事業報告」自昭和八年四月一日至昭和八年九月三十日、日清汽船株式会社。

[47]『官報』第 1964 号、1890 年(明治二十三年)1 月 18 日付「芝罘港穀物商況」。

[48]『官報』第 2083 号、1890 年(明治二十三年)6 月 11 日付「芝罘ノ商業習慣及例規」。

[49]『明治後期産業発達史資料』第 96 巻、龍溪書舎、1992 年 3 月。

[50]「寧波事情ニ係ル件」、外務省外交史料館。

[51]『青丘學叢』第 1 号、大阪屋號書店、1930 年 8 月。

[52]『日本に於ける百年　英一番館　安政六年一昭和三十四年』ジャーディン・マセソン　アンド　カンパニー(ジャパン)リミテッド、東京、1959年。

[53]『社史で見る日本経済史　植民地編　第21巻　大連汽船株式会社略史』ゆまに書房、2003年7月による。

[54]『通商彙纂』不二出版。

[55]『通商彙編』外務省記録局。

[56]『郷土よこはま(横浜)』第119—121号、横浜市図書館普及課、1990年3月。

[57]『支那』第26巻第1号、1935年1月1日。

[58] 東京大学付属図書館蔵『皇明條法事類纂』上巻、古典研究会、1966年6月。

[59]山根幸夫解題『正徳大明會典』第二巻、汲古書院、1989年6月。

琉球史料

[1]沖縄県立図書館『歴代寳案』沖縄県教育委員会、1992年3月。

[2]黄智伟:《历代宝案》,台北:台湾大学,1972年6月。

[3]伊波普猷等『琉球史料叢書』第四、名取書店、1941年9月。

[4]『那覇市史　資料編第一巻六　家譜資料二(下)』那覇市企画部市史編集室、1980年3月。

朝鲜史料

[1]『李朝實録』第二三冊、学習院東洋文化研究所、1959年12月。

[2]林基中:《燕行录全集》,首尔:东国大学出版部,2001年10月。

越南史料

[1]许文堂、谢奇懿:《大南实录清越关系史料汇编》,台北:“中央研究院东南亚区域研究计划”,2000年。

英文史料

[1] *First Report from the Select Committee on the Affairs of the East India Company: China Trade*, London: the House of Commons, 8 July 1830.

[2] *Returns of Trade at The Port of Ningpo, for the year* 1865.

[3] *Returns of Trade at The Port of Ningpo, for the year* 1866.

[4] *Returns of Trade at The Port of China open by Treaty to Foreign Trade for the year* 1867.

[5] *Returns of Trade at The Port of China open by Treaty to Foreign Trade for the year* 1869.

参考书目

报紙

[1]人民出版社影印:《大公报》(天津),北京:人民出版社,1982 年。

[2]《申报》,上海:上海书店出版社。

[3]《盛京时报》(影印本),沈阳:盛京时报影印组,1985 年 2 月。

[4]《台湾日日新报》(影印本),台北:台湾日日新报社,1994 年 8 月。

[5]《商务官报》宣统元年,台北:"故宫博物院",1982 年 1 月。

[6]《交通官报》,邮传部图书通译局官报处。

[7]『東京朝日新聞』東京朝日新聞社、1923 年。

[8]『東京日日新聞』東京日日新聞社。

[9]『横浜毎日新聞』不二出版。

[10]『神戸又新日報』は神戸市文書館所蔵の複印本を利用した。

词典・辞典

[1]黄光域:《近代中国专名翻译词典》,成都:四川人民出版社,2001 年 12 月。

[2]王桧林、朱汉国:《中国报刊辞典(1815—1949)》,太原:书海出版社,1992 年。

[3]郑鹤声:《近世中西史日对照表》,北京:中华书局,1981年。

[4]汉语大词典编纂处:《汉语大词典》缩印本(下卷),上海:汉语大词典出版社,2007年。

[5] Samuel Couling, *The Encyclopaedia Sinica*, Oxford: Oxford University Press, 1917.

[6]Masuda Koh, *Kenkyusha's New Pocket English-Japanese Dictionary*, Tokyo: Kenkyusha, 1965.

[7]愛知大学中日大辞典編纂『中日大辞典』中日大辞典刊行会、1968年2月初版。

[8]上野専一『支那貿易物産字典　一名支那通商案内』丸善書店、1888年4月。

[9]日本大辞典刊行会『日本国語大辞典』1975年。

[10]『大正ニュース事典第二巻[大正四年—大正五年]』(株)毎日コミュニケーションズ、1986年10月。

[11]『昭和ニュース事典第一巻[昭和一年—昭和三年]』(株)毎日コミュニケーションズ、1990年6月。

[12]『大正ニュース事典第三巻[大正六年—大正七年]』(株)毎日コミュニケーションズ、1987年9月。

[13]『明治ニュース事典』第七巻、毎日コミュニケーションズ、1986年1月。

[14]『昭和ニュース事典第一巻(昭和一年—昭和三年)』(株)毎日コミュニケーションズ,1990年6月。

[15]《中华人民共和国分省地图集》,北京:中国地图出版社,1992年10月。

[16]『改訂 現代支那名鑑「追補第一」』外務省情報部、1930年4月。

著作类

[1]慈溪市文物管理委员会办公室:《虞洽卿与天叙堂》,2001年。

[2]邓端本:《广州港史》(古代部分),北京:海洋出版社,1986年。

[3]樊百川:《中国轮船航业的兴起》,成都:四川人民出版社,1985 年。

[4]方志远:《成化皇帝大传》,北京:中国社会出版社,2008 年。

[5]冯树铁译:《广州“番鬼”录——1825—1844“番鬼”在广州的情形》,广州:广东人民出版社,1993 年。

[6]黄逸峰、姜铎、唐传泗、陈绛:《旧中国的买办阶级》,上海:上海人民出版社,1982 年。

[7]聂宝璋:《中国买办资产阶级的发生》,北京:中国社会科学出版社,1979 年。

[8]宁波市政协文史委员会、上海市宁波经济建设促进协会:《上海买办中的宁波帮》,北京:中国文史出版社,2009 年。

[9]钱起远:《宁波市交通志》,北京:海洋出版社,1996 年。

[10]松浦章:《清代帆船东亚航运与中国海商海盗研究》,上海:上海辞书出版社,2009 年。

[11]松浦章著,张新艺译:《清代帆船与中日文化交流》,上海:上海科学技术文献出版社,2012 年。

[12]松浦章著,董科译:《清代内河水运史研究》,南京:江苏人民出版社,2010 年。

[13]松浦章著,卞凤奎译:《清代台湾海运发展史》,台北:博扬文化事业有限公司,2002 年。

[14]汪敬虞:《关于买办阶级的产生》,载《唐廷枢研究》,北京:中国社会科学出版社,1983 年。

[15]香港市政局:《十八及十九世纪中国沿海商埠风貌》,香港:香港艺术馆,1987 年。

[16]张国辉:《鸦片战争后清政权的买办化和所谓洋务运动的发生》,载《洋务运动与中国近代企业》,北京:中国社会科学出版社,1979 年。

[17]Boyd Cable, *A Hundred Year History of the P. & O.: Peninsular and Oriental Steam Navigation Company 1837 - 1937*, London: I. Nicholson and Watson Ltd., 1937.

[18] Carl L. Crossman, *The Decorative Art of The China Trade: Paintings, Furnishings and Exportic Curiosties*, Woodbridge Suffolk: Antique Collectors' Club, 1991.

[19] David Howarth & Stephen Howarth ed., *The Story of P.&O. : The Peninsular and Oriental Steam Navigation Company*, London: Weidenfeld and Nicolson, 1986.

[20] H. B. Morse, *The Chronicles of the East India Company Trading to China*, Vol. Ⅲ, Oxford: The Clarendon Press, 1926.

[21] John Haskell Kemble, "A Hundred Years of the Pacific Mail," *The American Neptune*, April 1950.

[22] Jules Verne, *Le Tour du Monde en Quatre-Vingts Jours*, 1873. 鈴木啓二訳『八十日間世界一周』岩波文庫、2001 年 4 月。

[23] Liu Kwang-Ching, *Anglo-American Steamship Rivalry in China 1862-1974*, Cambridge: Harvard University Press, 1962.

[24] NG Chin-Keong, *Trade and Society*: *The Amoy Network on the China Coast 1683-1735*, Singapore University Press, 1983.

[25] Robert Fortune, *Yedo and Peking*: *A Narrative of A Journey to the Capitals of Japan and China*, London: J. Murray, 1863.

[26] W. C. Hunter, *'Fan Kwae' at Canton: before Treaty Days 1825-1844*, London: Kegan Paul, Trench, & Co., 1882.

[27] Samuel Williams Wells, John Robert Morrison, *A Chinese Commercial Guide*, Charleston: BiblioLife Reproduction, 1863.

[28] 根岸佶『買辦制度の研究』日本図書株式会社、1948 年 11 月。

[29] 関野唯一『世界糖業文化史』邦光書房、1955 年 2 月。

[30] 後藤伸『イギリス郵船企業 P&Oの経営史 1840—1914』勁草書房、2001 年 7 月。

[31]『内藤湖南全集』第二巻、筑摩書房、1973 年 3 月。

[32] 山脇悌二郎『長崎の唐人貿易』吉川弘文館、1964 年。

[33] 斯波義信『宋代商業史研究』風間書房、1968 年。

[34] 斯波義信『宋代江南経済史研究』汲古書院、1988 年。

[35]松浦章『近代日本中国台湾航路の研究』清文堂、2005年6月。

[36]松浦章『近世東アジア海域の文化交渉』思文閣、2010年11月。

[37]松浦章『江戸時代唐船による日中文化交流』思文閣、2007年7月。

[38]松浦章『清代海外貿易史の研究』朋友書店、2002年1月。

[39]松浦章『清代内河水運史の研究』関西大学出版部、2009年。

[40]松浦章『清代上海沙船航運業史の研究』関西大学出版部、2004年。

[41]松浦章『清代中国琉球貿易史の研究』榕樹書林、2003年。

[42]小風秀雄『帝国主義下の日本海運　国際競争と対立自立』山川出版社、1995年2月。

[43]永積洋子編『唐船輸出入品数量一覧1637—1833年ー復元　唐船貨物改帳・帰帆荷物買渡帳ー』創文社、1987年2月。

[44]知名定寛『琉球仏教史の研究』榕樹書林、2008年6月。

[45]佐伯富「康熙雍正時代における日清貿易」『中国史研究第二』東洋史研究会、1971年。

论文类

[1]方腾:《虞洽卿论》,载《杂志》第12卷2期,1943年11月。

[2]黄逸峰:《帝国主义侵略中国的一个重要支柱——买办阶级》,载《历史研究》1965年第1期。

[3]黄逸峰:《关于旧中国买办阶级的研究》,载《历史研究》1964年第3期。

[4]马寅初:《中国之买办制》,载《东方杂志》第20卷第6号,1923年3月。

[5]松浦章著,华立译:《清代公司小考》,载《清史研究》1993年第2期。

[6]松浦章:《清代福建的海外贸易》,载《中国社会经济史研究》1986年第1期。

[7]张中鹏:《漂流到澳门——文顺得〈飘风始末〉中澳门史料初探》,载《澳门历史研究》(澳门)2013年第12期。

[8]Frank H. H. King and Prescott Clarke ed.,"A Research Guide to China-Coast Newspapers, 1822-1911," Harvard East Asian Monographs, 18, Cambridge:

Harvard University Press, 1965.

[9] Allen Johnson, Dumas Malone ed., *Dictionary of American Biography*, Vol. 9, New York: C. Scribner's Sons, 1932.

[10] Matsuura Akira, Wang Zhenping translated, "The Activities of Chinese Junks on East Asian Seas From The Seventeenth to the Nineteenth Centuries: Mainly Based on Sand Junks and Bird Junks," *The Mariner's Mirror*, vol. 94 no. 2, May 2008.

[11] 大庭脩「徳川吉宗と大清会典－享保時代における日清交渉の一斑－」『法制史研究』21、1971年。

[12] 光畑三郎「大連海港檢疫に就て」『海友　開港三十年周年記念號』通巻316號、大連海務協會、1936年10月。

[13] 嘉納治五郎「予の清國行に就いて」『國士』5巻第47号、1902年8月。

[14] 内田直作「買辦制度の研究」(一)『支那研究』第47號、1938年7月。

[15] 松本忠雄「廣東の行商と夷館」中、『支那』(東京)第23巻第1号。

[16] 松浦章「16—19世紀の中国・フィリピン間の海上貿易」『海事交通研究』第23集、1984年3月。

[17] 松浦章「十八—十九世紀における南西諸島漂着中国帆船より見た清代航運業の一側面」『関西大学東西学術研究所紀要』第16輯、1983年1月。

[18] 松浦章「19世紀後半東アジア海域における英国P.&O.汽船会社の航運」『東アジア文化交渉学研究』第5号、2012年2月。

[19] 松浦章「ドイツ占領期の青島と上海間の汽船航路」『海事史研究』第67号、2010年12月。

[20] 松浦章「朝鮮使節の琉球通事より得た台湾鄭経・琉球情報」『南島史学』第63号、2004年4月。

[21] 松浦章「海運—清朝中国と明治日本の海運競業」、岩波講座『東アジア近現代通史　別巻アジア研究の来歴と展望』岩波書店、2011年9月。

[22] 松浦章「近代東アジア海域の汽船航運に関する航運データ」『関西大学アジア文化研究センター　ディスカッションペーパー』Vol.1、2012年6月。

[23]松浦章「明清時代北京の會同館」『神田信夫先生古稀記念論集　清朝と東アジア』山川出版社、1992 年 3 月。

[24]松浦章「寧波出帆、寧波帰帆:清代寧波帆船の航跡」『東アジア海域交流史　現地調査研究~地域・環境・心性~』(平成 17 年度~21 年度　文部科学省特定領域研究—寧波を焦点とする学際的創生—現地調査研究部門)第 1 号、2006 年 12 月。

[25]松浦章「寧波商人虞洽卿による寧波・上海航路の開設—寧紹輪船公司の創業—」『清代帆船沿海航運史の研究』関西大学出版部、2010 年 1 月。

[26]松浦章「清代の買辦について」『或問』No.5、近代東西言語文化接触研究会、2002 年 1 月。

[27]松浦章「清代の海洋圏と海外移民」『周縁からの歴史』アジアから考える3、東京大学出版会、1994 年 10 月。

[28]松浦章「清代帆船で波濤を越えた人々」『近世東アジア海域の文化交渉』思文閣、2010 年 11 月。

[29]松浦章「清国輪船招商局の日本航行」『関西大学東西学術研究所紀要』第 39 輯、2006 年 4 月。

[30]西里喜行「清末寧波商人の研究」(上)『東洋史研究』第 26 巻第 1 号、1967 年 6 月。

[31]小葉田淳「砂糖の史的研究に就いて」『史説日本と南支那』野田書房、1942 年 10 月。

[32]鹽島仁吉「航海補助に關する建議」『東京経済雑誌』第 53 巻第 1325 号、1906 年 2 月。

[33]岩生成一「江戸時代の砂糖貿易について」『日本学士院紀要』第 31 号第 1 号、1973 年 3 月。

[34]中川敬一郎「P. & O.汽船会社の成立—イギリス東洋海運史の一齣—」『資本主義の成立と発展　土屋喬雄教授還暦記念論文集』(『経済学論集』第 26 巻第 1、2 号)有斐閣、1959 年 3 月。

[35]『東京経済雑誌』第 79 巻、第 1998 号、1919 年 3 月 29 日、『東京経済雑

誌155』日本経済評論社、1987年9月。

[36]『東京経済雑誌』第59巻、第1439号、1909年6月5日、彙報「日清汽船総会」。

[37]『東京経済雑誌』第73巻、第1835号、1916年1月22日、雑報「長江航運平調」。

[38]『東京経済雑誌』第71巻、第1795号、1915年4月10日、雑報「上海航路の改善」。

[39]『東京経済雑誌』第79巻、第2007号、1919年5月31日、「會社彙報」の「日清汽船総会」。

本书译者一览

序 (孔颖)

绪言 清代中国与东亚、东南亚海域的交流(孔颖)

第一章 海上丝绸之路与明清时期东亚海域的交流

第一节 清代帆船载中国砂糖运销日本及其影响(李雪莲)

第二节 嘉靖十三年(1535 年)朝鲜使节在北京邂逅琉球使节(朱彩虹)

第三节 清代中国帆船救济漂流至日本之越南人之史实考略(孔颖)

第四节 清代广州与澳门的繁荣——江户时代日本人所看到的广州与澳门(李海涛)

第二章 海上丝绸之路与明清时期东南亚海域的交流

第一节 成化二十二年(1487 年)苏门答剌国使节来航中国(孔颖)

第二节 清代前期对欧贸易中的广东与澳门买办(孔颖)

第三节 从新加坡报纸看中国海外移民状况(李海涛)

第四节 清代中国出口欧美的扇子(许晓)

第三章 海上丝绸之路与近代东亚海域的船舶

第一节 鸦片战争之前来广州的欧美船(孔颖)

第二节 五口通商后上海、宁波的入港船舶变化(陈燕虹)

第三节 19 世纪后期英国半岛东方轮船公司之东亚海域航运(孔颖)

第四节 宁波商人虞洽卿创办的宁绍商轮公司(孔颖)

第四章　海上丝绸之路与近代中日间轮船航运

第一节　清末中日间轮船航运的定期航线(孔颖)

第二节　1882 年三菱邮便轮船公司从日本运到上海的海产品(李雪莲)

第三节　日清汽船株式会社与中国(李海涛)

第四节　北清轮船公司在渤海的航运(尤娟娟)

第五节　20 世纪初近海邮船会社在东亚海域的航运(曹熠)

结论(孔颖)

后　　记

陆上丝绸之路自古贯通中西，沿着这条交通干线，中国的丝绸自黄河流域运至西方的罗马帝国，这方面的研究成果早已汗牛充栋。然而，随着 1974 年泉州后渚发现了木造沉船，海上丝绸之路的研究骤然升温。考古发现确认，中国的木质帆船曾往返海国，大量运送人员物资。唐代以后中国的帆船活动开始得到学界重视。

轮船于 19 世纪出现在亚洲海域，很快便在该世纪后期进入定期航运，开启了连接中国与欧美的轮船时代，欧美轮船自此成为贸易物流与人口迁移的重要交通工具。通过轮船，中国的物产及人员得以便利地前往原本遥远未知的欧美大陆。

轮船取代了木质帆船，大大促进了中国与一衣带水的日本和东南亚及遥远的欧美之间的物质、文化交流，形成了新的海上通道。对这条以轮船为媒介的海上丝绸之路的研究，本该兴旺发达，但随着飞机时代的到来，这一课题便被冷落了。

此外，相关研究迄今都集中在文化交流方面。相形之下，作为交流之物资基础的船舶与人员的问题，一直没有得到重视。

本书即以上述被忽视的问题为研究对象，围绕 14 世纪以后中国与海外诸国之间的文化交流，论述其间发生的人、物之流通，进而探讨为此流通做出贡献的帆船与轮船时代的海上丝绸之路。

本书系近年对上述海上丝绸之路及亚洲海域交流的研究成果集。本书中文版由浙江工商大学的孔颖副教授及其指导的硕士生翻译完成。

本书出版之际,诚挚感谢诸多人士的大力协助。感谢负责翻译工作的孔颖副教授、推荐出版的关西大学外国语教育学部沈国威教授、促成本书成书的中国书法家协会教育委员会李宁副秘书长和首都师范大学图书馆马成芬女士。感谢大象出版社的徐淯琪女士为本书的编辑工作付出大量心血。

最后感谢促成本书出版的北京外国语大学全球史研究院李雪涛院长。没有李院长的支持,本书便无法问世。还要感谢全球史研究院董成龙博士及其学生为本书的引文等校勘所做的大量工作。

若本书能对相关研究领域的同人聊有所助,将不胜欣慰。

乙未胧月
记于关西大学亚洲文化研究中心
松浦章